赣南师范学院学术著作出版专项经费资助项目

第二次世界大战与
战后资本主义世界发展模式的转换

朱大伟◎著

中国社会科学出版社

图书在版编目（CIP）数据

第二次世界大战与战后资本主义世界发展模式的转换／朱大伟著．—北京：
中国社会科学出版社，2014.12
ISBN 978 – 7 – 5161 – 5320 – 8

Ⅰ．①第…　Ⅱ．①朱…　Ⅲ．①资本主义—发展史—研究—世界　Ⅳ．①D033.3

中国版本图书馆 CIP 数据核字（2014）第 308889 号

出 版 人	赵剑英
责任编辑	刘志兵
责任校对	芦　苇
责任印制	李寡寡

出　　版	中国社会科学出版社
社　　址	北京鼓楼西大街甲 158 号
邮　　编	100720
网　　址	http://www.csspw.cn
发 行 部	010 – 84083685
门 市 部	010 – 84029450
经　　销	新华书店及其他书店

印　　刷	北京君升印刷有限公司
装　　订	廊坊市广阳区广增装订厂
版　　次	2014 年 12 月第 1 版
印　　次	2014 年 12 月第 1 次印刷

开　　本	710 × 1000　1/16
印　　张	17.5
字　　数	289 千字
定　　价	56.00 元

序　言

第二次世界大战是人类历史上一场空前的浩劫，因其持续时间之长，覆盖面之广，战争强度和烈度之大，给国际社会带来了巨大的人员伤亡和财产损失，现代工业文明几乎毁于一旦，人性也遭受了严重践踏和挑战。但任何事物都是矛盾和对立的统一体。战争与和平是相互联系、相互对立、相辅相成的对立统一体，是人类社会曲折前行的伴侣。当人类的战争活动发展到第二次世界大战这样的高峰状态时，当第二次世界大战显示出战争对人类文明与生存有可能造成无法想象与控制的毁灭性的灾难时，世界人民表现出比既往更强烈的对和平发展的希冀，遂开始对战争进行系统反思，寻求世界持久和平与共同繁荣之路。另外，以美、英、苏中为首的世界大多数国家和人民进行的反法西斯战争，打败了法西斯国家，清除了战争势力，动摇了殖民统治根基，重建了战后新的国际秩序，为战后资本主义发展模式的转换开辟了道路。

20世纪世界史大致可分为两个时期，即以1945年第二次世界大战结束为界。前一个时期在不到半个世纪内，发生了两次世界大战，可以概括为战争与动荡的时期。后一个时期即战后时期，虽然局部战争不断，但均未发展成世界大战。资本主义发达国家之间、世界主要大国之间均未发生直接的热战，进而确保了战后长期和平局面的出现。因而，可以把该时期概括为和平与发展时期。第二次世界大战何以能结束战争与动荡的旧时期，开启一个和平与发展的新时代，进而成为20世纪世界历史发展进程的一个重大转折点？朱大伟博士的《第二次世界大战与战后资本主义世界发展模式的转换》一书从资本主义世界发展模式转换的角度做了系统而新颖的诠释。

在该书第一章中，作者除对国内外学界围绕该主题所做的研究现状做

一简介外，对作为本书所论主题的一个核心概念和理论假设——"世界
发展模式"做出了界定，可视为本书的一个理论创新点。作者初步把世
界发展模式界定为：一国在国际社会中追求增加国内财富、民众福利和国
际地位时，所采取的与国际社会其他成员间进行的和平或暴力的互动方
式，并认为其本质上就是一国在国际社会中创造财富和追求权利的模式选
择。此处，对"世界发展模式"的这一界定对读者了解该书的写作主旨
和理论逻辑有着重要帮助。在第二章中，作者指出第二次世界大战前资本
主义表现为领土征服与掠夺的侵略发展模式，分析其在近代兴起的历史渊
源、内涵的嬗变、对资本主义世界体系确立和发展的意义所在，初步厘清
了这种发展模式兴起的历史动因、发展的内在机理、外在特征及其在第二
次世界大战前所遭受的挑战和冲击，并认为这种旧的世界发展模式在国际
政治中根深蒂固的存在是导致两次世界大战爆发的本质根源。第三章和第
四章作为该书的主体章节，论证了第二次世界大战对战后资本主义世界发
展模式转变的作用机理。主要阐述了从 1939 年到 1945 年，战时盟国为建
设持久和平与繁荣的战后世界，所进行的战后世界秩序规划的种种构想和
具体的践行。这一过程对战后世界和平发展模式形成的价值在于，奠定了
确保战后国家愿意并且能够选择和平发展模式的思想基础和制度框架。第
五章中，作者对在第二次世界大战推动下形成的世界和平发展模式的局限
性和发展前景问题做出了说明和展望。最后，作者在结语中肯定了资本主
义世界发展模式从侵略发展向和平发展的转换对战后世界历史进程所产生
的积极影响，认为它是战后世界时代主题从战争和冲突转向世界和平发展
整体框架下的合作和共赢的重要前提。并且，这种合作和共赢的精神逐渐
超越了各国间发展道路、社会制度的差异，日益成为当今国际社会交往所
共同认可的法则。

　　基于对第二次世界大战是 20 世纪世界历史的重大转折点的反思，国
际社会于 70 年前所塑造的世界秩序的主体框架存续至今，对战后至今的
世界和平与发展起着积极的建设性作用。该书对第二次世界大战之于战后
世界和平发展模式的形成机制做了系统的阐释，对帮助我们梳理、辨识和
维护那些对当今世界和平发展秩序仍有着积极价值的遗产，有着相应的现
实意义。当今个别逆历史潮流而动的国家试图否认、颠覆 70 年前爱好和
平、民主与独立的世界各国和人民，以巨大牺牲所取得的反法西斯战争胜
利成果的做法，必定会因遭到国际社会的谴责而失败。

　　第二次世界大战与战后资本主义世界发展模式的转变是一个很有难度的课题，朱大伟博士在攻读博士学位期间，在我的建议下，毅然接下了这一研究课题，这部著作就是他多年持之以恒研究的成果。这是一部开拓性的著作。该书的写作、论证运用了大量的一手档案、文献和二手中英文专著、期刊论文，可看出作者对该书的创作付出了大量精力。围绕该书主旨，各章节框架的设置遵循了历史唯物主义的原理，体现了严密的逻辑性。当然，任何一个全新课题的研究都不可能没有瑕疵，这部著作也不例外。例如：一是由于外语语种的限制，对作为战后资本主义发展模式转换代表的德国和战后早期的日本的转变缺少广泛深入的论证，相应的论述也缺少更多有力的史料支撑；二是该书对 20 世纪早期出现于苏俄，并于战后在世界范围内得到大发展的社会主义制度的和平属性，以及其本身作为一种新的社会发展模式对资本主义世界发展模式所造成的冲击与改造所做的阐述尚不充分。以上两点皆是本书尚需充实、改进之处。

胡德坤

于武汉大学珞珈山

2014 年 9 月 18 日

目　录

第一章　导论 ……………………………………………………（1）

　　一　选题缘起及意义 …………………………………………（1）

　　二　概念界定 …………………………………………………（5）

　　三　研究现状的分析 …………………………………………（7）

　　四　研究方法和主要创新点 …………………………………（21）

　　五　本书的主要任务与框架结构 ……………………………（24）

第二章　近代资本主义侵略发展模式的历史考察 ……………（27）

　第一节　近代以来资本主义侵略发展模式的回顾 …………（28）

　　一　侵略发展模式支配下的欧洲早期征服 …………………（29）

　　二　侵略发展模式的极致与帝国主义时代的世界征服 ………（38）

　　三　侵略发展模式与资本主义世界体系的建立 ……………（46）

　第二节　第一次世界大战与侵略发展模式的变迁 …………（48）

　　一　侵略发展模式与第一次世界大战起源 …………………（49）

　　二　第一次世界大战对侵略发展模式的冲击 ………………（54）

　　三　第一次世界大战对侵略发展模式改变的有限性 ………（61）

　第三节　侵略发展模式与第二次世界大战的起源 …………（65）

　　一　学界关于第二次世界大战起源的认知 …………………（65）

　　二　大萧条和英法对侵略发展模式的坚持 …………………（67）

　　三　法西斯国家对侵略发展模式的追求与第二次世界大战的

　　　　爆发 ………………………………………………………（70）

　小结 ……………………………………………………………（79）

第三章 战时盟国关于新秩序的思考与和平发展模式的孕育 ……… （81）

第一节 《大西洋宪章》与盟国战后秩序的构想 ………………… （83）

一 从"四个自由"到《大西洋宪章》 ………………… （83）

二 《大西洋宪章》和平构建思想的解读 ……………… （86）

三 《大西洋宪章》对战后和平发展模式形成的创新价值 … （89）

第二节 摧毁侵略发展模式的载体殖民主义制度 …………… （95）

一 作为一种世界发展模式的殖民主义 ……………… （96）

二 战时盟国反殖民主义的共识与分歧 ……………… （97）

三 战后规划中殖民主义的命运安排 ………………… （104）

第三节 建设和平发展的国际经济机制 ……………………… （108）

一 国际社会对第二次世界大战起源的经济反思 ……… （108）

二 战时盟国对战后世界的经济规划 ………………… （111）

三 稳定开放的贸易体系与战后和平建设 …………… （117）

第四节 消除侵略发展模式国内社会根源的努力 ………… （121）

一 社会安全与和平建设的关系 ……………………… （121）

二 盟国关于如何赢得"人民的和平"的思考 ………… （124）

三 战时盟国战后规划中的社会安全 ………………… （127）

第五节 构建有效遏制侵略的集体安全机制 ……………… （133）

一 对国联集体安全制度失败的反思 ………………… （133）

二 盟国对战后集体安全制度的设想与规划 ………… （135）

三 集体安全机制的确立与战后世界的和平发展 …… （140）

小结 ……………………………………………………… （141）

第四章 第二次世界大战遗产与战后世界和平发展模式的形成 … （143）

第一节 多边政治经济机制的建立与和平发展模式 ……… （144）

一 国际制度对和平发展模式的促进 ………………… （146）

二 作为第二次世界大战遗产的国际制度建构 ……… （148）

三 战后国际制度与世界的和平发展 ………………… （151）

第二节 福利国家建设与战后世界的和平发展模式 ……… （155）

一 国内政治与世界政治中的战争与和平 …………… （156）

二 作为第二次世界大战遗产的战后福利国家建设 ………… （159）

三　福利国家建设对战后世界和平发展的积极作用 ………… (167)

第三节　战后国际社会战争观的嬗变与和平发展模式的形成 … (170)

一　战争观与国家发展道路的选择 ………………… (171)

二　两次大战之间的主流战争观念 ………………… (172)

三　战争观的变化对战后和平发展模式生成的推动 ………… (176)

第四节　科技进步与战后世界发展模式转换 ……………… (181)

一　世界政治变革中的科技因素 …………………… (181)

二　战时科技变革与战后科技革命的发生 ………… (184)

三　科技进步对战后和平发展模式形成的影响 ……… (189)

小结　战后世界和平发展模式的形成 ……………… (195)

第五章　战后世界和平发展模式的意义与前景 ……………… (200)

第一节　战后世界和平发展模式存在吗 ……………… (200)

一　超越第二次世界大战遗产研究中的冷战情结 ……… (200)

二　如何看待战后世界局部战争的爆发与和平发展模式的
　　形成 …………………………………………… (207)

第二节　和平发展模式与战后世界的进步 …………… (212)

一　对战后世界整体发展的促进 …………………… (212)

二　和平发展模式对战后世界的"长和平"的促进 …… (216)

第三节　世界和平发展模式的现状与未来 …………… (219)

一　和平发展模式因子在战前的孕育 ……………… (220)

二　和平发展模式在战后的变迁和发展趋势 ……… (221)

三　全球化时代和平发展模式的问题及改进 ……… (224)

第六章　结语 ……………………………………………… (232)

一　资本主义世界发展模式从以侵略求发展到和平发展的
　　转换 …………………………………………… (232)

二　资本主义世界发展模式转换与时代主题的转变 …… (237)

三　世界发展模式的转换与中国的发展战略抉择 ……… (239)

参考文献 …………………………………………………… (244)

第 一 章

导 论

一 选题缘起及意义

作者对第二次世界大战与战后世界发展模式转变这一问题兴趣的产生最早源于导师胡德坤教授的启发和引导。后来查阅国内外相关研究著述后发现，从世界发展模式转变这一崭新的视角来研究第二次世界大战对战后世界历史进程影响的专门性成果较为少见。再考虑到当前时代主题转换的客观事实，于是对这一命题进行探究的兴趣日浓。开始思考第二次世界大战与战后世界发展模式，也即近代以来国际社会从领土征服与掠夺的侵略发展模式到战后平等与依存的和平发展模式的变迁之间的关联，遂引发诸多有待深入探索的问题：什么是世界发展模式？该从哪些方面界定它的内涵和外延？战前的世界发展模式究竟是一个什么样的模式？推动这种发展模式形成和发展的因素有哪些？旧的发展模式形成后经历了怎样的嬗变？哪些因素导致了这些变迁？第二次世界大战对这种发展模式的变迁起到怎样的作用？第二次世界大战又是从哪些方面推动了旧的发展模式的衰落？战后世界的和平发展模式究竟是怎样的模式，表现特征是什么？第二次世界大战又是从哪些方面及如何推动了战后世界和平发展模式的兴起？战后世界和平发展模式的未来前景如何？它对战后世界历史进程产生了怎样的影响？对这些问题的探讨与回答则成了本书构思的主体内容。

（一）学术意义

美国学者威廉·姆森在谈到第二次世界大战留给战后世界的具有深远意义的遗产时指出："尽管第二次世界大战的影响因国家而异，但生活在20世纪30年代和40年代的人很少会否认战争限定了他们的生活，并塑造了他们未来的世界。第二次世界大战虽已属于过去，但它仍将继续制约

着现在和未来。"① 第二次世界大战对战后世界历史进程影响如此之大,
可以毫不夸张地说,要想深刻理解和探求当代世界诸多国际热点问题和现
象的根源,不求助于对第二次世界大战的研究是不可能的。为什么战后世
界的诸多变迁都应该从第二次世界大战中探寻根源? 也许我们可以从英国
政治学家安东尼·吉登斯的回答中得到启示。他在《民族—国家与暴力》
一书中指出:"20 世纪的战争对一般化变迁模式的作用是如此的突出,以
至要想理解这些模式而不求助战争是荒唐的。战争的重要性不仅在于它们
导致了敌对时期或稍后的重大变迁,它们还酝酿了具有深远意义的转型,
不管是对经济发达国家的制度,还是世界体系中其他社会类型的制度,都
是如此。"② 第二次世界大战无论就其本身波及的范围、造成的人员伤亡
和物质损失等,还是其对参战各国战后的政治、经济、社会、文化和思想
观念以及国际社会整体所产生的深远影响来说,都在 20 世纪乃至人类战
争史上具有里程碑意义。因而,要理解安东尼·吉登斯所说的"一般化变
迁模式"而不求助于第二次世界大战则是不可能的。世界发展模式的变迁
自然归属于这种"一般化变迁"的内涵,因而,要想理解战后这种发展模
式的变迁,求助于第二次世界大战也就成了一种必需。

　　早在半个世纪前,美国学者雅克布森在其《作为历史研究问题的第
二次世界大战》一文中就曾指出:"至今尚没人能准确定位第二次世界大
战在世界历史上的地位,换句话说,历史研究尚未能成功地把其作为晚期
帝国主义的一个现象,作为革命、民族独立运动、世界大战和极权主义意
识形态年代的一个现象,进而分析其爆发、经过和结果。"③ 就今天的研
究成果而言,雅克森所指的把第二次世界大战作为"革命、民族独立运
动、世界大战和极权主义意识形态年代的一个现象,分析其爆发、经过和
结果"的研究已经比较发达。但其提到的历史研究尚未能成功地把第二
次世界大战作为晚期帝国主义的一个现象的判断至今仍是一个有待深入探
究的命题。结合上下文,他所指的帝国主义的晚期现象,实质上就是认为

　　① Williamson Murray, *A War to Be Won*: *Fighting the Second World War*, Cambridge, Mass.:
Belknap Press of Harvard University Press, 2000, pp. 573 – 574.

　　② [英] 安东尼·吉登斯:《民族—国家与暴力》,胡宗泽、赵力涛译,生活·读书·新知
三联书店 1998 年版,第 290 页。

　　③ Hans-Adolf Jacobsen, "The Second World War as a Problem in Historical Research", *World
Politics*, Vol. 16, No. 4 (Jul., 1964), p. 621.

第二次世界大战既是近代以来西方世界领土征服的侵略发展模式存续的结果和现象，同时又预示着该发展模式的终结。

本书试图从世界历史发展的宏观视野，来解析第二次世界大战经历及其遗产在近代以来世界从领土征服与掠夺的侵略发展模式到战后平等与依存的和平发展模式的转变过程中所起到的承前启后的作用机理①，因而该选题有着重要的学术意义。

首先，战后至今国际史学界关于第二次世界大战的研究主要集中于第二次世界大战爆发的根源解释（如《凡尔赛合约》的非公正性、经济大萧条、极端民族主义如法西斯主义的兴起以及西方的绥靖政策等）、战时大国外交及大国间的战略互动等。而对作为世界历史进程转折点的第二次世界大战对战后世界历史的影响这一主题的研究则显得相对薄弱。现有的学界研究成果多围绕第二次世界大战与两极世界的兴起、冷战的形成以及战后世界范围内的非殖民化进程的关系展开。本研究无疑有助于丰富第二次世界大战遗产这一较新的研究领域的成果。

其次，本研究有助于进一步认识国家间战争和冲突的深层次原因。推动近世战争爆发的这种深层次的原因既非某个侵略国个别领导人的野心以及该国政治经济体制问题，也非通常认为的集体安全制度失效或均势状态遭到破坏。深层次原因源于近代以来世界整体发展模式的一种惯性：通过对他国的政治—军事的领土控制来谋求自己发展的一种排他性的路径依赖。随着军事技术的变革、通信技术的发展、世界金融贸易相互依赖程度的提高以及非欧洲世界民族主义的兴起，领土征服的成本—收益天平向着高成本、高风险的军事征服倾斜。有的国家很敏感地对此做出反应，有意识地从帝国征服与控制的发展模式收缩，至少停止了进一步扩张的努力与追求；有的国家对世界政治经济的这种变革反应迟钝，仍旧热衷于对帝国的追求，在旧的发展模式中谋求发展，寻求对外领土的扩张与控制，但结

---

①　表现为"先进国家"对"落后国家"的直接军事领土扩张、占领和政治控制、经济掠夺的侵略发展模式，从广义上来讲，可包括古代甚至人类有文明的历史以来的国家如罗马帝国、亚历山大帝国以及蒙古帝国的征服等。本书则是从狭义的近代以来的资本主义世界发展模式的角度来分析。毕竟，一方面，一部世界近现代史就是西方列强对落后地区的剑与火的征服掠夺史；另一方面，从领土征服的暴力发展模式到战后世界和平发展模式的转变这一历史过程在工业发达国家表现得最为明显，因此本书对发展模式的界定和研究主要着眼于发达资本主义世界，尽管这一模式在当代愈发成为有着不同社会制度和意识形态的国家首选的一种发展模式。

果只能带来战争和自我毁灭的悲剧。

20世纪两次世界大战的爆发都是资本主义世界执着于侵略发展模式的结果，该发展模式的恶性循环往复正是近世战乱不断的根源所在。在有的学者看来，第二次世界大战是"自19世纪中期以来长期不稳定的帝国建设发展到顶点的结果"①，而绝不只是希特勒、东条英机或墨索里尼个人的战争。正如英国史学家泰勒所言："回顾起来，没有人是清白的。政治活动的目的是要保障和平与繁荣，在这一点，无论出于何种原因，每个政治家都失败了。"② 第二次世界大战使世界发展模式逐渐转向了一个新的航道，很大程度上结束了旧的发展模式在历史发展中的恶性循环。这也许可以作为战后没有再爆发世界大战，而出现西方世界学者津津乐道的"长和平"现象的一个相对新颖的解释范式。

（二）现实意义

有关战后世界发展模式转换的研究也可以为我们国家在当前和未来的发展战略的制订方面指明顺应历史潮流的方向，为我国和平发展战略的实施以及中国梦的追求提供历史的经验依据和理论指导。

第二次世界大战促进了世界发展模式从战前的以领土征服为显著特征的帝国主义侵略发展模式向当代以平等依存、共存共生为突出表征的和平发展模式的转移。分别作为第二次世界大战欧洲战场和太平洋战场肇始者的德意志第三帝国和日本的自我毁灭事实，在第一次世界大战之后③再次向世界更有力地证明：依靠军事征服谋求建立帝国以追求自己繁荣和发展的道路已经行不通了，领土征服与掠夺的发展模式只能给国际社会和本国带来事与愿违的毁灭性灾难。

---

① R. J. Overy, *The Origins of the Second World War*, London and New York：Longman, 1987, p. 6.

② A. J. P. 泰勒：《第二次世界大战的起源》，潘人杰等译，华东师范大学出版社1991年版，第12页。

③ 早在第一次世界大战前英国学者诺曼·安格尔就出版了《大幻觉：军事权力与国家优势关系研究》一书。他指出：一国的财富、繁荣和福利与政治军事权力无关；由于金融信贷体系的相互依赖，战争赔偿是无益的；殖民地是负担而非财富等。详见 Norman Angell, *The Fruits of Victory. A Sequel to "The Great Illusion"*, London：W. Collins Sons & Co. Ltd. , 1921; *The Great Illusion：A Study of the Relation of Military Power to National Advantage*, London：William Heinemann, 1914; *Arms and Industry. A Study of the Foundations of International Polity*, New York and London：G. P. Putnam's Sons, 1914; *The Great Illusion-Now*, Harmondsworth：Penguin, 1938。

正是基于对第二次世界大战的反思以及第二次世界大战本身对国际社会整体及其成员所产生的政治、经济、文化以及思想观念变革的影响,国际社会在战后逐渐形成了和平发展的道路模式。其中,尤以西欧的德国和东亚的日本为典型。两国废弃了过去以征服求发展的道路,在主权平等和尊重国际社会相互依赖的现实前提下,成功地走出了一条以多边主义的经济外交为特征的和平发展之路,赢得了过去表现为领土征服的代价高昂的侵略发展模式所未取得的繁荣和发展。"联邦德国也用自己的资金在全世界各地建立了广泛而稳固的立足点。如果说这也是一种'生存空间',或'帝国',是靠经济的竞争力获得,而且要比军事征服所获得的生存空间多许多。"①

改革开放三十多年,中国的综合国力突飞猛进,在 2013 年超过日本,成为继美国之后的第二大经济体。然而,与此相伴的是,自 20 世纪 90 年代初期以来,"中国威胁论"逐渐浮出水面,一时甚嚣尘上。该理论认为中国会走领土扩张的道路,从而威胁到地区和世界的和平。中国在谋求自己国家的现代化过程中有可能走领土扩张的道路吗?领土扩张能否给中国带来高于扩张成本的收益,从而加速中国的现代化进程?再者,统一的德国会再次成为麻烦制造者吗?作为世界第二经济大国的日本会重温"大东亚共荣圈"的美梦吗?本书试图对以上问题做出历史的经验解释。

二 概念界定

那么,究竟何为世界发展模式呢?"世界发展模式"一词,由国内第二次世界大战史研究专家武汉大学胡德坤教授首次明确提出,他把近代以来的资本主义世界发展模式分为两类:一是战前的领土征服与掠夺模式;二是战后的平等与依存模式。②此外,笔者在查阅外文资料的过程中发现,英国左派历史学家霍布斯鲍姆在其《帝国的年代,1875—1914》一书中,把 19 世纪末 20 世纪初的欧洲列强的世界征服看作一种"国家或国际发展模式"③,但遗憾的是,霍布斯鲍姆并未对这一概念做进一步的

---

① 吴友法、黄正柏:《德国资本主义发展模式》,武汉大学出版社 2000 年版,第 533 页。

② 参见胡德坤《第二次世界大战与世界发展模式的转换》,《烟台大学学报》(哲学社会科学版) 2005 年第 3 期。

③ [英] 艾瑞克·霍布斯鲍姆:《帝国的年代,1875—1914》,贾士菊译,江苏人民出版社 1999 年版。

探究。

本书在借鉴胡德坤教授研究成果的基础上，尝试对"世界发展模式"的内涵和外延做出初步的延展、概括和归纳，用以限定随后的研究框架。在本研究计划中，根据研究主旨，初步把世界发展模式界定为：一国在国际社会中追求增加国内财富、民众福利和国际地位时，所采取的与国际社会其他成员间进行的和平或暴力的互动方式。其本质就是一国在国际社会中创造财富和追求权利的模式选择。世界发展模式主要有两种表现形式：一是以领土扩张为手段，寻求对他国和地区的市场、资源进行排他性的政治控制和经济压榨、掠夺的侵略发展模式；二是在国家间平等依存的基础上以科技为支撑，以经济外交为手段，以国际制度参与为平台，谋求国家的和平发展模式。

与第二次世界大战前表现为领土征服、控制与掠夺的侵略发展模式相比，战后世界逐渐形成和发展的和平发展模式则表现出以下主要特征。

第一，和平发展模式下，国际社会中的国家和地区在政治上处于平等地位。而在侵略发展模式下，国家之间属于支配和被支配、主导与从属的关系，国际政治秩序表现出明显的等级制特征，如各种殖民地、自治领、保护国、势力范围和租借地的存在。

第二，和平发展模式下，国家获取权利、财富和威望是以和平的方式进行，如通过参与多边的国际政治经济制度，在公开、公平的世界市场经济竞争中达到预期目标。而在侵略发展模式下，国家则通过赤裸裸的武力征服和镇压，以不公正的方式来掠夺、剥削被侵略者、被征服者的财富资源。

第三，和平发展模式下，国家间竞争的客体发生转移，不再仅仅关注军事实力的增长和竞争。竞争的范畴主要围绕科技、经济、社会进步等领域展开。而在侵略发展模式下国家间竞争则多围绕着政治权势、领土的大小多寡展开。

此外，关于"战后资本主义世界发展模式的转换"这一研究主题，有以下几点需要予以说明和澄清。

第一，关于世界发展模式，本书研究的重心是作为一个历史发展阶段的资本主义世界发展模式的转换。原因在于：其一，一部世界近现代史可以说是资本主义兴起、发展进而把整个世界纳入资本主义世界体系的历史。其二，就整个国际社会组成而言，资本主义国家在历史上乃至今天仍然占据压倒性数量。他们的发展方略选择和行为模式直接决定着国际政治经济的生态。

此外，作为人类政治文明建设的一个模式创新，社会主义制度的确立本身就是对侵略求发展模式的否定，因为社会主义制度内在的和平属性决定着其要走的是和平发展的道路，所以对社会主义制度下的发展模式本书虽有提及，但不拟作重点评析。

第二，并不是所有国家和地区在1945年之后皆实现发展模式从征服与掠夺到和平发展的转换。世界发展模式的转换与否，主要看国际社会的主要成员，即大国所采取的发展模式类型，毕竟是大国行为决定着国际政治的运作性质与状态。

第三，世界发展模式的转换并不是说是在第二次世界大战结束的1945年后即刻实现的，而是说1945年后世界发展模式出现了这种整体变迁的趋势，表现出了一种新的发展方向，也即和平发展模式日益成为越来越多国家的优先发展战略选择。

第四，和平发展模式战前的确已经在西北欧一些国家存在，但并不是国际社会的主流发展模式，侵略发展模式在那一历史时期的世界发展模式中仍占据主导地位。

第五，战后和平发展模式的形成和发展，并不完全等于战后的世界一定是个和平的世界，毕竟导致国家间冲突的原因是多元的。战后和平发展道路只是在很大程度上消除了过去导致战争和冲突的根源之一，即为经济、社会发展需要而进行的侵略、领土扩张和征服。

三　研究现状的分析

本选题既非单纯的第二次世界大战史研究，也非单一的战后国际政治经济史的探究。因而，国际史学界对此主题直接研究的作品比较少见，即使存在，也只是散见于相关的著述中，不过正是这些学界前辈围绕该主题相关的，但相对零散的思考给了笔者研究创作上的启迪。

基于本书写作构思的需要，可把收集到的资料归为两大类。

第一类：原始档案，主要为写作提供基本权威文献信息参考。此类资料主要为官方战后解密的第二次世界大战期间有关战后安排的外交文献集，如美国 F. R. U. S 等。其次是战时大国的会议记录及主要领导人间来往的书信和电报，以及大国领导人关于战时或战后国际事务的回忆录等①。再者，就是国外一些有关第二次世界大战史研究的学术网站，刊登的原始外交文献资料，如 http：//www. geocities. com/athens/oracle/2691/links. htm 和 www. sunsite. unc. edu/pha，前者链接了近 300 个和第二次世界大战研究相关的站点，后者链接的有近 1000 个含有丰富的第二次世界大战研究的一手资源、文献站点。

第二类：二手资料。英文的包括英文专著、近年与该主题相关的国外博士论文和英文期刊论文以及《泰晤士报》《纽约时报》上的文章；中文的包括中译本国外著作、中文专著、博硕论文和期刊论文。这些为笔者研究的展开提供了理论依据，铺就了写作所需的坚实基础。根据研究主题进行划分，收集的主要二手资料可划分为：有关帝国征服与扩张的动因、收益成本等问题的理论分析；第二次世界大战与帝国主义作为一种发展模式的衰落关系问题的研究；第二次世界大战对参战国国内各方面的影响，如政治体制、经济结构和社会文化心理等；第二次世界大战期间盟国对战后开放、稳定的国际金融经济贸易新秩序所进行的规划（战后平等与依存的和平发展模式所赖以存在的平台）；第二次世界大战经历对战后以德日为代表的发达国家在选择发展模式考量时所产生的影响机理，等等。

（一）国内研究情况

国内直接围绕第二次世界大战与世界发展模式转换这一命题的研究著述和理论探索并不多见。关于第二次世界大战史常见的重大学术研究主题有：第二次世界大战起源问题、第二次世界大战起点问题、第二次世界大战性质问题、绥靖政策、《苏德互不侵犯条约》、奇怪战争、苏联卫国战争前的外交政策、法国败降原因、苏德战争前期苏军失利问题、珍珠港事

---

① 如：苏联外交部编：《1941—1945 年苏联伟大卫国战争期间苏联部长会议主席同美国总统和英国首相通信集》第 2 卷，世界知识出版社 1963 年版。《德黑兰雅尔塔波茨坦会议记录摘编》，上海人民出版社 1974 年版。《国际条约集》（1917—1923，1924—1933，1934—1944，1945—1947），世界知识出版社 1961 年版。Hugh Montgomery-Massingberd, *The Daily Telegraph Record of the Second World War: Month by Month from 1939 to 1945*, London: Sidgwick & Jackson in Association with the Daily Telegraph, 1989. Buchanan A. Russell, *The United States and World War II: Military and Diplomatic Documents*, New York: Harper & Row, 1972. ［英］温斯顿·丘吉尔：《第二次世界大战回忆录》第 3—5 卷，南方出版社 2003 年版。［日］吉田茂：《十年回忆》，韩润棠等译，世界知识出版社 1963 年版。

件、原子弹轰炸及意义、日本投降方式问题、中国抗战地位问题和第二次世界大战对战后世界的影响。①

第二次世界大战是人类历史上参战国家数目最多、涉及地域范围最广、人员及财产损失最惨重的一次战争，对战后国际社会产生了广泛而深远的影响。然而，国内就第二次世界大战对战后世界的影响，即对第二次世界大战遗产的研究多集中于战争本身带来的国际政治格局的变革，因而，存在对其遗产范围的研究过于狭隘的问题。所谓"遗产"，据章百家教授所言，"主要是指战争的后果以及它对战后世界和中国的影响。战争的过程造成物质毁灭、生灵涂炭，但战争的后果和影响远不止这些，其影响所及包括战后世界的政治、经济、外交、军事、文化各方面发展，也包括人类思想和心灵的改变"②。因而，国内的第二次世界大战遗产研究存在着相对薄弱和零散的问题。

国内最早对第二次世界大战与战后世界整体进程演进的关联进行系统研究的是 20 世纪 90 年代胡德坤教授等人的《第二次世界大战与战后世界性社会进步》一书。该书的研究主旨，就像著者在出版说明中讲的那样，"本书论述的重点是二战与战后世界性社会进步的关系，它既不同于二次世界战史，也不同于战后世界史"。作者从第二次世界大战对战后世界政治、经济、科技影响的角度，考察了第二次世界大战与发展中国家的兴起、第二次世界大战与社会主义超越一国范围、第二次世界大战与资本主义世界的变化以及第二次世界大战与战后世界的和平与发展之间的关联，并指出"二次大战是战后世界性进步的动力与前提"③。总之，该书的研究主题和方法是对第二次世界大战史研究的一个超越，哪怕现在看来也极富前瞻性。

进入新的世纪后，国内学者开始对第二次世界大战的遗产给予越来越多的关注。胡德坤教授在国内最早注意到第二次世界大战与战后世界发展模式转换之间的联系。他在与韩永利教授合作的《第二次世界大战与战后世界和平》一文中指出：第二次世界大战使人类社会出现了以平等与

---

① 可参见赵文亮《二战研究在中国》，武汉大学出版社 2006 年版。

② 章百家：《对二战遗产的若干断想》，《世界经济与政治》2005 年第 8 期，第 11 页。

③ 胡德坤、罗志刚：《第二次世界大战与战后世界性社会进步》，湖北人民出版社 1993 年版，出版说明部分，第 12 页。

依存求发展的新模式，取代了以征服与掠夺求发展的旧模式，极大地促进了生产力的发展，带来了战后人类社会经济的空前进步与繁荣。"战后由于殖民地半殖民地国家的独立，资本主义各国再也不能依靠剥削殖民地半殖民地来发展本国了。同时，第二次世界大战表明，用战争征服他国求发展之路是一条自取灭亡之路。"① 胡德坤教授的研究表明第二次世界大战从总体上结束了过去国际社会以帝国主义剑与火的领土征服方式追求市场、原材料和投资场所的发展模式，为战后世界和平发展的新模式开辟了道路。

武汉大学严双伍教授的《第二次世界大战与欧洲一体化的起源研究》一书对第二次世界大战与战后欧洲一体化的启动进行了探究。在谈到第二次世界大战对欧洲一体化基本原则的影响时认为，"二战使得欧洲政治家们提出了自由联合原则和平等原则，前者保证了共同体的对内对外政策始终沿着市场规则下的竞争道路和平发展；后者则确保了共同体的凝聚力和向心力，没有平等原则，很难想象能体现出共同利益"。谈到第二次世界大战遗产时，严教授认为，"第二次世界大战在国际关系领域中的最大政治成果就是对侵略、强权、暴政的否定，对和平、合作、民主的肯定，从而有力地促进了国际关系朝着平等化、民主化的方向发展"。进而，他在结语中讲道，"欧洲人是不幸的，他们饱尝了战争所带来的苦难；欧洲人又是幸运的，在战争之后，他们终于走上了一条和平与发展的崭新道路"。②

2005 年为纪念第二次世界大战结束 60 周年，《世界经济与政治》与《世界知识》两个杂志的编辑部于当年 5 月 20 日联合召开了一次名为"二战遗产与中国"的座谈会。《世界经济与政治》杂志在同年第 8

①　胡德坤：《第二次世界大战与世界发展模式的转换》，《烟台大学学报》（哲学社会科学版）2005 年第 3 期，第 255、257 页。胡德坤教授有关此思想的研究还可见胡德坤、韩永利主编的《第二次世界大战与世界历史进程：第二次世界大战史（武汉）学术讨论会论文集》（武汉大学出版社 2003 年版）一书中胡德坤教授所作序言；胡德坤、韩永利《第二次世界大战与战后世界和平》，《武汉大学学报》（哲学社会科学版）2004 年第 4 期；胡德坤《论反法西斯的第二次世界大战对战后世界的影响》，《武汉大学学报》（哲学社会科学版）1995 年第 4 期；胡德坤、韩永利《中国抗战与第二次世界大战为战后世界的和平与发展开辟了道路》，《当代韩国》2005 年第 3 期。

②　严双伍：《第二次世界大战与欧洲一体化的起源研究》，武汉大学出版社 2004 年版，第 260—265 页。

期和第 9 期刊登了该座谈会的一些笔谈论文。这些论文旨在呼吁学界给予第二次世界大战遗产应有的关注，主张超越冷战思维模式，拓宽对第二次世界大战遗产的研究范围，并提出了一些有待深入探讨的主题，如第二次世界大战与战后的战争观、第二次世界大战与人权、第二次世界大战和战后国际法等，这些新颖的观点主张给人以新的启迪。① 毕竟，第二次世界大战正是通过对战后的战争观、人权意向、国际法及国际制度等国际社会中的软力量的重构来制约战后世界历史进程的，对这些第二次世界大战遗产的进一步研究，有助于我们理解战后世界发展模式转换的观念和制度的力量。

此外，李巨廉教授在论及第二次世界大战与战后和平这一主题时，也从另一个侧面间接提到了发展模式转变的问题。"长久以来，战争曾被人们视为求生存、谋发展的必由之路。尽管各个民族和国家都声称热爱和平，但大家或为财富和权力计，或为独立和自由计，常常实际选择了战争。今天随着大规模杀伤性武器的发展，人们必须从根本上改变对战争与和平的选择意向。一方面，现代战争手段与全球化的发展，日益使得任何一国发动战争，都将面临'失大于得'的归宿，甚至导致自杀性的悲剧后果。另一方面，现代科学技术的发展，越来越多地提供了社会发展的新条件，抑制了企图通过战争获利的动机。"②

再者，有学者在近现代区域国家的兴衰研究中也表达了过去的军事征服模式过时的思想。如吴友法、黄正柏教授在他们主编的《德国资本主义发展史》中，谈到德国从崩溃到繁荣这一阶段的历史教训对发展进程的启示时指出，"力图以战争来实现国家的政治经济目标注定要受到历史的惩罚的"。"联邦德国凭借平常的经济技术竞争，解决它的市场、

① 可参见王逸舟《二战遗产片拾》，《世界经济与政治》2005 年第 8 期；牛军《二战遗产的再思考》，《世界经济与政治》2005 年第 8 期；章百家《对二战遗产的若干断想》，《世界经济与政治》2005 年第 8 期；刘北成《关于纪念的历史与文明的坐标》，《世界经济与政治》2005 年第 8 期；周桂银《奥斯威辛、战争责任和国际关系伦理》，《世界经济与政治》2005 年第 9 期；何忠义、赵景芳《60 年前的战争记忆——二战对当今欧美战争观的塑造》，《世界政治与经济》2005 年第 9 期等文。

② 李巨廉：《战争与和平历史运动的转折——一个中国学者对第二次世界大战的思考》，《史学理论研究》2005 年第 3 期，第 26 页。还可参见李巨廉《战争与和平——时代主旋律的变动》，学林出版社 1999 年版。

原料问题，保证经济的持续发展，而无须采取极端的，而且又被证明是屡试屡败的，并带来灾难性后果的地缘政治扩张和武力征服的办法。"①

综上所述，国内学者关于该主题的研究相对零散，缺乏系统性。一些学者虽然也注意到了战后世界发展模式的转换，却没有深入全面探讨这种转换得以发生的动因及其与第二次世界大战的密切关系，但正是学界前辈们的这些思考给了我们进一步深入研究的启迪。

（二）国外研究现状

国外学界虽然也很少提及"世界发展模式"这一概念，但较国内而言，国外围绕该主题的间接理论探索成果要丰富得多。主要围绕着历史上领土征服战争的发展趋势、征服的动因和条件、国际社会的战争观、领土征服的得失考量以及作为世界现代史转折点的第二次世界大战留给战后各国政治、经济、社会和文化的遗产。正是国际和国内两个层面的第二次世界大战遗产改变了战后世界的整体发展模式。

1. 在西方学术史上，对以领土征服与掠夺为主要表现形式的侵略发展模式（在英文文献中更多提到的是通过战争方式或掠取殖民地获取经济利益的模式），较早提出质疑且影响较大的是英国学者诺曼·安格尔。他在 1910 年出版的《大幻觉：军事权力与国家优势间关系研究》一书中大胆提出了"政治与军事权力于国家经济无用"的观点。他认为欧洲普遍存在一个大幻觉，即政治军事上的优势会带来经济和商务上的优势。为了击溃这种短视的幻觉，安格尔在文章主体部分论证了以下观点：（1）由国际信贷体系的确立和通信技术的极大改进而带来的世界金融的相互依赖，使得征服其他国家，并对其进行贡税勒索、榨取在物质上和经济上是不可能的。（2）通过军事征服来获取、摧毁另一国的贸易在经济上是不可能的，大海军并不能创造贸易。换句话说，贸易并不随国旗而至，也不能通过吞并破坏被征服他国的贸易竞争。（3）从战争赔偿中并不能获利。（4）一国的财富、繁荣和福利并不取决于它的政治权力。（5）殖民地在现代只能是一个负担而非财产，因而，一国并不能从征服他国中获取经济

---

① 吴友法、黄正柏：《德国资本主义发展史》，武汉大学出版社 2000 年版，第 288、583 页。

利益。① 安格尔的征服战争不能获利的思想一时成为热议的焦点。但由于出版后不久第一次世界大战便爆发了，安格尔及其思想受到冷落。事实上，把第一次世界大战爆发视为安格尔主张站不住脚的观点是对安格尔的一个误解。安格尔只是认为：征服战争是无益的，在经济上是不能获利的，而并非认为战争是不可能爆发的。第一次世界大战后欧洲的破坏及20 世纪 20 年代因赔偿问题引起的国际危机恰恰证明了安格尔观点的正确性。也正是因为他对世界和平教育事业所做的贡献，1933 年被授予诺贝尔和平奖，他的金融贸易高度依赖下征服战争过时的思想也被后人称为"安格尔主义"（Angellism）。

　　关于战争，另外一部重要著作是美国学者约翰·穆勒所著的《从末日后退——大战的过时》一书。在该著作中，他对战后出现"长和平"的原因给出了不同于传统的解释，既非两级均衡，也非核恐怖平衡，而是"历史发展过程的一个终结"，"两个或三个世纪以来，由于它的可憎和无益，大战（发达国家间的战争）逐渐走到它荣誉的终点"②。该书考察了第一次世界大战前后欧洲国际社会战争观——从把战争视为男子气概的、充满活力的和荣耀的、神圣的到可憎的、血腥的和野蛮的演变，指出第一次世界大战改变了人类对战争的看法，第二次世界大战则巩固了人们的这一观念。基于两次世界大战的经历，穆勒认为 1945 年后的决策者已经承认大国间的任一传统的战争都会转化为代价高昂的消耗战，它的高成本明显超过任何潜在的政治经济收益。通过比较 19 世纪与两次世界大战及之后的大众和政治家关于战争效用的观念，他指出，战争作为一个促进国家目标实现的方式在发达国家内部普遍被认为是可憎的和无用的。

　　虽然穆勒和安格尔一样认为通过战争追求国家繁荣的目标是不可能的，但穆勒不同于安格尔，他强调战争作为一种制度的过时是社会文化

---

　　①　Norman Angell, *The Great Illusion: A Study of the Relation of Military Power to National Advantage*, London: William Heinemann, 1914; *The Fruits of Victory. A Sequel to "The Great Illusion"*, London: W. Collins Sons & Co. Ltd. , 1921; *Arms and Industry. A Study of the Foundations of International Polity*, New York and London: P. Putnam's Sons, 1914; *The Great Illusion-Now*, Harmondsworth: Penguin, 1938.

　　②　John Mueller, *Retreat from Doomsday: The Obsolescence of Major War*, New York: Basic Books, 1989.

观念演变而带来的精神习惯变化的结果，是"不可想象的（Unthinkable）"，而非仅出自诺曼·安格尔"不可获利的（Unprofitable）"考量。但约翰·穆勒《从末日后退——大战的过时》的不足之处是：穆勒几乎没有解释使得战争不可想象的文化变革，而且没有探讨国家间战争演变过程中政治经济文化变革间的联系，正是因为此类战争变得在政治上、经济上不能获利，它们才变得不可想象。还有就是在处理核武器的影响上过于轻描淡写。① 此外，由穆勒主编的《和平、繁荣与政治学》一书收录了他一篇论文，名为《政治上失当的单一经济学家的兴起》，在该文中，他指出有四个经济论点现在已经被广泛认可，它们是：（1）经济的增长应该是支配性的目标；（2）取得财富的最好方式是交换而非征服；（3）国际贸易应该是自由开放的；（4）政府给予经济很大自由时，经济表现最好。并认为世界对前两者的逐渐认可产生了两个影响：一是促进了世界史上一个重大变革的出现，即一度很重要的帝国观念的消除；二是战争变得不可接受，贸易成为取得繁荣的最主要的方式。②

关于征服及战争过时的理论，有影响的期刊论文及学位论文有斯蒂芬·布鲁克斯《生产的全球化和不断变化的征服收益》。该文主要分析了战后发达国家的经济转变如何影响政府的收益，指出生产结构的四个变化（知识经济的兴起、生产的地理分散、跨国企业、直接投资的增加）改变了发达国家间征服战争的成本收益考量。经济结构的变化使得国家通过和平的商业竞争和投资形式获取资源和市场比领土征服更能获利，降低了领土征服的意愿。③ 还有曼德尔·鲍姆的《战争过时了吗?》。该文解释了大战过时的观念，认为国际体系中大国间战争的过时源于两个

---

① Carl Kaysen, "Review: Is War Obsolete? A Review Essay. Reviewed Work (s): Retreat from Doomsday: The Obsolescence of Major War. By John Mueller", *International Security*, Vol. 14, No. 4 (Spring, 1990), pp. 42 – 64, 44. 米勒关于核武器之于国际政治影响的论述还可参见 John Mueller, "The Essential Irrelevance of Nuclear Weapons: Stability in the Postwar World", *International Security*, Vol. 13, No. 2 (Autumn, 1988), pp. 55 – 79。

② John Mueller, *Peace, Prosperity, and Politics*, Boulder, Colo.: West View Press, 2000, pp. 58 – 69.

③ Stephen G. Brooks, "The Globalization of Production and the Changing Benefits of Conquest", *The Journal of Conflict Resolution*, Vol. 43, No. 5 (Oct., 1999), pp. 646 – 670.

因素：一是战争的人力物力成本，二是来自胜利一方战争中的经济获得减少[1]。还有就是卡尔·凯森就米勒《从末日后退：大战的过时》一书写的书评《战争过时了吗？一个书评》。该文考察了从中世纪以来至今影响征服战争成本收益考量的社会、经济和政治因素。在解释前工业社会的征服战争时，他认为之所以存在征服是因为"数千年以来，土地一直是政治经济权力的主要基础……在这样的社会，一个成功的战争总会有一个明确的收益"[2]。与此主题相关的博士论文可参见：《安格尔的胜利：能源的地缘政治和大战的过时》（Christopher J. Fettweis, *Angell Triumphant: the Geopolitics of Energy and the Obsolescence of Major War*）；《生产的全球化与国际安全》（Stephen G. Brooks, *The Globalization of Production and International Security*）等。

2. 作为旧的发展模式的表现形式，近代以来西方列强从事帝国扩张和争霸战争的根源是什么？旧的征服与掠夺的发展模式形成和存在的动因有哪些？对这些问题西方学界做了深入探讨。美国学者约翰·贝克里斯在分析近代列强殖民争夺的经济原因时，认为内在的动因有：需要新的土地以解决国内人口过剩问题；为工业寻求新的市场、原材料供应地以及食物等。因而"他们不得不拥有殖民地，他们开始占有殖民地"[3]。英国历史学家霍布森在其著名的《帝国主义》一书中分析了帝国主义的政治、经济、种族根源，指出"虽然政治扩张、殖民地移民和宗教事业也曾经是一种有意义的推动力量，但贸易和开发天然资源的经济动机却是主要的冲动"。他特别提到了 20 世纪 30 年代德国和日本的政策根源，"如果我们转过来看看意大利、德国和日本，我们看到他们之中的每一个都是以领土扩张的经济必要性来为他们业已进行的或蓄意进行的帝国主义侵略作辩解"。[4] 在书中他还认为帝国于英国没有多大的经济意义，只是一个

① Mandelbaum Michael, "Is War Obsolete?", *Survival*, Vol. 40, No. 4（Winter, 1998 – 1999）, pp. 20 – 38.

② Carl Kaysen, "Review: Is War Obsolete? A Review Essay. Reviewed Work（s）: Retreat from Doomsday: The Obsolescence of Major War. By John Mueller", *International Security*, Vol. 14, No. 4（Spring, 1990）, p. 49.

③ John Bakeless, *The Economic Causes of Modern War: A Study of The Period: 1878 – 1918*, New York: Garland Publishing, Inc., 1972, p. 28.

④ ［英］约·阿·霍布森：《帝国主义》，纪明译，上海人民出版社 1960 年版，第 4—10 页。

负担。

美国学者杰克·斯奈德的《帝国的迷思——国内政治与对外扩张》一书给出了另一个解释，即帝国扩张是源自国家在无政府状态下对安全的追求。在书中，斯奈德采用三种解释模式来探究帝国扩张的根源。这三种所谓的帝国的迷思分别是：现实主义的扩张求安全；认知解释；有关联盟政治与意识形态的国内解释。① 美国学者罗伯特·吉尔平在《世界政治中的战争与变革》一书中也对帝国的扩张原因做出了解释，他认为帝国时代领土很大程度上和权力的挂钩是导致扩张的原因。"在现代工业出现之前的帝国时代，社会化的财富和国家的力量取决于对农民和农奴的剥削。在当今世界大规模提高农业生产率之前，在其他条件相等的情况下，一个大国的领土扩展和政治控制越大，可征税的盈余就越多，帝国的力量也就越大。帝国时代的一个基本特点就是财富的相对稳定性。由于没有突出的技术进步，农业生产率保持在一个低水平上，经济和财富增长的基本决定因素是土地的可获得性和人与土地的比率。由于这一原因，一国财富和力量的增长的作用在于控制可以产生经济盈余的领土。因此，当农业还是权力和财富的基础时，财富和权力的增长几乎与掠夺领土是同义语。"②

但也有人对以上领土征服与帝国扩张不能获利的理论提出质疑。皮特·利波曼《征服能获回报吗？对被占领工业国的掠夺》一书通过现代史上的个案（纳粹德国占领下的欧洲：第一次世界大战时期的比利时和卢森堡，1923年的法国鲁尔占领，日本对朝鲜、台湾和满洲地区的占领和苏联对东欧的占领），探析了征服的获利性问题。利波曼证明征服者在短期内可以在经济上因剥削获利，因为残忍的入侵者可以通过对那些抵抗者施加高压，而给予合作者以回报换取支持的方式维持统治。事实上，该书的标题容易误导读者，该研究并非阐述征服的获利，相反它是表明征服者对战败国的军事化占领能否获利的问题。利波曼的不足之处在于忽视了占领的成本以及机会成本。为了使

---

① 参见［美］杰克·斯奈德《帝国的迷思——国内政治与对外扩张》，于铁军译，北京大学出版社2007年版，第21—69页。

② ［美］罗伯特·吉尔平：《世界政治中的战争与变革》，武军等译，中国人民大学出版社1994年版，第118页。

得复杂的主题更具操作性，利伯曼从狭义上界定帝国获利："掠夺的资源小于管理与镇压的成本。"① 与征服相联系的更为宽广的战略意义上的成本，如与第三方的潜在冲突未列在考量的清单里。由于该书主要讲的是占领的成本和收益问题而非征服，因而，该书的结论只能在有限的意义上接受。

3. 作为第二次世界大战象征年代的 1945 年，对于人类的历史进程来讲是发生重大转折的一年。1945 年后的世界历史发展进程表现出不同于 1945 年前的变迁。一些西方学者敏感地注意到了战后世界的这种变迁。把战后世界发展模式变迁最早作为一个专题进行研究的是美国加利福尼亚大学政治学教授理查德·罗斯查兰斯。他的《贸易国家的兴起：现代世界的商业和征服》（Richard Rosecrance, *The Rise of the Trading State: Commerce and Conquest in the Modern World*）② 一书提出的一组核心概念是"军事政治（领土）的世界"（Militarily-Political or Territorial World）和"贸易世界"（Trading World）。其主要论点是国际政治的贸易世界给人类提供了一个摆脱战争恶性循环的可能和国家间合作的新模式。1945 年以后的国际关系世界，和平的贸易战略正在享有比过去越来越高的优先性。通过工业技术发展和国际贸易机制，国家能改变他们在国际政治中的地位，同时其他国家也能在这种贸易的增长中获利，这使得合作成为可能。文中还提到了中国也正从国际贸易的开放体系中受益。罗斯查兰斯认为：自第二次世界大战结束以来，由特定的力量促成了两个完全不同的国际关系组织体系。一个是领土体系，它是由把土地等同于权力，认为"土地越广，权力越大"的国家组成。这些国家寻求自给自足，这个体系由苏联、部分地由美国主导。另一个则是贸易国家体系，此类国家成员认为自给自足是一种幻觉，把与其他国家进行自由贸易视为增加福利的关键。这

① Peter Liberman, *Does Conquest Pay? The Exploitation of Occupied Industrial Societies*. Princeton: Princeton University Press, 1996, p. 31. 该作者相关论点还可参见 Peter Liberman, "The Spoils of Conquest", *International Security*, 1993, 18 (2), pp. 125 – 153。

② 在出版该书十年后，他又写了一篇论文《虚拟国家的兴起》（Richard Rosecrance, "The Rise of the Virtual State", *Foreign Affair*, Vol. 75, No. 4, July/August 1996），进一步指出领土国家的过时，世界已经从贸易世界发展到虚拟时代，征服不再能获利，国家间的竞争从军事政治领域转向市场领域。

个体系由日本和联邦德国为首的欧洲国家所主导。① 总之，他认为战后国际关系的两个世界均衡正在日益发生变化，军事政治世界越来越向贸易世界倾斜，贸易国家战略逐渐取代军事征服成为一国追求发展的战略模式。

有学者在对战争和外交的一般研究中，也注意到了战后世界这种发展模式的转变，如伊万·鲁雅德研究战争史的名作《国际社会中的战争》，该书的基本的解释框架是五个连续的时期：王朝时代（1400—1559），宗教时代（1559—1648），主权时代（1648—1789），民族主义时代（1789—1917）和意识形态时代（1917—）。解析了每个时代战争爆发的原因、目标、方式和代价以及该社会的战争观念。通过对国际社会战争根源、动机和频率的考察，他认为"至少自 1945 年以后，对领土的关注更少，很少有公然的扩张主义和征服战争"。"领土扩张的愿望不再显著，政府不再倾向于把领土控制数量作为地位和成功的评测依据，表现在对世界其他部分进行殖民的趋势衰退：该目标，是过去很多战争的唯一根源，现在几乎绝迹了，更多的国家寻求结束帝国的责任而非拓展它。"并认为原因在于"伤亡超过二十年前，第二次世界大战的恐怖在公众观念中创造了一种更强烈的感情：战争不再可能被证明是正当合理的"。②

美国学者罗伯特·A. 帕斯特在其主编的《世纪之旅——七大国百年外交风云》一书的前言中也特别提到了战后世界发展模式的这一变化。该书主要论点是：国家仍然是国际体系的主角，然而他们决定自己目标的方式以及他们追求自己目标的外部环境在过去的 100 年里发生了根本性的，虽然不是彻底的变化。世界各国仍在互相竞争，但今天的游戏不同于对殖民地的争夺，如今他们追求的是社会和经济目标，为此国与国之间需要合作并相互遵守国际准则。他还指出国家用武力夺取领土与资源在 100 年前是常态。然而"旧世界等级森严，以掠取他国领土为荣，是个征服他国、争夺势力范围的世界。新的世界较为多元化，它靠的是各国领袖和

---

① Richard Rosecrance, *The Rise of the Trading State: Commerce and Conquest in the Modern World*, New York: Basic Books, Inc. , 1986, pp. ix – xi, 16 – 17.

② Evan Luard, *War in International Society*, New Haven: Yale University Press, pp. 126, 172, 376.

人民之间、企业和消费者之间、大国和其他国家之间的往来，市场对变化的调整是以和平方式进行的，在不破坏整个体系的情况下为所有层面的个体——个人、公司、非政府组织、国家——提供发展的空间"。他以第二次世界大战前后的日本为例说明了这一变化。"20 世纪 30 年代，日本人凭借武力掠去石油和煤炭。50 年后，它转而依赖市场与技术。这是因为日本在付出惨重代价后悟出，前者的代价要比后者昂贵得多。而且得不偿失。"①

美国学者埃德温·哈特里奇在其著作《第四帝国的崛起》中，谈到战后德国经济主义的和平发展道路时写道，"在短短一代人的时间里，这个战后新兴的德国正沿着一条不同的道路前进，他发现有无限的'生存空间'任其发展。它用数以百万计的大众牌汽车、机床、机车、重型工程设备、机器、发动机和其他出口商品在世界各国建立了商业桥头堡，这比希特勒用几百万军队对欧洲、俄国和非洲进行的失败了的军事征服所建立的桥头堡更加稳固持久"。"显然'经济政治'在战后为德国人取得了成就，这是威廉二世的凯泽帝国和希特勒的第三帝国时期的'地缘政治'所未能取得的。"战后的德国在第二次世界大战的废墟上是如何成为最富有的第四帝国？埃德温认为，是"经济政治代替了地缘政治。简而言之，西德的面向老百姓的经济力量和财富是它在国际舞台上的力量与影响的根源。经济力量代替了军队和武器，成为这个年轻和富裕的德意志联邦共和国命运的主宰"②。

4. 国外第二次世界大战史学界关于第二次世界大战遗产的研究领域比较宽广。传统的研究主要集中在美苏对抗两极世界的兴起、欧洲的衰落、德日奥的被占领、非殖民化等。冷战结束后，学界对第二次世界大战遗产的审视开始超越了冷战研究的对抗主义史观，注意到其中不仅有对抗，而且还有互动、团结和发展。开始看到其遗产之于国际社会积极的一面。我们可以从一个国际学术会议的讨论主题安排上看到这一点。

2007 年 2 月 16 日至 17 日在加利福尼亚—圣地亚哥大学召开的题为

---

①　[美] 罗伯特·A. 帕斯特编：《世纪之旅——七大国百年外交风云》，胡利平、杨韵琴译，上海人民出版社 2001 年版，第 347、16 页。

②　[美] 埃德温·哈特里奇：《第四帝国的崛起》，范益世译，世界知识出版社 1982 年版，第 8 页。

"影响的历史：欧洲的'战后'比较研究"国际学术研讨会①上，可以看出西方学界关于第二次世界大战遗产研究的前沿焦点问题已超越了对抗主义的冷战思维，开始关注第二次世界大战对国际社会的进步、一国国内的改革和普通民众生活的影响等社会及观念领域。

此类代表作品有克里福·爱摩斯雷等主编的《战争、和平和社会变革：欧洲 1900—1955》第四册《第二次世界大战及其结果》。本书编排内容和结构，实际上是教师和学生之间就第二次世界大战对欧洲社会产生的影响的讨论稿，主要涉及第二次世界大战的性质、对第二次世界大战影响和后果的争论、欧洲的分裂和 1945—1955 年的欧洲社会变革等。其中，对第二次世界大战影响和后果的讨论主要围绕国际和地缘政治的变迁、社会变革，如社会地理、经济成就和理论、社会结构、国家凝聚力、社会改革和福利政策、习惯和行为、妇女和家庭、大众文化以及政治制度和价值等。②

第二次世界大战史专家罗伊德·李的《第二次世界大战》一书的第六章专门概括总结了第二次世界大战持久的影响，如新的国际政治经济秩序，西欧社会内部的变革，如左派的兴起、福利国家的改革等，欧洲之外的变化：亚非拉民族主义的发展兴盛及非殖民化运动等③。罗伊德·李主编的另外一本著作《第二次世界大战在欧洲、非洲和美洲》④论述了战时欧洲、非洲和美洲各国的经济动员、战争带来的社会变化。戴维主编的

---

① 该会议主题有意改变过去欧洲战后史研究中的超级大国对抗、欧洲东西分裂的冷战思维，从全新的视角研究第二次世界大战对欧洲社会的影响。首先是"战后"的观念淡化了冷战的意义，恢复第二次世界大战后欧洲历史的多重性和多样性。其次假设"战后"代表着一个时期：该时期东西欧都面临着如何应对战后史无前例的人员伤亡和社会破坏。会议寻求揭示战争破坏性遗产的意义。再者，通过把 1945 年前的经历和 1945 后欧洲的历史相连，会议寻求把欧洲历史的研究放入战后欧洲的跨国的和比较的历史研究中去。主要有六个主题：（1）"战后"的界定，比如战后时期的性质和持续的时间等；（2）熟悉什么样的过去：公众和个人有关第二次世界大战经历的备忘录研究；（3）在本土制造和平：家庭，女性，性；（4）媒体中的战争：电影是如何影响公众对战争的记忆的；（5）导弹的阴影下：核毁灭和集体安全间的军事文化；（6）从战争到福利。见 http://iicas.ucsd.edu/hota/about.php. 2013-10-18。

② Clive Emsley, *War, Peace and Social Change: Europe 1900-1955, World War II and Its Consequences*, Buckingham: Open University Press, 1990.

③ Loyd E. Lee, *World War II*, Westport, Conn.: Greenwood Press, 1998, pp. 92-103.

④ Loyd E. Lee, *World War II in Europe, Africa, and the Americas, with General Sources: a Handbook of Literature and Research*, Westport, Conn.: Greenwood Press, 1997.

《第二次世界大战在南亚和东南亚的遗产》一书分三个主题收编了关于第二次世界大战在东亚遗产的一些论文，第一部分是关于东亚战争的总论，第二部分和第三部分围绕第二次世界大战对东南亚和东北亚一些国家如印度尼西亚、菲律宾、马来西亚、中国、印度、新加坡和朝鲜的政治、经济社会等方面的影响而展开。具有代表性的是第十一章—日本学者的《如何评估世界历史中的第二次世界大战：一个日本人的观点》一文。他从三个维度评价了第二次世界大战的影响：（1）第二次世界大战作为民主与法西斯主义间的斗争；（2）赢得第二次世界大战对很多国家意味着从殖民列强统治下获得独立；（3）第二次世界大战也是民主对暴政的斗争。[①]

多米尼克·格伯特的《战后的挑战：西欧文化、社会和政治的变革（1945—1958）》一书分四部分：第一部分探讨了第二次世界大战在英国、德国、法国和意大利四国中的历史记忆以及这些国家对第二次世界大战的反思；第二部分研究的是该四国战后重建的蓝图，即建设一个什么样的社会和经济新秩序；第三部分涉及的是欧洲联合问题；最后一部分讲的是欧洲和美国跨大西洋的关系。[②]

综上所述，国内外学者都不约而同地直接或间接地注意到了第二次世界大战留给战后世界的积极遗产，并对战后世界发展模式的转换这一历史现象给予了一定注意。但他们对此主题的论述还存在以下不足之处：缺少系统性，如更多的只是从战后世界政治、经济、社会、军事、文化观念的某一方面或几个方面来阐述此论点，而缺少整合性的系统研究；对该主题的阐述缺少把战后国内环境因素和国际环境因素进行密切关联的研究；国外围绕该主题的论述多是从国际政治、经济理论的角度来研究，而对历史留下的遗产尤其是第二次世界大战的遗产对战后世界发展模式转换的影响关注不够，存在重理论轻经验的现象。

四 研究方法和主要创新点

（一）研究方法

本书在坚持历史唯物主义与辩证唯物主义方法的基础上，力争用跨学

---

① David Koh Wee Hock, *Legacies of World War II in South and East Asia*, Singapore: Institute of Southeast Asian Studies, 2007, pp. 139 – 151.

② Dominik Gepert, *The Postwar Challenge: Cultural, Social, and Political Change in Western Europe, 1945 – 58*, New York: Oxford University Press, 2003.

科的方法，历史地、全面地探究第二次世界大战之于战后世界发展模式转换这一重大历史现象变迁的作用机理。

推动近代以来资本主义世界发展模式转换的历史动力是多元化的，其中有国内和国际两个层面的政治、经济、社会、文化观念以及科技发展水平等多种变量的作用。要想探明第二次世界大战在战后资本主义世界发展模式转换中所起的作用机理，仅凭历史学的方法不足以解释。美国知名国际政治理论学者杰克·莱维在对比国际关系研究中的历史学和政治学方法时指出，历史学家研究国际问题时的方法特点是：历史学家构筑基于描述的解释而非基于理论的解释；他们研究过去而非关注现在或做出和政策相关的判断；他们寻求理解单一独特的事件而非概括事物一般规律；他们多选择复杂的多因果解释而非贫乏的单一解释。[①] 他还认为，事实上，历史学和政治学之间彼此有很多方法可以相互借鉴。因为对事物之间关系的完整的描述不足以成为完美的历史，因为所有的历史都为理论判断和模式所驱动，进一步的理论化可以使得这些模式更加明显，分析更具合理性。同样，只有强有力的符合内在逻辑的理论建构不足以成为完美的理论，因为完美的理论必须在很多情形下符合经验事实。鉴于历史学和政治学研究方法上各自存在优缺点的事实，他主张对国际问题的研究，要借鉴综合两个学科研究方法的优点，"历史太重要以至于不能只留给历史学家，理论太重要以至于不能只留给政治学家"[②]。

因而，鉴于本主题的跨学科性质，在研究方法上，本书尽可能尝试借鉴西方国际关系理论的合理内核，在尊重历史实证主义的前提下，进行跨学科的研究，以期克服历史学研究方法的某些缺陷，更好地诠释世界发展模式转换这一历史变迁问题。本书在解释世界发展模式转换这一主题时主要借鉴了西方国际关系理论流派中的自由制度主义、建构主义以及英国学派的国际社会等相关理论。在有关章节解析了在西方自由制度主义学者眼中，国际制度对和平维持的促进机理。探讨了国际制度（从广义上讲包含国际组织、国际机制和国际惯例）建设在盟国战后规划中的思考以及盟国对其效用的期待。并指出：战后世界的国际制度是一国实

---

① Jack S. Levy, "Too Important to Leave to the Other: History and Political Science in the Study of International Relations", *International Security*, Vol. 22, No. 1 (Summer, 1997).

② Ibid.

现和平发展与和平变革现状的最有效的，也是最重要的机制平台。其次，在研究视角和方法上，本书在有关章节强调了国际社会的观念建构对其成员选择发展道路时的影响和重要性。作为一条贯穿本书研究的主线，本书主要章节重点考察了经济、技术、社会演变引起的战争观和发展观的变迁在推动世界发展模式从侵略发展向和平发展转换过程中所起的重要作用。

（二）主要创新点

本书从政治、经济、军事、社会、技术变革和思想观念等多个维度，致力于用跨学科的研究方法探究第二次世界大战对战后世界发展模式转变这一历史现象所产生的影响机制，正是第二次世界大战本身的经历及其遗产等诸多历史变量的合力才促使了资本主义世界发展模式由侵略发展向和平发展的转换。本书创新论点如下。

1. 近代以来征服与掠夺的侵略发展模式的衰落与战后和平发展模式的兴起是影响一国发展模式选择的成本—收益的天平发生倾斜的结果。近代以来尤其是两次世界大战后的政治、经济、技术和文化观念的变迁使得领土征服成为一种成本高而收益低的发展模式，因而，领土征服的侵略发展模式无论是出于道义的考量还是出于理性的选择，都逐渐被国际社会所抛弃，而和平的经济扩张和国内自我改良的改革则成为越来越多的国家获取权力和财富的道路选择。

2. 国际社会确保其成员采取和平的而非扩张主义的发展道路的前提条件之一是，应该存在一个公正、开放的资本（商品资本、货币资本和生产资本）流动机制，这样可以使那些缺少资源（如第二次世界大战时期的意大利和日本）或没有海外帝国和缺少市场（比如德国）的"无"的国家找到一个得以实现和平发展诉求的平台。在1929—1933年的经济大萧条中，英国、法国和美国纷纷在自己的帝国、殖民地和势力范围或本国内竖起贸易壁垒，使得德国和日本的一些领导人认为，只有通过领土扩张建立帝国才可以实现经济的自给自足，取得经济上的安全与发展。日本和德国对这种发展模式的崇拜和信服（分别表现为大东亚共荣圈和生存空间的政策）一方面源于两国国内历史、政治因素，另一方面也在于国际社会缺少一个稳定、健全、开放的国际经济贸易机制，使得国际社会"无"的国家难以通过和平的方式实现自己的发展诉求。

3. 战后世界发展模式的转换源于以下因素：第二次世界大战引起侵略发展模式的收益—成本平衡的改变，战后领土征服的高成本和高风险超过了潜在的收益；第二次世界大战对国际社会持有的战争作为国家政策工具的相关观念（如战争的有效性、合道德性、合法性等）的改变；战时盟国规划的自由开放的战后世界经济新秩序为一国在世界中和平地获取原材料、市场和投资机会提供了可能，可以说为新的世界发展模式的展开提供了制度平台。

4. 战后以西欧为代表的资本主义国家走上了福利国家建设的自我发展之路，究其原因，很大程度上是源于这些国家对于第二次世界大战社会起源的反思。毕竟是贫困、失业以及财富分配的不公才导致法西斯主义在相关国家内部的兴起，引发第二次世界大战的。一定意义上讲，战后福利国家建设，作为资本主义制度变革生产关系以开拓生产力发展的更大空间的一种努力，是资本主义国家对过去以对外扩张的方式解决国内政治、经济和社会问题的替代补充方案。

5. 战后的和平发展模式对战后的世界进程产生了深远影响。作为一种体现着"平等主义""合作主义"和"多边主义"精神的发展模式，它推动了战后各国之间在政治、经济、技术和文化交流方面的合作和发展，加大了世界的相互依存的程度，促进了世界良性的整体发展与和平维持。

6. 20世纪作为一种社会发展模式的社会主义制度的确立是人类政治文明的重大创新，它是作为资本主义侵略发展模式的对立面而出现在世界政治经济舞台上的。作为社会主义制度思想基础的马克思主义意识形态所蕴含的和平伦理，以及社会主义制度的本质属性决定了社会主义国家是和平发展的国家，并且通向人类持久和平和共同繁荣的唯一道路就是社会主义制度在全世界的确立和共产主义社会的来临。

五　本书的主要任务与框架结构

第二次世界大战与战后资本主义世界发展模式的转换这一课题是一个较新的研究领域，本书尝试在跨学科的基础上对该课题做一初步探析。本书着力解决四个问题：一是资本主义世界发展模式在近现代（1500—1945）的演变（内涵、阶段表现特征和演变动因）以及资本主义侵略发展模式与近代以来的战争、冲突，尤其是两次世界大战的爆发之间的关联；二是从第二次世界大战的经历本身及其留给战后世界的诸多遗产角度，来探究第二次世界大战在推动战后资本主义世界从侵略发展到和平发展转换过程中所起的作用机理；三是回答一些针对和平发展模式存在的质疑，在证实和平发展模式在战后世界存在的同时，简要探讨资本主义世界的和平发展导向对战后世界进程的影响；四是探析第二次世界大战对战后世界发展模式转换的影响机制，并对社会主义制度与世界和平发展之间的关系做一探讨。

导论部分，主要对本书选题的缘起、选题的价值、学界的研究现状、主要研究方法、创新论点及重要框架做一介绍和分析，为读者阅读本书提供一个宏观指引。

第二章：主要对近代以来至第二次世界大战前（1500—1939）这一时间段的侵略发展模式的兴起、发展和衰落做一个历史回顾。近代以来，表现为领土征服、争霸和掠夺的侵略发展模式成为西方世界占支配地位的发展模式，正是这种发展模式促成了"西方的兴起"。本章首先阐明了近代初期这种侵略发展模式兴起的技术、社会、文化观念条件和动因，进而指出这种发展模式的剥削和掠夺性质，最后指出侵略发展模式的兴起和持续是近代以来战争和冲突不断的根源，并从事实和理论两方面论证了正是该发展模式的掠夺性、封闭性促成了20世纪两次世界大战的爆发。

第三章：主要分析了盟国战时在反思战争爆发根源的基础上进行的战后规划。不同于第一次世界大战的是，第二次世界大战进行正酣时盟国便开始了规划战后秩序的努力，以建设一个共同繁荣与持久和平的战后世界。在和平与发展这两大宗旨指引下，盟国进行了消除侵略发展模式在国际政治经济中持续存在的规划努力，如废除与整体世界发展不符且是战争冲突根源的殖民主义制度、建设稳定开放的国际金融贸易秩序、加强社会保障和构建有效遏制侵略的集体安全机制等。这些努力为战后世界和平发展模式的形成发展创造了政治、经济和社会基础。

第四章：主要探讨了第二次世界大战留给战后世界的，对战后世界和平发展模式的形成和发展起到积极作用的重要遗产。如作为整体世界发展结果与和平发展保障机制的多边国际制度的建立和健全、战后西方社会普遍出现的福利国家建设、战后科学技术的变革以及战时经历引起的战争观、发展观的变迁等。第二次世界大战的这些积极遗产在战后推动了资本主义世界发展模式从以侵略求发展到和平发展的转换。

　　第五章：首先针对本书核心理论视点最有可能遇到的质疑做出回答，证实了和平发展模式在战后世界持续存在和发展的事实；其次，针对和平发展的存在对战后世界历史的进程所产生的影响做简要概述；再次，对战后世界和平发展模式存在的缺陷和问题以及其未来的发展方向与前景做出一般分析和展望。

　　最后，在结语部分，就第二次世界大战对战后世界发展模式转换所起的作用机理做一概括归纳，并指出作为社会主义思想基础的马克思主义意识形态所蕴含的和平伦理决定了社会主义国家是和平发展的国家类型。在新的国际环境下，摆在社会主义中国面前的复兴之路、富强之路只有一条，那就是和平发展之路。中国梦的实现不可能重复传统大国暴力崛起的旧路，只能依靠对内改革、对外开放的战略决策，并践行依托国际制度，以参与求改变、以参与求发展的和平发展战略来实现。

第二章

近代资本主义侵略发展模式的历史考察

从某种意义上来讲，近现代世界历史就是一部资本主义的发展史，而这种发展则是建立在西方列强凭借其工业化的军事优势，对世界不发达地区所进行的剑与火的征服和掠夺的基础上。因而，这种发展并非是和平的发展，正如胡德坤教授所言："资本主义建立了一种征服与掠夺求发展的模式，依靠对殖民地、半殖民地的统治与剥削来发展自己。"① 这种对外征服与资本主义兴起的内在关联就像法国学者米歇尔·博德所指出的那样："在资本主义形成和发展的每一时期，民族资本主义都从国外吸取资源：美洲的黄金、掠夺、强迫劳动制、奴隶制、殖民掠取、商业利润等等。"②

资本主义列强对这种发展模式的追求及这种发展模式本身的暴力性、竞争性和封闭性的特点，使得近代世界殖民征服战争以及殖民列强间围绕着殖民地、势力范围和保护国的建立而展开的冲突不断。"发达世界和欠发达社会五百年来的关系对国际政治而言一直是很重要的，现代世界史的大部分时间都和大国对不发达地区的直接控制的兴衰以及发达世界对有争议的欠发达地区的冲突相关。"③ 近代以来形成的资本主义侵略发展模式在持续不断的列强领土征服、被压迫民族的反征服和列强间的领土竞争的

① 胡德坤：《第二次世界大战与世界发展模式的转换》，《烟台大学学报》（哲学社会科学版）2005 年第 3 期，第 255 页。

② ［法］米歇尔·博德：《资本主义史，1500—1980》，吴艾梅等译，东方出版社 1986 年版，第 185 页。

③ Jeffry A. Frieden, "The Economics of Intervention: American Overseas Investments and Relations with Underdeveloped Areas, 1890 - 1950", *Comparative Studies in Society and History*, Vol. 31, No. 1 (Jan., 1989), p. 55.

战争与冲突中恶性循环，并最终导致了 20 世纪两次世界大战的爆发。

鉴于研究主题和篇幅的考虑，对资本主义近代以来的侵略发展模式做一个面面俱到的分析是不可能的。本章主要致力于对近代资本主义侵略发展模式的两个典型阶段做一般概括。从三个层面着手考察：一是侵略发展模式泛起的经济动因。① 二是从技术进步的角度来考虑侵略发展模式的阶段发展特征和内涵。技术因素之所以被置于如此重要的地位，是因为在每一发展阶段，技术既是侵略发展模式的工具性因素，也影响着一国在世界政治中采取何种发展道路的选择，即制约着国家关于发展模式选择的成本收益的考量。三是观念决定行为，对这一时期制约国家对外行为的思想文化观念（本书是指有关战争、和平与经济发展的观念）进行考察。根据经济基础决定上层建筑，上层建筑反作用于经济基础的历史唯物主义原理，西方近代史上一定时期的思想文化观念既是当时世界政治经济实践的反映，反过来这些观念也促进了当时的世界政治经济实践发展。

第一节　近代以来资本主义侵略发展模式的回顾

"欲知大道，必先知其史"，想要明晰第二次世界大战对近代以来世界发展模式转换的影响，我们有必要首先在此对近代以来以征服、掠夺为主要表现形式的侵略发展模式的嬗变做一探究。但考虑到本书结构设计的重心在于探讨第二次世界大战及其遗产对侵略发展模式的削弱、遏制以及战后世界和平发展模式的形成机理，因而本节不拟对近代以来至第二次世界大战之前的侵略发展模式做详细考察，只对该模式做一个框架式的梳理，以期对侵略发展模式有一个整体把握。

因而，本节主要选取资本主义侵略发展模式表现比较典型的两个阶段：一是从 16 世纪初到 18 世纪末为一阶段，即 1500—1800 年西方学者所谓的"旧的帝国"（Old Empires）征服阶段；二是 1871—1914 年的

---

① 这样做是为了突出资本主义领土征服和扩张的经济动机，也就是说为了国家经济繁荣、社会进步考虑，以彰显侵略求发展的主题。一国谋求扩张的原因有很多，在每一时期又有其独特性，除了经济上的动机外，其他常见的有宗教、威望、国家安全等。任一战争都不可能只有一种作用因素，但经济动因在大多时期、大多数战争中，都是最根本的直接或潜在的因素。关于战争经济起源论的代表性作品可参见 John Bakeless, *The Economic Causes of Modern War: A Study of the Period: 1878-1918*, New York: Garland Publishing, Inc., 1972。

"新帝国主义"（New Imperialism）阶段。[①] 而在 1815—1870 年这一阶段，虽然也存在殖民帝国的扩张，但表现并不显著。[②] 美国殖民主义史研究者菲尔德豪斯就认为："如果大多数欧洲国家曾明确对获取新领土不感兴趣的话，那就是在 1815—1882 年期间。事实上，在 19 世纪 80 年代之前没有一个欧洲政府、政党或社会团体强烈地、坚持不懈地要求新的帝国建设。"[③] 本节力图在世界历史的背景下，概括分析资本主义发展史上这两个典型阶段的侵略发展模式的特征及其形成、变迁动因。

一　侵略发展模式支配下的欧洲早期征服

从 16 世纪初到 18 世纪末期，欧洲列强凭借其相对先进的技术优势，通过领土征服的方式，初步确立了对美洲、东印度群岛和非洲西海岸的政治控制。凭借对非欧洲世界的直接掠夺和建立在政治军事控制优势基础上的不平等贸易这一侵略发展模式，完成了资本的原始积累，确立了以西方为中心，以非西方世界为边缘的等级剥削结构。就拉丁美洲而言，"从世界的观点来看，西方对中南美洲的征服是一个'丧失'和'获取'的过程，'丧失'指的是土著文明的毁灭、战争、疾病和奴隶制，'获取'指的是世界经济的发展，在北大西洋地区经济发展的关键时刻，通过贸易扩张和增加作为货币源的贵金属的方式给了发展上的刺激"[④]。达隆·昂斯莫格鲁等人的研究表明，西方世界在 1500 年后的兴起，很大程度上源于通过大西

---

① 西方学界常把欧洲帝国扩张史分为两个阶段，即"旧的帝国"和"现代的帝国"，这种两分法突出了这两个帝国扩张阶段的差异性，本书加以借鉴。如詹姆斯·威廉姆森把英国的殖民主义分为两部分，即旧的帝国和现代帝国：一是从地理大发现到美国革命，二是从 1875 年获取苏伊士运河到第二次世界大战结束。见 James A. Williamson, *A Short History of British Expansion*, Vol. ii: *the Modern Empire and Commonwealth*, New York: St. Martins Press, 1961。与此划分相对应的是，菲尔德华斯则把其称为第一次扩张和第二次扩张。见 D. K. Fieldhouse, *The Colonial Empires*, *A Comparative Survey from the Eighteenth Century*, N. Y.: Dell publishing Co., 1966。

② 英、法两国在此数十年间继续获得属地，如英国于 1815 年获得开普殖民地和锡兰，于 1840 年获得新西兰，于 1842 年获得香港，于 1843 年获得纳塔尔。同样，法国在 1830 年至 1847 年征服阿尔及利亚，在 1858 年至 1867 年征服交趾支那。此外，1862 年时，法国还试图在墨西哥得到一块立足地，但没有成功。

③ D. K. Fieldhouse, *The Colonial Empires*, *A Comparative Survey from the Eighteenth Century*, NY: Dell Publishing Co., 1966, pp. 178 - 179.

④ William Woodruff, *A Concise History: the Modern World*, *1500 to Present*, London: Macmillan, 1991, p. 71.

洋与新世界、非洲和亚洲的大规模的贸易。①

（一）大西洋三角贸易与同一时期的侵略发展模式

对西方世界自 14 世纪末 15 世纪初开始至 18 世纪的海外征服动因的考察，学界无一例外地归结于殖民者对黄金、香料、象牙以及利润可观的奴隶贸易的追求。这一时期，葡萄牙、西班牙、荷兰、英国和法国对海外领土的征服和角逐，从本质上讲，是国家追求财富的一种道路选择，是一条以侵略求发展的道路。有学者认为："对地理大发现的迫切要求本身，就部分地反映了探险者及资助他们的统治者对物质财富的期望。同样地，征服新世界的潜在可能性，在当时人们的眼中是一种满足经济和战略安全需要的国家政策手段。"②

在 1500—1800 年之间的三个世纪里，欧洲列强在海外的财富积累主要是通过大西洋贸易体系完成的。本书试从大西洋贸易体系③的构成和运作分析入手，解析这一时期列强对外侵略掠夺的本质和这一所谓"国家政策手段"在近代西方的兴起中所起的作用。

1. 大西洋贸易体系形成的政治基础。所谓的大西洋贸易体系，主要是欧洲、非洲和欧洲在北美、南美以及加勒比的殖民地间展开的以三角贸易结构来运作的一种贸易体系，具体指的是欧洲的殖民者和商人把欧洲加工的葡萄酒、布匹、枪炮及其他金属产品运到非洲，然后把非洲的奴隶运到美洲种植园，再把美洲的蔗糖、烟草和金银运到欧洲。

然而这种看似互惠的贸易体系之所以运转归于一个政治军事前提的存在，即早期殖民国家西班牙、葡萄牙、荷兰、法国和英国对新世界、非洲西海岸和亚洲印度洋的武力征服。大西洋贸易体系无论是金矿开采掠夺、农业种植园经济，还是与前两者密切相关的奴隶贸易，都并非建立在和平及平等的交换基础之上，而是用剑与火开辟出来的"贸易"通道。这一时期，作为财富表现形式的金银、香料、象牙和奴隶的强力掠取以及庄园

---

① Daron Acemoglu, Simon Johnson, James Robinson, "The Rise of Europe: Atlantic Trade, Institutional Change, and Economic Growth", *The American Economic Review*, Vol. 95, No. 3 (Jun., 2005), pp. 546 – 579.

② ［英］E. E. 里奇、C. H. 威尔逊：《剑桥欧洲经济史》第 4 卷《16 世纪、17 世纪不断扩张的欧洲经济》，张锦冬等译，经济科学出版社 2003 年版，第 457 页。

③ 在 16 世纪时的欧洲还存在着地中海贸易、北欧贸易两个贸易体系，分别为威尼斯和汉萨同盟所控制，不过在 16 世纪新航路开辟以后，其主导地位逐渐为大西洋贸易所取代。

种植经济都是和领土的支配密切相关的。1500—1800 年，通过领土征服和领土的再分割，西班牙、葡萄牙、荷兰、法国和英国五个殖民大国，确立了对美洲、西部非洲和西印度的帝国控制，正是这些殖民帝国的存在确保了西方对落后地区经济的长期系统榨取。可以说对海外领土的控制构成了大西洋贸易体系得以运转的政治前提。

2. 大西洋三角贸易的暴力和掠夺性。从一定意义上来讲，大西洋贸易体系完全建立在对新世界剥削和掠夺的基础之上。据官方统计数字，1521—1600 年，从美洲运到西班牙的白银有 18000 吨，黄金 200 吨，而其他研究者的估计则是此数的两倍。墨西哥的征服者赫尔南·科特斯曾坦白地承认："我们西班牙人人都受着一种心病的折磨，这种病只有黄金才能治愈。"[1] 亚当·斯密在《国富论》中认为，金银是美洲殖民的唯一动机。"在哥伦布的那些计划之后，西班牙人在新世界各地所有其他计划都是被同一动机所驱动，正是对黄金的这一个渴望把奥义达、尼科撒、瓦斯科·努格尼斯·德·巴尔博带到了达里安海峡，把马克特兹带到了墨西哥，把亚尔玛格洛和波查洛带到了智利和秘鲁。当这些冒险家们到达任何一个海岸时，他们首先询问的是那里有没有黄金，而且根据他们获得的有关信息，决定自己的去留。"[2]

殖民主义者为寻求财富而进行的征服掠夺，除了直接的开矿外，还有制度化的掠夺形式，即大庄园制。拉丁美洲的主要生产事业是大庄园的农业和牲畜饲养业以及位于热带沿海地区种植场的单一经营经济。大庄园雇用印第安劳力生产粮食，以供自己消费和出售给附近的城市及矿区。种植场则完全不同，主要使用从非洲进口的奴隶，而且仅仅生产一种供应欧洲市场的作物，因而种植经济也是近代初期西方榨取财富的一种主要形式。

与大庄园制的兴盛相关联的是，新的全球性经济结构形态在原料生产区提出了劳动力供应问题。美洲种植园通过大规模地输入非洲奴隶很大程度上解决了劳力短缺这一问题（见下表）。[3]

---

① ［法］米歇尔·博德：《资本主义史，1500—1980》，吴艾梅等译，东方出版社 1986 年版，第 7 页。

② ［英］亚当·斯密：《国富论》，谢祖钧译，商务印书馆 2007 年版，第 368 页。

③ ［美］L. S. 斯塔夫里阿诺斯：《全球通史》，吴象婴等译，上海社会科学院出版社 1999 年版，第 203 页。

输入南北美洲的大约奴隶数

输入地区	1451—1870 年
英属北美洲	399000
西属美洲	1552100
加勒比海（英、法、荷、丹殖民地）	3793200
巴西	3646800
总计	9391100

奴隶贸易对于欧洲殖民主义的重要性之大致使有学者得出结论："黄金海岸、象牙海岸、谷物海岸依次向欧洲人展示了巨大的吸引力，然而正是'奴隶海岸'在奴隶制向美洲和西印度的扩张中起了至关重要的作用。"① 关于大西洋奴隶贸易在西方经济发展中的地位问题，18 世纪的一个历史学家就做出了这样的回答："欧洲国家的殖民地商业和工业是在非洲奴隶贸易这个基础上建立起来的。奴隶贸易支配着西欧各国和他们的殖民地的关系，它是本世纪发生战争最主要的因素之一，它在从事奴隶贸易的国家内政中起着巨大的作用。"② 约瑟夫·E. 伊尼科里则从经济学的"需求"和"攻击"的理论视角研究了这一时期奴隶贸易、世界贸易和大西洋沿岸国家经济发展水平之间的关系，得出的结论是："1451—1870 年间世界贸易的显著扩大，主要是依靠使用非洲奴隶开发美洲资源所取得的，这段时期内西欧和北美的经济发展和增长，是在扩大的世界贸易的巨大影响下实现的。"③ 由此可知，这一时期，奴隶贸易是支撑西欧和北美经济持续繁荣的一个关键因素。

（二）技术因素对这一时期侵略发展模式的影响

西方科学技术，尤其是交通与军事技术的具体阶段发展状况与这一时期侵略发展模式的形成、内涵以及表现特征有着密切的联系。一方面，技术的进步缩短了时空距离，使得跨地区的征服成为可能和更为便利的同时，也刺激着对征服的需求；另一方面，这一时期技术进步的相对性也制

---

① ［英］E. 里奇、C. H. 威尔逊：《剑桥欧洲经济史》第 4 卷《16 世纪、17 世纪不断扩张的欧洲经济》，张锦冬等译，经济科学出版社 2003 年版，第 280 页。

② 转引自联合国教科文组织《联合国教科文组织召开的专家会议和文件：15—19 世纪非洲的奴隶贸易》，黎念、王西瑞等译，中国对外翻译出版公司 1984 年版，第 16 页。

③ 同上书，第 59—83 页。

约着潜在征服对象分布范围的广度,以及掠取财富的形式和内容。

1. 航海技术和军事技术的发展使得西方对远洋的快速、有效、低成本的军事征服成为可能,并使得西欧国家形成了对美洲和撒哈拉以南的非洲的绝对优势。印加帝国和阿兹特克帝国虽有系统的政治体系,但武器极为落后,还处于石器时代。1519 年 3 月,科尔特斯在今韦拉克鲁斯附近的大陆海岸登陆,他只有 600 名部下、几门小炮、13 支滑膛枪和 16 匹马。然而,凭借这支微不足道的力量,他却很快赢得巨大的财富,并成为一个异乎寻常、高度先进的帝国的主人。由弗朗西斯科·皮萨罗任总指挥的一支西班牙远征队凭借 180 人、27 匹马和 8 门火炮就对印加帝国进行了成功的征服;乔治·豪赫穆斯在 1535 年征服委内瑞拉时也仅有 509 人;皮萨罗第一次入侵秘鲁时只有 106 名步兵和 62 名骑兵。

2. 技术发展的相对性对这一时期领土征服的广度、深度形成制约。近代欧洲这一时期的航海、军事技术的进步使其对跨州的征服成为可能,但同时也应该看到这种技术进步的相对性。在 18 世纪前的三个世纪,欧洲相对于亚洲和伊斯兰统治的国家,并无明显的军事技术优势,欧洲传统的武器如长矛、剑和弓仍在使用。16 世纪时,欧洲的航运已经很发达,可以驶往亚洲、非洲和美洲的任何一个地方,但仅有船只还不能确保在海外成功创建帝国。他们在防卫要塞方面有用,但在陆地作战时兵力投射效用却有限。尽管有了火炮,但直到 16 世纪晚期仍缺乏往敌舰或要塞进行炮轰的火力。这一时期西欧的军事技术相对于伊斯兰北非、中东,对土耳其、阿拉伯人和在印度洋以东地区无任何明显优势。因而,"不管他们动机如何,欧洲人不可能在这些地方确立领土帝国"[1]。

美国学者丹尼尔·锡德里克认为:"这一时期基督教西欧对于伊斯兰三大帝国控制的中东、西亚和北非仍处于防守态势,欧洲人的相对优势在 18 世纪晚期才确立,从达伽马到日俄战争欧洲人拥有对海洋的控制,但他们的权力仅远至海岸线。"[2] 此外,医疗卫生技术的落后,欧洲探险家

---

① D. K. Fieldhpuse, *The Colonial Empires*, *A Comparative Survey from the Eighteenth Century*, NY: Dell Publishing Co., 1966, p. 8.

② Daniel R. Headrick, "The Tools of Imperialism: Technology and the Expansion of European Colonial Empires in the Nineteenth Century", *The Journal of Modern History*, Vol. 51, No. 2 (Jun., 1979), pp. 234–235.

和征服者尚不能克服疾病的困扰，如热带非洲的疟疾，这些自然的因素造成的伤亡使得跨大陆的征服成为险途，构成制约欧洲人深入非洲内陆的天然障碍。

3. 技术发展的状况也制约着这一时期（16 世纪至 18 世纪中叶）资本主义世界侵略发展模式的形式与内容。

在表现形式上，第一次工业革命之前的西欧国家工业生产技术，尤其是制造业仍然很落后，并不能生产出富余的生产生活用品与被征服地区的人民进行交换，因而在殖民地和宗主国之间并不存在密切的政治经济联系。例如，从事侵略征服的主体并非国家的军队，更多的是得到国家政权特许批准和支持的私人冒险团队或政府批准注册的公司，如臭名昭著的东印度公司、马萨诸塞公司等。

在榨取财富的方式上，通常都是以一定的经济组织形式，如种植园、矿场和某种特许公司来对被征服民族和地区的经济进行掠夺和剥削，而缺少之后时期的殖民体制剥削压榨的系统性特征。

在榨取内容上，这一时期无论是直接的武力掠夺，还是通过不公正的贸易，其对象主要限于矿藏资源以及初级产品资源，如黄金、象牙和香料等简单商品以及惨无人道的奴隶贸易。相比之下，在工业革命完成的 19 世纪中叶之后，资本主义世界对非西方世界的榨取形式和内容则呈制度化、系统化和多样化的态势，如殖民制度的建立、资本体系的发达（商品资本、金融资本、生产资本）等。

（三）与该时期侵略发展模式相适应的思想文化观念

作为上层建筑一部分的思想观念，尤其是这一时期关于经济增长与进步的思想，既是那个时代实践的反映，也对那一时代的生产实践起着反作用。近代海外殖民扩张和征服的思想背景之一就是重商主义学说的流行，同时欧洲国家政府对该经济发展学说的信服又进一步刺激了海外扩张政策的推行。其结果便是"欧洲的重商主义国家不仅越来越多地在内部打仗，而且在全世界燃起战火"①。

1. 重商主义与殖民竞争。重商主义作为一种从 16 世纪到 18 世纪西欧比较流行的经济学说，成为西欧早期殖民扩张和殖民竞争的支撑理

---

① ［美］菲利普·李·拉尔夫等：《世界文明史》下卷，赵丰译，商务印书馆 1999 年版，第 45 页。

论。一定程度上可以说，早期的殖民主义是在重商主义的驱动下进行的。重商主义鼓励殖民扩张，将它作为对贸易实行更广泛的控制和积聚更多资源的手段。重商主义的主要信条有：金银是财富的主要形式，早期的重商主义者把金属当作唯一值得追求的财富形式；推崇经济上的民族主义，由于整个世界的经济资源的数量是固定的，一国资源的增加必然以另一国资源的减少为代价；对本国不能生产的原材料免税，对本国能生产的制成品和原材料实行保护，并严格限制原材料出口；殖民地贸易垄断；有作为强大后盾的中央政府及人力资源等。[①] 概而言之，重商主义思想强调的就是金银的追求，其手段就是掠夺、开拓殖民地、开金矿、贸易保护赢得有利的贸易差额等，实质上就是提倡扩张主义和贸易保护主义的政策。

在重商主义思想推动下，各国纷纷通过复杂的关税体系与海洋法[②]，在母国和殖民地间进行排他性的贸易保护主义活动[③]，不可避免地引起其他国家的妒意与敌意，并激发了对殖民地的竞争和角逐。16 世纪中期，英国的最著名的奴隶贩子霍金斯偷偷组织了两次航行，往西属美洲运送工业品和奴隶，成为英国首富。伊丽莎白女王和枢密院的一些官员也对其航行事业进行投资。西班牙驻伦敦大使把这种做法看作非法贸易而提出强烈抗议。其发展结果是 1567 年西班牙军队在西印度群岛一港口内伏击了霍金斯的船队，致其损失惨重。第三次航行的厄运标志着英西两国关系的一个转折点，它结束了英国与西班牙殖民地和平地、合法地通商的希望。

---

① 参见 ［美］斯坦利·L. 布鲁、兰迪·R. 格兰特《经济思想史》，邸晓燕译，北京大学出版社 2007 年版，第 11—26 页。

② 最有名的是英国议会通过的《航海条例》。1651 年，第一个《航海条例》授予英国商船队对英国和殖民地港口之间的运输垄断。第二个航海法案授予英国进口者对来自殖民地的可列举的商品垄断。1663 年的主要商品法案授予英国出口者对殖民地市场的完全垄断。这些航海法案成为英格兰剥削殖民地的法律基础。

③ 根据当时的殖民公约，只有来自宗主国并且一般来说，只有宗主国生产的产品才能进口到殖民地；殖民地的产品只能出口到宗主国，也可从宗主国再出口；宗主国对来自自己殖民地的产品给予优惠，而对来自其他国家殖民地的产品则不然，但前提是这种优惠不至于损害宗主国产品；产品只能在宗主国和它的殖民地之间运输，在殖民地间运输的船只应悬挂宗主国的国旗；可能与宗主国产品竞争的产品禁止在殖民地生产；一般情况下，从欧洲向殖民地的移民只限于宗主国公民；与殖民地的贸易关系经济常局限在享有贸易垄断权的公司。参见 ［英］彼得·马赛厄斯、悉尼·波拉德主编《剑桥欧洲经济史》第 8 卷《工业经济：经济政策和社会政策的发展》，经济科学出版社 2002 年版，第 93—94 页。

"如果贸易不能以和平、合法的方式经营，必然要用其他手段进行。"①
1588 年英国对西班牙无敌舰队的摧毁，便是这一竞争的结果。随着西班
牙、葡萄牙的衰落，荷兰人夺得了葡萄牙的东印度群岛、马六甲和锡兰，
而后起的英国则通过三次英荷战争和七年战争确立起其在世界的殖民
霸权。

2. 亚当·斯密对重商主义和殖民征服获利思想的挑战。1776 年英国
经济学家亚当·斯密出版了《论国民财富的性质和原因的研究》，用了大
量篇幅抨击重商主义政策。亚当·斯密对重商主义者所持有的有关输入金
银是积累财富的源泉、限制从外国输入国内能生产的货物、应对贸易的差
额不利于本国的那些国家的各种货物的输入施加异常限制、退税、通商条
约以及殖民地的观点——进行了批判。

关于重商主义垄断贸易的弊端。首先，他认为重商主义对殖民地贸易
的垄断权会不断把其他贸易领域里的资本吸引到殖民地贸易上来，引起贸
易方向的改变，因而会导致其他贸易部门的衰落。其次，这种垄断必然会
违反自然趋势提高各不同贸易部门的利润率，使其超过所有国家都可自由
地与英属殖民地通商时的自然利润率。而这种情况导致的普遍利润率的提
高必然也会给该国的非垄断贸易带来绝对的或相对的不利。他还认为独占
给唯一阶级带来的唯一利益，在许多不同方面妨害国家的一般利益。②

关于对外扩张和殖民地建设，他认为："仅仅为了把全国人民培育成
一个顾客群而建立一个大帝国的计划，乍看起来，似乎适合于小买卖商人
的国家。其实那种计划对于小买卖商人的国家也是全不相宜的，仅适合于
政府受小买卖商人支配的国家。这样的政治家，也只有这样的政治家，才
会认为，用同胞的血汗与财富来建设并维持这样一个帝国是有若干利益
的。"他认为在现有的管理制度下，大不列颠的殖民统治是得不偿失的。
对此，斯密认为最好的对策是，"英国自动放弃它对殖民地的一切统治
权，让他们自己选举地方长官，自己制定法律，自己决定对外媾和宣
战"③。在斯密看来，开拓殖民地的做法对于国家的经济发展没有什么意

---

① ［美］L. S. 斯塔夫里阿诺斯：《全球通史》，吴象婴等译，上海社会科学院出版社 1999
年版，第 148—149 页。

② 参见［英］亚当·斯密《国富论》，谢祖钧译，商务印书馆 2007 年版，第 390—396 页。

③ 同上书，第 402—403 页。

义，获益的只是一些特权阶层，因而，他认为英国政府应该给予殖民地独立或自治。

当然，斯密本人对此也未抱很大幻想，他认为："就等于提出一个从来不曾为世界上任何国家采纳过，也永远不会为世界上任何国家采纳的议案。没有一个国家自动放弃过任何地方的统治权，不论这个地方如何难以统治，也不论它所提供的收入与其所花费相比是怎样微小。这种牺牲虽往往符合一国利益，但总是有损一国威信。更重要的也许是，这种牺牲，往往不符合其统治阶级的私人利益，因为会因此剥夺他们对于许多有责任有利润的位置的处分权和许多获取财富与荣誉的机会。所以，即使最爱作非分之想的人，也不会认真希望这种建议能被人采纳。"但他仍坚持认为："若真的被采纳，那么英国不仅能立即摆脱掉殖民地平时每年全部军事费用，而且可与殖民地订立能有效确保自由贸易的通商条约。那与它今日享受的独占权相比，虽对商人不怎么有利，但对人民大众必更有利。这样，近年来因殖民地和母国的不和而受到伤害的殖民地对母国的自然感情就会很快地恢复。他们不仅会长此尊重和我们分离时所订定的商约，而且将在战争和贸易上支持我们，不再作骚扰捣乱的人民，却将成为我们最忠实、最亲切、最宽宏的同盟。"①

从以上可知，作为自由贸易的支持者，斯密对鼓吹殖民扩张、贸易保护的重商主义学说进行了有力批判，论证了重商主义的谬误以及殖民地建设对于国家经济发展的危害，该学说对随后的世界政治经济产生了深远的影响，逐渐改变了国际社会中国家有关如何创造"国富"的观念。

总之，从15世纪末到18世纪初，西欧国家通过侵略求发展的模式，确立了西方的优势地位。然而"资本主义的到来不是一个自然的内化的过程，对其他经济的征服之于资本在内部的形成至关重要，殖民主义，作为其最苛刻的形态，不是资本主义兴起的伴随物，而是其最基本的不可或缺的前提"②。事实上，1500—1800年，西欧经历了前所未有的持续增长期，产生了世界历史上的"第一次大分野"（the First Great Divergence），也即"世界不同地区平均收入首次差距的拉开，使得西欧地区较亚洲和

---

① ［英］亚当·斯密:《国富论》，谢祖钧译，商务印书馆2007年版，第403页。

② Irfan Habib，"Capitalism in History"，*Social Scientist*，Vol.23，No.7/9（Jul.–Sep.，1995），p.23.

东欧更加富有"① 的一个历史新阶段。这种 "大分野" 是建立在对落后地区的征服和掠夺基础上的，也正是借此完成了资本主义的原始积累，促成了资本主义在世界的兴起。

虽然这一时期，西方有个别自由主义者对这种发展模式做出了反思和批判，但尚未形成主流声音，且并未被相关国家政府所采纳。领土扩张与征服在西方世界国家发展战略中依然是处于优先考量的发展模式。

二　侵略发展模式的极致与帝国主义时代的世界征服

之所以说这一时期是西方资本主义侵略发展模式的极致，原因首先在于欧美列强通过这一时期的征服，基本上确立了对全球政治经济上的直接或间接控制，帝国建设达到了顶峰。其次，这一时期，列强之间对殖民地、势力范围的竞争，也就是对附属于领土之上的资源、市场的竞争最终导致了瓜分世界的第一次世界大战的爆发。第一次世界大战削弱了欧洲殖民大国的霸权，尽管表现得并不直接和明显。第一次世界大战后的欧洲帝国盛极而衰，开始走向解体的道路，资本主义侵略发展模式的政治前提逐渐丧失。再者，这一时期国际社会中开始出现了否定战争、反帝国主义的声音，这种声音在第一次世界大战后逐渐为更多的人所认可，并出现制度化的趋势。总之，和平、发展与和平地发展渐渐成为更高的价值取向和优先的手段选择。

在 19 世纪 70 年代以前的非洲，除了北部的埃及、的黎波里、突尼斯和阿尔及利亚，与南部的好望角、奥兰治自由邦和德兰士瓦，以及非洲哈南散居的一些欧洲居民外，整个非洲几乎还是由当地人控制着。1800 年欧洲控制世界约 35% 的领土，到 1914 年则是 84.4%。② 那么，我们又该如何看待霍布斯·鲍姆对该时期所下的 "殖民帝国的建设，似乎是国家和国际发展模式中的明显新局面"③ 这一论断呢？

（一）资本主义扩张与发展的诉求

这一时期帝国建设（empire-building）是资本主义侵略发展模式的重

---

① Daron Acemoglu, Simon Johnson, James Robinson, "The Rise of Europe: Atlantic Trade, Institutional Change, and Economic Growth", *The American Economic Review*, Vol. 95, No. 3 (Jun., 2005), p. 546.

② D. K. Fieldhouse, *Economics and Empire*, Ithaca: Cornell University Press, 1973, p. 3.

③ ［英］艾瑞克·霍布斯鲍姆：《帝国的年代》，贾士菊译，江苏人民出版社 1999 年版，第 64 页。

要组成部分和主要表现形式。他们都是西方国家为解决国内的经济、社会发展问题，为创造财富而做出的扩张努力。霍布森在 1938 年版的《帝国主义》序言中讲："虽然骄傲、威望和好斗等各种现实而有力的动机，和也称为文明使命的利他动机结合在一起，被当作帝国扩张的原因。但主导的直接动机却是各个帝国主义国家的出口阶级和金融阶级对市场和有利投资的需求。"① 那么我们又该如何理解这种需求下的刺激因素呢？推动欧洲列强进行第二次扩张的直接原因是 19 世纪 70 年代资本主义世界的大萧条导致的关税战，更深层次的经济根源则是工业革命创造的市场需求。实质上，这一时期的帝国建设是资本主义国家解决该时期内在发展矛盾的一种政策模式。

1873—1896 年的大萧条刺激了资本主义国家海外扩张的需求。1873 年，由农业萧条引发的经济大衰退开始显现。先是维也纳的证券交易所破产，紧接着是奥地利、德国、法国美国的银行大范围地倒闭，危机逐渐蔓延到纺织、矿山、冶金、建筑和制瓷业等其他行业。失业普遍增多，工资减少，各国的出口量锐减。1873 年之前的 20 年里，很多个时期的小麦增长率超过 6.0%，从 1872 年到 1893 年，最高增长率也只为 4.0%，只有 7 次超过 3.0%。② 危机的直接影响是各国保护主义逐渐抬头和加强。1877 年俄国第一个走向保护主义，先是要求以黄金支付关税，后又把 1885 年的关税额提高了 20%，1891 年再次提高 20%。1879 年德国开始实行新的关税，奥匈帝国也于 1882 年进行了关税改革。随后西班牙、意大利、美国和法国先后提高了本国的关税。③ 格奥弗雷·巴哈克拉夫在《工业主义与作为革命力量的帝国主义》一文中指出："在 1873—1896 年的大萧条形势下，工业因面对竞争的原因，在海外寻求新的市场和投资，以确保更加安全和获利的途径，而新的关税障碍的树立，如 1879 年在德国，1892 年在法国，增加了海外扩张的压力。"④

---

① ［英］约·阿·霍布森：《帝国主义》，纪明译，上海人民出版社 1960 年版，第 1 页。

② 参见［英］彼得·马赛厄斯、悉尼·波拉德主编《剑桥欧洲经济史》第 8 卷《工业经济：经济政策和社会政策的发展》，王宏伟等译，经济科学出版社 2004 年版，第 41 页。

③ 同上书，第 56—63 页。

④ Geoffrey Barraclough, "Industrialism and Imperialism as Revolutionary Forces", in Harrison M. Wright（ed.）, *The New Imperialism*, *An Analysis of late-Nineteenth Century Expansion*, Toronto: D. C. Health and Company, 1961, p. 168.

　　贸易保护主义的加强使得欧洲国家间的过剩商品输出变得极为困难。第一次工业革命的蔓延、完成以及第二次工业革命的启动所带来的工业产能的急剧增加使得市场紧迫情况变得更为严重。

　　殖民化并不是 19 世纪欧洲独有的现象，但殖民化在 19 世纪的欧洲发展到极致并呈现出特殊的形式，这些特征是工业革命带来的直接结果。"工业革命带来的技术进步与高生活水准也足以刺激贸易的急剧扩张。"① 这一点表现在两方面：一是工业革命的普及加剧了工业化国家工业产品之间的竞争，英国"世界工厂"地位开始动摇。霍布森认为："1870 年以后，这种制造业和贸易方面的优势大大削弱，其他国家尤其是德国、美国和比利时进展甚速，他们的竞争已经使我们在销售全部过剩制造品而获利方面感到越来越困难。这些国家侵入我们的旧市场以致我们的属地，迫使我们采取有力措施以获得新市场。"② 二是工业革命使得产品的生产效率大幅度提高，提出了拓展商品销售和投资市场的客观要求。然而这一时期，国内市场因为大萧条而萎缩，国际市场也因为大萧条带来的贸易保护主义而衰败，国际贸易总量剧减。

　　面对这种困境，资本主义国家毫无例外地再次转向殖民扩张，寻求控制更广的原材料源和工业品市场，以建立和拓展保护性市场以排除他国竞争。"贸易保护理论者在理论上和实践上，都主张尽可能地独占他们所能获得的此类市场，而德国、英国和其他贸易国家的竞争，驱使他们和最重视的市场建立特殊政治关系。"③ 因为在他们看来，本国的经济安全只有确立起政治军事控制，原材料和市场的垄断性的排他进入才能获得保障。1882 年，英国为确保国际债务的支付安全，侵入了埃及，随后德国、法国争先恐后地开始了对非洲的分割。英国殖民大臣约瑟夫·张伯伦 1896 在伯明翰商会的一次讲话中说："如果我们总是消极被动，非洲大陆的最大部分就会为我们的商业对手所占领。通过我们的殖民政策，我们一旦获

---

　　① [英] 彼得·马赛厄斯、悉尼·波拉德主编：《剑桥欧洲经济史》第 8 卷《工业经济：经济政策和社会政策的发展》，王宏伟等译，经济科学出版社 2004 年版，第 41 页。

　　② [英] 约·阿·霍布森：《帝国主义》，纪明译，上海人民出版社 1960 年版，第 58—59 页。

　　③ 同上书，第 63 页。

得或扩大了一片领土，就会为增长贸易，文明使命，来发展这片领土。"①
在法国学者米歇尔看来，"随着越来越多的国家放弃贸易自由主义政策，
树立高关税，'门户开放'开始消失，战略和商务的因素开始起作用。因
为担心被完全落下，不去参加分割是不可能的。不可避免的反应是分割未
被欧洲占领的非洲和太平洋的剩余地区的倾向"②，如其所言，随之而来
的是帝国主义在世界的全面扩张与争夺。

（二）技术条件对这一时期侵略发展模式的影响

工业革命在 19 世纪的启动、深化与拓展对西方掀起第二次扩张浪潮
起到了巨大的推动作用。西方学者那兹里·丘克利分析技术在国际冲突机
制中的作用时，认为："人口的增长和技术的发展将会增加对资源的需
求，从而产生内生型的压力，压力越大，在领土边界之外拓展国家活动的
可能性越大。"③ 对于技术因素在帝国主义扩张中的作用，斯塔夫里阿诺
斯也认为："技术进步加强了这一时期帝国主义扩张的工具手段。工业革
命不仅是美洲和澳大利亚被欧化的主要原因，也是欧洲庞大的殖民地结构
在亚洲和非洲得以建立的主要原因。"④

美国学者希德里克把 19 世纪末期帝国主义扩张的原因归为目标和手
段两个方面，他认为一个帝国主义浪潮的出现需要具备三个情形：足够的
手段和引起这个事件的动机；足够的动机存在和新的手段起作用，由于新
手段的作用而引发；最后，动机和方式都发生变化导致这个事件。⑤ 希德
里克着重探讨了技术对欧洲扩张的促进作用，即强调了手段，但是没有对

---

① ［法］米歇尔·博德：《资本主义史，1500—1980》，吴艾梅等译，东方出版社 1986 年
版，第 180 页。

② C. C. Eldridge, *England's Mission*, London: Macmillan, 1973, p. 248.

③ Nazli Choucri and Robert C. North, "Dynamics of International Conflict: Some Policy Implica-
tions of Population, Resources, and Technology", *World Politics*, Vol. 24 (Spring, 1972), p. 86.

④ ［美］L. S. 斯塔夫里阿诺斯：《全球通史——1500 年以后的世界》，吴象婴、梁赤民译，
上海社会科学院出版社 1999 年版，第 283 页。

⑤ Daniel R. Headrick, "The Tools of Imperialism: Technology and the Expansion of European Co-
lonial Empires in the Nineteenth Century", *The Journal of Modern History*, Vol. 51, No. 2 (Jun.,
1979), p. 234. 此文发表两年后，希德里克在此基础上出版了一本专著《帝国的工具：技术和 19
世纪的欧洲帝国主义》(*The Tools of Empire: Technology and European Imperialism in the Nineteenth
Century*, New York and Oxford: Oxford University Press, 1981), 主要是在论述蒸汽轮船、奎宁、来
复枪和机枪技术发展的基础上，又增加了 19 世纪末期通信技术的发展，如海底电缆和铁路对殖
民地控制和剥削的影响的研究。

技术变革是如何刺激扩张的动机的作出充分解释。他只是从"新技术的出现可以通过使目标的取得更加可能或更廉价而加强或激起一个动机"①这一角度加以解析。因而，在此我们可在他第一个论断，即技术进步为帝国的扩张提供了足够的手段这一论断基础上，来对技术进步如何激起或强化帝国扩张动机这一命题做一简要分析。

第一，19世纪西方的技术进步使帝国的进一步扩张成为可能，并能够以相对较低的成本取得他们征服的目标。蒸汽机、苏伊士运河和海底电缆的出现使得欧洲在机动性和通信上优于亚非国家。这一时期，中东、北非仍在伊斯兰帝国的控制范围，而亚洲一些国家仍保持相当的独立地位，铁质的蒸汽驱动的舰艇则使得欧洲人深入内河。药品奎宁的发明则帮助欧洲人呈规模地深入非洲内陆，大大降低了因疟疾这一丛林常见病而导致的高死亡率。而后膛炮、无烟炸药、机关枪的发明则使欧洲的相对军事优势进一步增强，征服的成本比以前更低。

第二，技术进步带来的工业革命刺激了西方通过海外征服、扩张寻找原材料和市场的动机。工业革命在极大地解放了生产力，创造了丰富的产品的同时，也引起对原料供给的巨大需求。而这些原料——黄麻、橡胶、石油和各种金属的大部分来自世界"未开化的"地区。"在多数情况下，要充分地生产这些物品，就需要有大量的资本支出，这种投资如我们已知道的那样，通常导致政治控制的强加。"② 于是西方列强为了确保食物供应、原料供给和商品、投资市场的安全和排除外来竞争，纷纷致力于近代史上第二次大规模的海外扩张。

总之，这一时期，工业革命带来的科学和技术上的突破，一方面为资本主义列强的进一步扩张提供了可能的工具手段，另一方面生产力的迅猛发展也刺激着列强对市场和原材料需求。概而言之，科技变革作为一独立变量起到了为19世纪末20世纪初期的帝国扩张提供目的和手段的双重作用。

---

① Daniel R. Headrick, "The Tools of Imperialism: Technology and the Expansion of European Colonial Empires in the Nineteenth Century", *The Journal of Modern History*, Vol. 51, No. 2 (Jun., 1979), p. 234.

② ［美］L. S. 斯塔夫里阿诺斯：《全球通史——1500年以后的世界》，吴象婴、梁赤民译，上海社会科学院出版社1999年版，第284页。

（三）"帝国的年代"晚期知识界对侵略发展模式的反思

早在 19 世纪末 20 世纪初，欧美思想界就有一些人士认识到工业大国间的战争对于参战双方都不可能具有经济价值。而最早对征服求发展的模式和征服能够获利的思想提出有力质疑的是英国的专栏作家诺曼·安格尔。他的思想论点主要体现在 1910 年出版的《大幻觉：军事权力与国家优势间关系研究》① 一书中。在该书中他认为："在欧洲政治的原理中存在一个'大幻觉'，即一个国家的金融、工业稳定和商业安全，简而言之，它的繁荣和福利取决于能够捍卫自己免遭他国侵略，以及如果可能的话，他们能够实施侵略他国的能力，因为这样做能够以牺牲弱小国家为代价增加自己的权力和福利。"② 并且认为"这个观念如此有害以至于我们除非从这个迷信中解脱出来，否则我们文明本身会受到威胁"③。

安格尔在该书的主体章节论证了以下观点：（1）由国际信贷体系的确立和通信技术的极大改进而带来的世界金融的复杂相互依赖，使得通过征服其他国家对其进行贡税勒索、榨取在物质上和经济上是不可能的；（2）通过军事征服来获取、摧毁另一国的贸易在经济上是不可能的，大海军并不能创造贸易（换句话说，贸易并不随国旗而至），也不能通过吞并而破坏被征服国家的贸易竞争；（3）从战争赔偿中并不能获利；（4）一国的财富、繁荣和福利并不取决于它的政治权力；（5）殖民地在现代只能是一个负担而非财产，因而，一国并不能从征服他国中获取经济利益。④

在西方世界，安格尔并非是第一个提出战争对于国家的经济发展无用观点的人。早在 18 世纪，康德和卢梭就曾间接涉及这一命题。19 世纪的

---

①　在出版此书之前，在 1910 年诺曼安格尔已经出版了一个名为《欧洲的短视》的小册子，诺曼·安格尔在小册子基础上拓展、增删后于 1913 年出版了《大幻觉：军事权力与国家优势间关系研究》一书。

②　Norman Angell, *The Great Illusion*：*A Study of the Relation of Military Power to National Advantage*, London：William Heinemann, 1914, pp. 29 – 30.

③　Ibid., pp. 30 – 31.

④　Norman Angell, *The Great Illusion*：*A Study of the Relation of Military Power to National Advantage*, London：William Heinemann, 1913. 还可参见 Norman Angell, *The Fruits of Victory. A Sequel to "The Great Illusion"*, London：W. Collins Sons & Co. Ltd., 1921；*Arms and Industry. A Study of the Foundations of International Polity*, New York and London：G. Putnam's Sons, 1914；*The Great Illusion-Now*, Harmondsworth：Penguin, 1938。

自由主义者赫伯特·斯宾塞就认为战争是某种随着社会经济变化会消失的制度。但直到 19 世纪下半叶欧洲工业化普及以后，才开始有学者系统思考这一问题，认为"战争的成本—收益分析已经迅速发生变化，使得和平不仅是道德问题，而且是理性选择的问题"①。

波兰政治经济学家伊万·伯劳奇在其 1899 年出版的《战争的未来：它与技术、政治和经济的关系》一书中，从军事技术变革的角度论证了战争对于发起国不再能获利的思想。他的主要观点是：国家不可能从现代化的战争中受益，因为交战国都要承担很大的成本。他认为战争不但会对失败的国家，甚至对胜利国家的资源和社会组织造成破坏，战争因而变得不可能，除非付出类似自杀的代价。②

伯劳奇就工业化对战争战术和战争本身的影响分析，在现在看来依旧具有相当的前瞻性。他预测到如果战争爆发的话，这个世界将为人员伤亡数字和决定性胜利的不可能而震惊。他准确地预测到下一场战争将是一场"大壕沟战"③。"现代战斗将是决定性的，仅仅在它是由人们躺在即兴挖出的沟渠中，保护自己免受来自遥远的、看不见的敌人开火的损害意义上。"④ 第一次世界大战的事实证明，战事的进行并不像欧洲各国参谋部军事规划者设想的那样，来复枪和火炮的精确性与射程的改进已经使得决定性的胜利几近不可能。因为"马克沁机枪无须重装弹药而一次射出 12 发子弹的可能改变了现代战争的情形"⑤。"交战双方的斗争不是一个凭借力气和勇气的面对面的搏斗"，未来的战争"将会变成一种僵持状态，双方的军队谁也不能攻击对方，相互对抗、相互威胁，但双方就是无法给对手以最后的决定性的一击"⑥。

事实上，第一次世界大战爆发后的情形正如伯劳奇所料，而并未像人们期待的那样迅速上升为一种马上就能够一决胜负的大战，相反，演变成

---

① Christopher J. Fettweis, *Angell Triumphant：the Geopolitics of Energy and the Obsolescence of Major War*, University of Maryland, 2003, p. 45.

② Bloch, Ivan, *The Future Of War In Its Technical Economic And Political Relation*, NY：Doubleday & McClure Co. , 1899, XXXI.

③ Ibid. , XXVII.

④ Ibid. , IXII.

⑤ Ibid. , XVILI.

⑥ Ibid. , XVI.

一场旷日持久的消耗战。其原因就在于伯劳奇所讲的欧洲军队在战场上面临的军事技术革新。在军事学家杰弗里帕克看来，"过去几十年来发明出来的武器——来复枪、机关枪、现代榴弹炮在战斗中提供了规模空前的火力，并对西方各军事组织提出了无法解决的问题，现代武器使各部队对敌方的防守阵地都束手无策，直到 1918 年，部队指挥官和参谋本部都没能制定出一种如何使用现代科技的方案或发展出一种新的战术观念来攻破那些防御地点"[①]。

但伯劳奇的声音只在欧洲上层小圈子内受到关注，直到安格尔的《大幻觉》出版后，战争不能获利的思想才进入公众视野，并受到认真考虑。不同于伯劳奇的是，安格尔是从经济的角度来论证以征服战争的方式来追求国家目标的无效性。在过去，战争对胜利者是能够获利的，通过对以金银、奴隶和财产等为表现形式的战利品的掠夺。到了 20 世纪，资本主义和贸易的增长创造了一个复杂的相互依赖网络，使得战争只能是一个导致失败的建议。[②] 他认为："就像我们今天注意到的一样，政治世界的'支配'、'军备优势'和'控制海洋'对一国的商业和普遍福利毫无帮助。"[③] 总之，在他看来，从经济的角度看，在金融贸易相互依赖的 20 世纪初期，军事征服是没有价值的。《大幻觉》一书在欧美被迅速翻译成 12 种文字，其战争在经济上不能获利的思想迅速在公众中得到传播。然而，"不幸的是他未成功说服他的同时代的人，他们拒绝放弃战争这个邪恶的制度的结果是使得 20 世纪的人类充满血腥"[④]。

总之，19 世纪末 20 世纪初，随着科学技术的飞跃式进步，出现了两种把战争作为国家政策工具使用的抑制情形。一是由于交通、通信技术的发展以及由此带来的人员、商品和资本等生产要素的全球流动，世界渐渐形成整体世界的雏形，国家间经济金融相互依存，一损俱损、一荣俱荣的情势日趋加强（英国学者诺曼·安格尔最为支持的论点）；二是科技变革

---

① ［美］杰弗里帕克等：《剑桥战争史》，傅景川译，吉林人民出版社 1999 年版，第 427 页。

② Norman Angell, *The Great Illusion: A Study of the Relation of Military Power to National Advantage*, London: William Heinemann, 1913, p. 23.

③ Ibid., p. 51.

④ Christopher J. Fettweis, *Angell Triumphant: the Geopolitics of Energy and the Obsolescence of Major War*, University of Maryland, 2003, p. 6.

带来的工业化战争状态使得战争成本更加高昂（伊万·伯劳奇的核心主
张）。如果伯劳奇和安格尔的观点是正确的，那么 20 世纪前半个世纪的
大国为什么仍继续用战争来解决国际分歧呢？原因在于"欧洲尚未为和
平做好准备，它需要两场大的对抗来接受战争制度不再符合他们利益的观
念"①。人类对战争和发展方式的理性认知还有待进一步的深化，20 世纪
三四十年代国际社会再度付出的血与火的代价，最终使得这种理性认知在
世界范围内广泛确立。

三　侵略发展模式与资本主义世界体系的建立

近代欧洲的兴起是建立在对亚洲、非洲、拉丁美洲、南太平洋等不发
达地区征服和掠夺的基础之上的。于沛教授就认为："资产阶级在海外的
殖民掠夺，不断扩大资本的原始积累，通过赤裸裸的暴力手段，如武装占
领、海外移民、海盗式掠夺、欺诈性贸易、血腥的奴隶买卖等积累起大量
的财富。资产阶级用侵略、征服、残杀、掠夺和奴役，写下了资本主义发
展史的第一页。"② 法国学者米歇尔也持此论点，他论道："欧洲走向资本
主义漫长历程的第一阶段的标志就是对美洲的征服及掠夺。"③ 当然并不
是说，欧洲的兴起完全源于其对落后地区的征服和掠夺，它的兴起也和
自身的科学技术、思想、政治和商业组织的进步与变革密切相关。但谁
也不能否认西方世界对落后地区的征服和掠夺对其国家发展所起到的巨
大作用。

近代以来的资本主义侵略发展模式主要经历了两个大的阶段：一个始
自地理大发现年代，相对止于 1800 年左右；另一个阶段开始于 19 世纪
70 年代，到第二次世界大战爆发达到其顶峰。这两个阶段的侵略发展模
式所依赖的经济社会基础经历了由农业社会到工业社会的演变。从 15 世
纪末期到 18 世纪末期的 300 年间，欧洲总体上来说还是一个农业社会，
直到 18 世纪末英国的工业革命也只是刚刚起步。这种社会基础的不同很

---

① Christopher J. Fettweis, *Angell Triumphant*: *the Geopolitics of Energy and the Obsolescence of Major War*, University of Maryland, p. 50.

② 于沛：《生产力革命和交往革命：历史向世界历史的转变——马克思的世界历史理论与交往理论研究》，《北方论丛》2009 年第 3 期，第 79 页。

③ ［法］米歇尔·博德：《资本主义史，1500—1980》，吴艾梅等译，东方出版社 1986 年版，第 14 页。

大程度上决定着侵略发展模式的形式，也即对外榨取财富的方式上的差异性。由第一阶段的直接的战利品掠夺、开辟种植园、基于种植园的奴隶贸易等形式转到第二阶段工业革命后生产工业品所需的原材料和商品销售、投资市场。但两者存在着始终未改变的共性，那就是侵略发展模式存在的凭借与表现，对领土帝国的追求。

历史上，不管是东方还是西方，都存在着通过武力征服建立起来的领土广阔的帝国，如古代西方的罗马帝国、马其顿帝国、埃及帝国、西亚北非和中东的阿拉伯帝国以及近代以来西方列强建立的殖民帝国、东方横跨欧亚的蒙古帝国等。从一定意义上讲，人类的历史就是一部帝国征服和维持的历史。

近代国际社会中的国家为什么热衷于领土征服呢？罗伯特·吉尔平给出的解释是："在现代工业出现之前的帝国时代，社会化的财富和国家的力量取决于对农民和农奴的剥削。因此在其他条件相等的情况下，一个大国的领土扩展和政治控制越大，可征税的盈余就越多，帝国的力量也就越大。帝国时代的一个基本特点就是财富的相对稳定性。由于没有突出的技术进步，农业生产率保持在一个低水平上，经济和财富增长的基本决定因素是土地的可获得性和人与土地的比率。由于这一原因，一国财富和力量的增长的作用在于控制可以产生经济盈余的领土。因此，当农业还是权力和财富的基础时，财富和权力的增长几乎与掠夺领土是同义语。"① 抱有此类观点的还有美国政治学家罗斯查兰斯："在过去，国家痴迷于土地。战争不断的国际体系是基于一个土地是生产和权力的主要因素的判断。国家可以通过建设帝国或入侵其他国家获取领土的方式来改善他们的地位。"② 由此我们可以得知，国家之所以从事领土征服是受经济动因的驱动，由于它是社会财富的主要来源和它与土地的直接相关性，以及在此基础上形成的领土愈广、财富愈大的观念。为了追求国家的经济社会发展，领土征服和帝国建设就成为一种合理的优先发展模式。

在资本主义海外征服的第一阶段，欧洲的经济基础仍然是农业和手工

---

① ［美］罗伯特·吉尔平：《世界政治中的战争与变革》，武军等译，中国人民大学出版社1994年版，第118页。

② Richard Rosecrance, "The Rise of the Virtual State", *Foreign Affair*, Vol. 75, No. 4（July/August, 1996）, p. 48.

业生产。这一时期领土之于财富的含义较近代之前没有很大区别，如西班牙、葡萄牙对美洲的榨取主要靠对和土地密切相关的自然资源的掠夺和开发以及大庄园制的种植经济来进行的。只是到了19世纪中期工业革命兴起完成以后，领土才具有了工业意义上更为广泛的价值。通过对海外领土的政治控制，除了之前的财富榨取方式外，还可以确保稳定的、安全的、有利可图的原材料来源、工业品销售以及投资市场。菲尔德豪斯认为，"对宗主国而言，在殖民地最常见的获取财富渠道有直接掠取战利品、转移税收、不公平的贸易、对原材料的榨取，如石油、矿藏、橡胶等以及作为投资市场的获利"①。

在独占性海外市场的利润驱动下，19世纪末20世纪初，西方资本主义世界通过坚船利炮的铁血政策，确立了西方对欧洲、北美以外的世界的正式或非正式的控制（如建立殖民地、势力范围、保护国和租界等），全球性的资本主义世界体系得以建立。资本主义列强通过各种政治经济组织体系和不平等条约编织了一个覆盖世界的紧密网络，把世界连为一体，完成了在世界范围内变革国际生产关系，以促进自身生产力发展的历史"使命"。

但在资本主义世界体系下，西方列强对国际发展资源（我们可以理解为各种形式的帝国，如殖民地、半殖民地、势力范围、自治领等领土以及附属其上的人力、物力、资源、市场等促进经济社会发展的要素）的占有和分配是不均衡的，这种分配状态是建立在国家间一时的力量对比基础上的。资本主义世界发展的政治经济不平衡规律决定着这种分配格局不可能持久，后进国家对国际发展资源的追求和再分割的要求，使得列强间的争执与冲突变得不可避免。

第二节　第一次世界大战与侵略发展模式的变迁

19世纪70年代的工业革命带来的技术创新和工业国家对原材料与市场的需求进一步刺激了列强开拓殖民地和势力范围的野心。列强间因殖民地分配问题，实质也就是领土资源分配问题引发的敌意最终导致了第一次世界大战的爆发。第一次世界大战作为19世纪70年代后帝国主义侵略发

---

① D. K. Fieldhouse, *The Colonial Empires, A Comparative Survey from the Eighteenth Century,* pp. 380 - 392.

展模式发展到极致的结果，反过来也从多方面推动了侵略发展模式在战后走向衰落。如战后民族主义的兴起和民族独立、自治运动的展开，欧洲殖民强国的式微，国际社会战争观的变迁以及主张和平外交、公开外交的第一个社会主义国家政权的建立等。但同时我们应该注意到，第一次世界大战对战后资本主义世界发展模式的改变是有限的，它在很大程度上并未改变资本主义世界对侵略发展模式的依赖、坚持和追求的现实。

一　侵略发展模式与第一次世界大战起源

国际学界关于第一次世界大战起源的探索自战争结束后便争论不休。对于该问题主要围绕着德国的侵略扩张野心[①]、战前僵化的军事同盟体系[②]、英德海军军备竞赛问题、意识形态领域的民族主义、军事主义的因素以及经济起源方面的帝国主义的竞争等角度展开。[③]

学界对第一次世界大战起源的研究之所以存在诸多的分歧，不仅在于解释的角度和政治立场的不同，还在于未能分清战争的根源、直接原因、间接原因、推动因素等之间的关系。整体来讲，学界对战争原因的探索可以归为两大类。一类是推动战争爆发，或使战争更可能爆发以及未能阻止战争爆发的因素。如大国的扩张政策、军备竞赛等应属于直接原因的范畴。此外，至今，很多学者仍从第一次世界大战前国际体系中同盟体系（三国协约和三国同盟）的僵化带来的条约束缚义务这一视角来解析第一次世界大战的起源。无可否认，这一模式在解释第一次世界大战为什么越来越可能爆发上具有一定解释力，但这还不能构成第一次世界大战爆发的深层次根源。如美国学者佛朗科所言："即使一个正式的同盟也不能确保对战争的支持，如与德奥有条约义务关系的盟友意大利，则一直保持中立。而英国虽然未受到同盟的约束性义务，1904 年的三国条约只是

---

① 在初期，关于第一次世界大战起源的研究主要表现为对直接原因的探讨，即战争责任的判定问题。战争结束时，胜利的协约国通过《凡尔赛和约》的形式把战争的责任完全归于德国，而 20 世纪 20 年代以后倾向于"集体责任"说、"德国主要责任"说。

② [美] 小约瑟夫·耐：《理解国际冲突：理论与历史》，张晓明译，上海世纪出版集团 2002 年版，第 87—126 页。

③ I. W. Howerth, "The Causes of War", *The Scientific Monthly*, Vol. 2, No. 2 (Feb., 1916), pp. 118 – 124; David E. Kaiser, "Germany and the Origins of the First World War", *The Journal of Modern History*, Vol. 55, No. 3 (Sep., 1983), pp. 442 – 474; Stephen Van Evera, "Why Cooperation Failed in 1914", *World Politics*, Vol. 38, No. 1 (Oct., 1985), pp. 80 – 117.

解决殖民分歧和友谊的纽带，但却走向战争。"① 而意识形态方面的解释因素如民族主义、军事主义的因素则只能说是为各国的战争决策提供了精神上的动力，或在社会内部营造了一种战争氛围，也不能说是战争的根源。

第二类对第一次世界大战根源、起源、原因的研究，则是从经济学的角度来探讨的。持此类观点的学者多把经济根源视为自人类有文明的历史以来战争与冲突爆发的最根本原因。美国历史学家贝克里斯就认为："即使不是一个彻头彻尾的历史经济理论的鼓吹者，一个人也可以确定地说，从未有一场战争，经济因素未牵连在内，几乎没有一场战争，经济因素不在很大程度上卷入。"② 从经济因素探讨战争起源最具代表性的是马克思主义学家的相关作品，如列宁在 1916 年出版的小册子《帝国主义是资本主义的最高阶段》。列宁在该书的法文版和德文版序言中写道，本书证明，1914—1918 年的战争，都是为了瓜分世界，为了瓜分和重新瓜分殖民地、金融资本的"势力范围"等等而进行的战争。③ 列宁把战争视为由垄断资本推动的帝国主义经济斗争的直接后果。列宁的独特之处在于突出了对第一次世界大战经济根源的分析。弗兰克在分析外交史家研究战争原因的不足时指出："政治学、经济学之间的联系普遍未受到外交家的重视，他们只依赖官方文献为分析资料，而官方文献分析只涉及将采纳的具体政策，而非经济因素如何影响行动方针的选择。"④

本节则在马克思主义分析战争起源的唯物史观的框架下，尝试以一种新的解释模式解析第一次世界大战爆发的深层次根源。19 世纪末 20 世纪初，西方资本主义国家对侵略发展模式的依赖是第一次世界大战不可避免地发生的根源所在。他们对这一发展模式效用的信服和依赖是近代以来很多类型战争的根源。而对第一次世界大战来说，这一解释依然适用。如前

---

① Frank McDoNough, *The Origins of the First World War and the Second World Wars*, N. Y.: Cambridge University Press, 1997, p. 33.

② John Bakeless, *The Economic Causes of Modern War: A Study of the Period: 1878 - 1918*, New York: Garland Publishing, Inc. , 1972, p. 11.

③ 参见［俄］列宁《帝国主义是资本主义的最高阶段》，中共中央马克思恩格斯列宁斯大林著作编译局编《列宁选集》第 2 卷，人民出版社 1996 年版，第 577 页。

④ Frank McDoNough, *The Origins of the First World War and the Second World Wars*, N. Y.: Cambridge University Press, 1997, p. 33.

所述，这种发展模式存在的观念前提是国家相信领土征服能够促进本国的经济发展和繁荣，即能够在经济上获利。并在此逻辑下，致力于领土征服和扩张的政策。

首先我们无论从战前各国目标的宣誓上，还是从战时有关国家通过秘密外交签订的条约里，或者从战后的秩序安排中都可以看到，第一次世界大战是一场由对世界领土资源分配和再分配的竞争性矛盾所激发的战争。如中国著名国际关系史专家王绳祖教授指出的那样："战争的性质是由战争的目的确定的，交战国掠夺和榨取的目的说明，第一次世界大战是在帝国主义两大军事集团，即德奥和英法俄集团的侵略政策基础上发生的战争，这是一次帝国主义国家为重新分割世界而进行的非正义的、掠夺性战争。"[1]

德意志第二帝国首相贝特曼·霍勒威格在 1919 年 7 月 29 日同英国大使会谈，最后一次要求英国中立时，向英国大使承诺德国胜利后不会对欧洲的法国提出领土要求，但他却坚决拒绝把承诺延伸到法国的殖民帝国。[2] 德国的殖民部长很清楚地坦白德国战后设想，"葡萄牙尽管是中立的，将让出安哥拉和莫桑比克北半部；比利时要放弃刚果；法国将让出北至乍得湖、达荷美、尼日尔北半部分和廷巴克图。如果英国也败了的话，它将要让出尼日利亚的部分"[3]。

在协约国方面，英国在宣战两天后，便宣布进攻德国的殖民地。8 月 7 日便占领多哥，随后英法联军占领喀麦隆，所有德国在非洲和太平洋的领土先后被占领。当奥斯曼帝国站在同盟国一方对英法宣战后，英法的海外战争目标又扩展到中东。战争期间，英国的战争目标由一些专门的委员会来确定：亚洲土耳其委员会（1915 年 3 月）、领土变革委员会（1916 年 8 月）、领土期望委员会（1917 年 3 月）和东方委员会（1918 年 3 月）。尽管战争形势多变，但对德国和土耳其帝国的分割一直在英国的战

---

① 王绳祖：《国际关系史》第 3 卷，世界知识出版社 1995 年版，第 443 页。

② Gochen to Grey, July 29, 1914, Collected Diplomatic Documents Relating to the Outbreak of European War (1915, London), No. 89, 转引自 *The Great War and the Twentieth Century*, Yale University, 2000, p. 232。

③ H. W. Koch, *The Origins of the First World War: Great Power Rivalry and German War Aims*, London: Macmillan, 1984, pp. 102 - 103.

争计划中占据优先地位。① 在战时最能充分展现英法殖民帝国野心的是对中东的分割计划。1916 年臭名昭著的《赛克斯—皮考特协定》，规定法国直接控制基利家和黎巴嫩，以及东至波斯边界的叙利亚势力范围。而英国直接控制港口城市海法、地中海海岸的阿克里和南美索不达米亚以及后来成为外约旦的势力范围。英法的这两个势力范围反过来组成一个独立的阿拉伯国家，英法在这个国家中在经济援助、各个领域的顾问安排中享有排外的权利。不幸的是随着威尔逊关于战争目标的"十四点计划"的公布和俄国苏维埃政府对秘密条约的谴责及对《赛克斯—皮考特协定》的公开，英法两国承受着巨大的国际压力，不得不从表面上放弃这一对中东瓜分的野心。在 1918 年 3 月，赛克斯本人都承认这个协定"已经死了，最好撕碎它"。他警告他的法国同事，"威尔逊总统的声音是很重要的，和他的言论不一致的想法不会在和平会议上产生影响。任何把兼并和直接控制作为战后问题解决形式的方案现在都应该放弃"②。

战后的分赃会议巴黎和会对德国和奥斯曼土耳其帝国海外帝国的处理，最终采取了国联"托管"的形式。被托管国的主权在国联，托管国在行政上对国联负责。前奥斯曼帝国属地，美索不达米亚和巴勒斯坦委托英国管理，叙利亚和黎巴嫩则委托法国管理。原来的德国殖民地中，坦葛尼克的大部分委托给英国管理，其余部分交由比利时管理；多哥和喀麦隆由英法瓜分；西南非洲委托给南非联邦；赤道以北的德属太平洋诸岛归日本；赤道以南的则分给了澳大利亚和新西兰。

尽管有威尔逊倡导的民族自决，英法的帝国在战后不仅原封未动，而且都在事实上得到了拓展。英国在非洲和太平洋增加了 100 万平方英里的土地，法国在非洲也增加了 25 万平方英里。尽管帝国的拓展是以托管而非直接的领土占有，"但托管的含义如此松散和国联的大国如此有限，以至于和殖民地的分歧很大程度是学术上的"③。在托管原则被认可以后，

① Jay Winter, Parker Geoffrey, and Mary R. Habeck, *The Great War and the Twentieth Century*, Yale University, 2000, p. 233.

② Sykes to Wingat, Match 3, 1918; Sykes to Picot, March 3, 1918, PRO Foreign Office Papers [FO] 800/221，转引自 *The Great War and the Twentieth Century*, Yale University, 2000, p. 257。

③ Jay Winter, et al., *The Great War and the Twentieth Century*, Yale University, 2000, p. 245.

殖民大臣西蒙曾公开讲道："在一个殖民地和……托管区之间没什么区别。"① 事实上，托管国在热带非洲存在的唯一限制是禁止施加保护主义关税条款。因而，英法的帝国扩展野心得到了实现。

由此可知，第一次世界大战的参战国，无论在战时的掠夺行动、秘密外交下的分赃，还是战后对胜利品的瓜分上，都表现出对海外领土的追求和渴望，是一种彻底的帝国主义掠夺性质的战争。因而，第一次世界大战的爆发正是英法等殖民大国对侵略发展模式追求的结果。事实上，也正是这种发展模式埋下了帝国衰落的隐患。

从第一次世界大战前引发大国间敌意的缘由上，我们可以看出，大国的斗争几乎全是围绕着领土争夺和对势力范围的控制而展开的。如法国和德国围绕着阿尔萨斯和洛林、摩洛哥的归属和控制，英德围绕着巴格达铁路问题，奥俄对巴尔干的争夺等，引起了多次国际关系上的危机和冲突。此外，很多学者把英德的敌意归为两国间的海军竞赛。事实上，发展海军军备的目的仍然服务于各自国家海外争夺以及捍卫帝国的需要，对英国来说是确保通往帝国的战略贸易通道、战略据点的安全，而对德国来讲则是为了"阳光下的土地"。德国海军联合会主席冯·克埃斯特的言论最能反映这一点："我们人口的稳步增长需要我们对增加我们海外利益给予特别注意。除了我们的海军计划外，没有什么能够造就我们想当然可以要求的世界海洋的自由。我们人口的增加使我们确立新的目标并从大陆国家转变为一个世界大国，我们的工业需要新的海外征服。"② 因而，海军军备只是大国追求侵略发展模式的一种工具而已，实质上的斗争仍可归结于对帝国的争夺，即"阳光下的土地"之争。

因而，我们越过引起、促发战争事件的表象，可以得知，引发第一次世界大战的根源在于大国对侵略发展模式能够创造国家财富和福利这一观念的迷恋与依赖。侵略发展模式的形成和存在表现为本国国土之外的领土的获得和维持，而帝国的领土鲜有以和平的方式获取的可能，往往伴随着冲突和战争。并且帝国的维持和占有又多因领土资源在世界范围内分布的

① W. R. Louis, "The United States and the African Peace Settlement: the Pilgrimage of George Louis Beer", *Journal of African History*, Vol. 4, No. 3 (1953), p. 421.

② Roperted in the Norddeutsche Allgemeine Zeitung, 转引自 Norman Angell, *The Great Illusion: A Study of the Relation of Military Power to National Advantage*, London: William Heinemann, 1913, p. 20。

不均，而引起不占有帝国领土资源或占有很少帝国资源的国家的不满，从而发动修正世界秩序的战争，第一次世界大战起因于此，而第二次世界大战也并不例外。

二 第一次世界大战对侵略发展模式的冲击

第一次世界大战作为一场总体战，对西方国家及其殖民帝国的影响是全方位并具有深远意义的。美国史家伍德尔夫在谈及第一次世界大战对欧洲的影响时，论道："第一次世界大战的结束，使得欧洲在物质上、情感上、理智上和心理上筋疲力尽，早期的浪漫主义和天真为充斥欧洲的疲劳所取代。战争把欧洲分为两个时期，一个是乐观主义时期，一个是理想破灭时期。"① 以历史的眼光来看，它对近代以来西方侵略发展模式的冲击主要表现在以下几个方面。

（一）对侵略发展模式实施主体的打击

美国历史学家斯塔夫里阿诺斯在谈及第一次世界大战之于欧洲的深远意义时指出："第一次世界大战带来的后果是削弱了欧洲的优势，并为开创世界史上的一个新纪元打开了道路。"② 关于第一次世界大战对西方列强霸权的削弱，我们可以从以下三个方面来理解。

首先是近代以来从事殖民扩张的主体数量上减少了。传统的俄罗斯帝国倒下了，取而代之的是反帝国主义的苏联；奥斯曼土耳其帝国和奥匈帝国瓦解了，留下的是诸多帝国遗产的继承者，即中欧、东欧和西亚的一些新兴民族独立国家；德意志帝国也垮台了，其遗产被分割殆尽。至少从帝国存在数量上看，欧洲的扩张主义势力被第一次世界大战削弱了。

其次是第一次世界大战的经历冲击了西方列强在亚非人民心中的威望——西方殖民大国的软实力所在，增强了之后亚非国家争取独立解放的勇气与信心。第一次世界大战期间，欧洲基督徒们为捍卫上帝和国家而互相残杀的情景损害了殖民列强的威望，亚洲人和非洲人不再把他们看成是近乎神授的统治者。殖民地与半殖民地人力的动员与参战给欧洲人的威信

---

① William Woodruff, *A Concise History: the Modern World, 1500 to Present*, London: Macmillan, 1991, p. 99.

② ［英］C. L. 莫瓦特编：《新编剑桥世界近代史》第 12 卷《世界力量对比的变化（1898—1945 年）》，中国社会科学院世界历史研究所译，中国社会科学出版社 1999 年版，第 11 页。

带来了同样的损害。那些经历这场战争后返回家园的人不再像从前那样，对欧洲霸主们毕恭毕敬了。一位法国行政官员评述道："1914—1918 年这几年中，17.5 万名服役的士兵在法兰西和佛兰德的壕沟里掘好了旧非洲的坟墓。"[①] "以前有色人种怕白人，今天这种恐惧已转为私下的轻视，过去他们对白人的力量充满恐惧，今天他们知道自己就是力量。"[②] 奥斯沃尔德·斯宾格勒也注意到："不是德国战败了，而是西方，因为它丧失了白色人种的前景。"[③] 苏联学者德波林在论及第一次世界大战与殖民主义帝国的解体关联时论道："亚洲和非洲的广大居民阶层来到前线，就非常清楚地看到了帝国主义掠夺和互相残杀的场面，使他们深深懂得，他们的外国统治者并不是什么万能的人，也不是不可战胜的。这样一来，就更加促进了殖民地人民政治觉悟的提高。"[④]

最后，第一次世界大战从整体上给予了欧洲沉重打击。用英国首相格雷的话来说，第一次世界大战使得"欧洲的灯火全灭了"。第一次世界大战摧毁了依靠殖民扩张和军事征服的方式建立的三个帝国。俄国带着创伤退出了帝国主义阵营，德国作为战败国丧失了全部海外领地，经济上和军备上受到最严厉的惩罚，奥斯曼帝国和奥匈帝国解体。而看起来完整的英法两国赢得的却是一个"皮洛士"式的胜利。英国在战时为了支付债务卖掉了在海外的全部资产，由战前的债权国变为战后的债务国。法国损失最为严重，其本土作为第一次世界大战的主战场之一，基础设施损毁殆尽，东部工业区被夷为平地，伤亡人数超过 300 万，遭受了惨重的物质损失和人员伤亡。宗主国自身实力的衰落意味着对殖民地和势力范围的控制力的减弱，旧的殖民大国不可能再按旧的统治方式继续下去了。

（二）非西方世界民族主义的兴起

亚非民族在第一次世界大战的经历中，从政治上、思想上、军事上都得到了锻炼。战时宗主国为了赢得殖民地的支持，给予了殖民地战后政治

① ［美］L. S. 斯塔夫里阿诺斯：《全球分裂——第三世界的历史进程》（上、下），迟越、王洪生等译，商务印书馆 1995 年版，第 556 页。

② Merze Tatehe, "War Aims of World War I and World War II and Their Relation to the Darker Peoples of the World", *The Journal of Negro Education*, Vol. 12, No. 3 (Summer, 1943), p. 522.

③ Oswald Spengler, *The Hour of Decision*, New York: Alfred A. Knopf, 1934, p. 209.

④ ［苏］格·阿·德波林：《帝国主义殖民体系的瓦解》，国际关系学院编译室译，世界知识出版社 1958 年版，第 68 页。

改革的承诺。再者，战时参战国有关战争与和平目标的宣示鼓舞了亚非国家民族独立意识的兴起。第一次世界大战后民族主义在亚洲成为一种强大的政治力量。"战争本身标志着帝国主义国家同亚洲民族关系的一个新时代的开始。"① 法国驻印度支那总督于 1926 年写道："这场用鲜血覆盖整个欧洲的战争……在距我们遥远的国度里唤起了一种独立的意识。……在过去几年中，一切都发生了变化，人们、观念和亚洲本身都在改变。"②

此外，第一次世界大战使得民族自决的思想得以在更宽广的范围内传播、认可。有学者认为："第一次世界大战时，曾经是限于欧洲的民族自决原则以 1917 年激进的革命形式——布尔什维克革命和 1918 年美国总统威尔逊的'自由'的形式被宣称为普遍原则。诚然，威尔逊的《十四点和平纲领》所提到的只是殖民地民族的'利益'而不是'愿望'。但在战时，这是一个极其细微的差别，'民族自决'这一革命术语已不仅在欧洲而且在殖民地世界留下了印记。"③ 美国国务卿兰辛曾讲道："对总统关于自决权的宣言，我越考虑，就对这种思想一旦灌入了某些民族的头脑以后即将带来的危险深信不疑。这种思想肯定会成为和会上一些无法容忍的要求的依据，并在许多地区引起麻烦。它将对爱尔兰人、印度人、埃及人和布尔人诸民族有何影响？难道不会滋生不满、混乱和暴动吗？叙利亚、巴勒斯坦或许还有摩洛哥和的黎波里的穆斯林难道不会将其作为依据吗？还有它将如何与总统事实上已经承担义务的犹太复国主义运动协调起来？这一措辞简直是装上了炸药。"④ 在俄国革命刚刚成功的 1917 年 11 月，列宁起草公布了《和平法令》：主张实现"不割地、不赔款"的和平，这一主张成为亚非被压迫民族争取民族自决和民族独立的有力武器。

在《全球通史》作者斯塔夫里阿诺斯看来，第一次世界大战还标志着曾在 19 世纪十分完全、十分反常地支配全球的欧洲的结束。"到大战

---

① Daniel R. Brower, *The World in the Twentieth Century*, New Jersey: Prentice Hall, 1992, p. 115.

② ［美］L. S. 斯塔夫里阿诺斯：《全球通史——1500 年以后的世界》，吴象婴、梁赤民译，上海社会科学院出版社 1999 年版，第 557 页。

③ John Baylis and Steve Smith, *The Globalization of World Politics: An Introduction to International Relations*, Oxford University Press, 2001, p. 45.

④ ［美］L. S. 斯塔夫里阿诺斯：《全球分裂——第三世界的历史进程》（上、下），迟越、王洪生等译，商务印书馆 1995 年版，第 513 页。

结束时，欧洲的控制已明显削弱，而且正在各地受到挑战。这些挑战在世界大多数地区被设法成功地阻止了。但这种缓解只持续了 20 年，因为第二次世界大战完成了始于第一次世界大战的这一削弱过程，使欧洲各地的帝国处于大混乱之中。"① 可以说，第一次世界大战结束时，西方的优势控制已经无可挽回地走向衰退。

（三）国际社会对武力作为国家政策工具观念的变化

第一次世界大战对战后侵略发展模式的冲击，可能最明显的方面就是表现为对国际社会战争观念的改变上。作为美国参战目标的"结束一切战争的战争"、战争罪在国际法中的出现以及建立国联这些思想和行为本身就意味着对战争作为一种实现国家目标的手段的谴责和放弃。战争观念对人类行为的影响，如伊万·鲁亚德认为的那样："战争由人类制造，他们试图通过武力获取他们的目标。这些决定最终由他们关于战争的观念所支配，如它的有效性、合法性或合道德性以及它对提升国家威望或荣耀、确认国家意志的价值等方面的观念。"② 而侵略发展模式之所以存在和盛行于国际社会的原因也在于人们对战争效用的崇拜，认为其是合理合法地取得国家目标的有效手段。这一观念对于国际政治的良性运转遗毒甚深。

伊万·鲁亚德经过对近代以来战争史的研究，认为在 1500 年至 1917 年间，战争一直被视为一种崇高的事业，而且被认为是可靠的获取物质回报的手段，是一个捍卫国家利益的正当方式。"战争只是到了 19 世纪末期以后，才需要被证明是合法的，它的发生需要一个对于世界舆论来说是充分的理由。"③ 在约翰·穆勒看来，第一次世界大战前国际社会关于战争观念的主流看法是，"战争是高尚的、有道德的、振奋人心的、英雄主义的、美丽的、令人激动的、神圣的、可获利的、进步的、必需的、自然的、不可避免的和成本低的"，而和平则是"道德败坏的、颓废的、腐化堕落的、物质主义的和卑鄙的"④。

---

① ［美］L. S. 斯塔夫里阿诺斯：《全球通史——1500 年以后的世界》，吴象婴、梁赤民译，上海社会科学院出版社 1999 年版，第 556 页。

② Evan Guard, *War in International Society*, New Haven: Yale University Press, 1986, p. 329.

③ Ibid. , pp. 330 – 361.

④ John Mueller, *Retreat from Doomsday*: *The Obsolescence of Major War*, New York: Basic Books, 1989, pp. 39 – 51. 关于此主题还可参见 John Mueller, *The Remnants of War*, Ithaca: Cornell University Press, 2004, pp. 35 – 37。

　　源于战争武器的现代化发展以及军事战略战术的变革，第一次世界大战摧毁了战前存在的两种战争观念，分别为英雄的浪漫主义的战争观和战争状态持续短暂的战争观。"四年来，人们被系统性地训练使用武力；四年来，仇恨和大屠杀被作为人类至高的美德；四年来人们面对着受伤和死亡，并且他们漠然于他人的受伤和死亡；残酷性的影响对所有参战国来说是共同的经历，并给他们都留下印记。"① 第一次世界大战死亡人数超过 1500 万，仅索姆河一役就有 130 万人伤亡。第一次世界大战中使用的令人可怕的战壕、铁丝网、机关炮和大炮，让整整一代的欧洲青年躺在地下。就像罗兰德·斯特豪姆伯格认为的那样："浪漫的幻觉在壕沟战和大屠杀中消失了……这场战争永远摧毁了战争的英雄主义观念。"②

　　其次是战争状态持续短暂的战争观的破灭。有学者认为："战前大多民众对战争的热情以及战争政策的倾向很大程度上是基于任何未来的战争都是短暂的和可以承受的判断。"③ 的确，威廉二世在开战前的动员中宣称，部队将在叶落前归来，就反映了这种战争短暂的观念。换句话说，在一定意义上，德国决定战争是因为他们确信战斗是进攻性的和短暂的。"在法国的东北部，或波兰的西南部的某个地方双方将会按时间表进行一场大决战，然后欧洲就回归正常。"④ 当然这种战争短暂的观念很大程度上源于国际社会对之前欧洲近代战争史的错误认知。"19 世纪产生了欧洲文明史上一个前所未闻的现象，也就是 1815—1914 年间的百年和平。除了多少具有殖民性质的克里米亚战争之外，英格兰、法兰西、普鲁士、奥地利、意大利和俄罗斯诸国之间进行的战争总共只有 18 个月的时间。"⑤

---

① Norman Rich, *Hitler's War Aims: Ideology, the Nazi State, and the Course of Expansion*, New York: Norton, 1973, p. xxx.

② Roland Stromberg, *Redemption by War, The Intellectuals and 1914*, Lawrence: Regents Press of Kansas, 1982, p. 152.

③ 关于战争短暂观念的探讨可参见 Mueller, *Retreat from Doomsday*, pp. 46 – 51; L. L. Farrar, Jr, *The Short-War Illusion*, Santa Barbara, Calif.: ABC-Clio, 1973; Jack Snyder, *The Ideology of the Offensive*, Ithaca, N. Y.: Cornell University Press, 1984; Stephen Van Evera, "The Cult of the Offensive and the Origins of the First World War", *International Security*, 9 (Summer, 1984), pp. 58 – 107。

④ Holger H. Herwig, "Germany and the 'Short-War' Illusion: Toward a New Interpretation?", *The Journal of Military History*, Vol. 66, No. 3 (Jul., 2002), pp. 681 –682.

⑤ [英] 卡尔·波兰尼:《大转型:我们时代的政治与经济起源》，冯钢、刘阳译，浙江人民出版社 2007 年版，第 5 页。

这种历史认知使得参战国错误地认为下一场战争也像暴风雨一样会激烈地很快结束。迈克尔·里昂斯就认为在 1914 年夏天，和战争爆发相关的因素中最显著的就是几乎所有的欧洲大国都未能预料他们即将投入其中的冲突的类型，大多参战国的军政领导人对斗争持续的长度、生命和财产代价以及对大陆政治社会基础的影响缺乏正确估量。他认为："如果他们能看得更远的话，他们会竭力阻止敌意的到来。"①

第一次世界大战还使人们认识到战争制度的邪恶性和不正当性。"第一次世界大战改变了对战争的传统的态度，人们第一次普遍认识到有意发动战争不再可能被证明是合理的。"② 像阿诺德·汤因比指出的那样："这场战争标志着五千年来战争作为人类一个支配制度的结束。"③ 美国政治学家沙龙·科尔曼同样认为："由于1917 年春天发生的俄国革命，美国进入第一次世界大战，随后的不兼并原则的和平宣传以及民族自决的宣传，使得旧的参战国兼并主义原则不再可能，因而第一次世界大战成为领土征服不再认为是合理合法的道德转折点。"④

最能反映人们对战争由恐惧产生厌恶再到制度上谴责、废弃态度的事件是 1928 年 8 月 27 日由法国、美国、德国、日本和比利时等 15 个国家签署的《白里安—凯洛格公约》，全称《关于废弃战争作为国家政策工具的一般条约》，又名《巴黎非战公约》。主要内容是：缔约各国谴责用战争解决国际争端，并废弃把战争作为在其相互关系中实施国家政策的工具；缔约国之间的一切争端或冲突，不论性质和起因如何，只能用和平方法加以解决。至 1933 年，共有 63 个国家批准和加入，具有相当普遍性。尽管存在诸多缺陷，但它在历史上毕竟是第一次以普遍性国际公约的形式，正式宣布废弃以战争作为推行国家政策的工具，表现出人们对战争作为国家政策工具的合法性和合理性观念的抛弃，其思想为后来的《联合国宪章》所采纳，从而推进了国际社会宣布侵略战争违法的历史进程。

---

① Michael J. Lyons, *World War II*, *A Short History*, New Jersey: Upper Saddle River, 2000, p. 61.

② Evan Luard, *War in International Society*, Yale University Press, 1986, p. 329, 365.

③ Arnold Toynbee, *Experiences*, New York: Oxford University Press, 1969, p. 214.

④ Sharon Korman, *The Right of Conquest*: *The Acquisition of Territory by Force in International Law and Practice*, Oxford: Clarendon Press, 1996, pp. 136 – 178.

（四）社会主义制度的建立及其对侵略发展模式的否定

1917 年 10 月，当第一次世界大战进行得正酣时，在帝国主义链条最为薄弱的环节处，俄国人民在列宁领导下，成功建立了世界上第一个社会主义政权。它从建立之初，就对外表明了愿同世界各国建立平等互利、和平共存关系的愿望。苏维埃政权所倡导的国际关系准则对于当时世界的和平进步以及资本主义世界侵略发展模式的削弱起到了积极作用。

历史上的俄罗斯帝国奉行的是侵略和奴役弱小民族的扩张主义和大国沙文主义政策，新的苏维埃政权成立之初就提出了要走不同于之前政权的以侵略和掠夺求发展的道路的声明主张，并且很快付诸实践。1917年 11 月 8 日，全俄工兵代表苏维埃第二次代表大会通过了列宁起草的《和平法令》，呼吁所有参战国立即停战缔结公正民主的和约，认为一切交战国中因战争而精疲力竭、困顿不堪、痛苦万状的工人和劳动阶级的绝大多数所渴望的公正的或民主的和约，就是缔结没有兼并（即不侵占别国领土，不强制归并别的民族）没有赔款的和约。[1] 在呼吁缔结民主和约的同时，《和平法令》宣布苏维埃政权无条件地公布沙俄政府战争期间批准的各项密约。《和平法令》宣传的民族平等、反侵略和掠夺的原则，既表达了对和平的期望，也对被压迫民族的解放斗争起到了鼓舞作用。1919 年 3 月，列宁在俄共（布）第八次全国代表会议上明确指出，俄罗斯苏维埃联邦社会主义共和国希望同各国人民和平共处。[2] 到 1925年有 22 个资本主义国家同苏联建立了外交关系，表明列宁和平共处思想的成功开展。

此外，苏联社会主义政权为维护世界和平、制止侵略做出的另一贡献在于其争取界定侵略含义的努力。1933 年 2 月 6 日苏联代表团曾向日内瓦裁军会议总务委员会提出"侵略定义"草案，该定义在 1933 年 5月 24 日国联裁军会议安全问题委员会的报告中得到了反映。但由于英国等国反对，定义未获通过。1933 年 7 月苏联又在伦敦国际经济会议上提

---

① 参见中共中央马克思恩格斯列宁斯大林著作编译局编译《列宁选集》第 33 卷，人民出版社 1972 年版，第 10 页。

② 参见中共中央马克思恩格斯列宁斯大林著作编译局编译《列宁选集》第 36 卷，人民出版社 1972 年版，第 116 页。

出缔结侵略定义公约的建议，随后与 12 个邻国签订了《侵略定义公约》。① 苏联提出的定义在《国联盟约》和《巴黎非战公约》的基础上，对于制止帝国主义侵略扩张的努力无疑具有积极意义，但未得到把持国联的英法传统帝国主义国家的支持，因而在当时国际政治中作用有限。

从一定意义上讲，社会主义制度的建立和发展，是人类政治文明领域具有转折意义的社会制度变革，它从成立之日起，就彻底否定了近代以来资本主义依靠侵略和掠夺求发展的模式。社会主义国家在国际社会中奉行的是大小民族间基于平等互利的和平共处原则。"从社会主义社会本身的特点来说，社会主义国家之所以执行和平原则，其原因是社会主义制度建立后，在国内消灭了剥削阶级，不存在贪婪地向外掠夺的社会集团，工人阶级作为新社会的主人，要以全部力量来建设自己的新生活，这就消灭了对外侵略的社会根源。"② 然而，这一时期只有苏联一个社会主义政权孤立于资本主义列强之间，尚不足以对抗资本主义长期以来坚持的侵略发展模式以引导人类进入世界的整体和平发展时代。但第一次世界大战末期在列宁领导下确立的人类第一个社会主义制度政权却为人类社会指明了世界通向真正和平发展道路的方向。

三　第一次世界大战对侵略发展模式改变的有限性

由上可知，第一次世界大战的经历及其遗产对近代以来国际社会盛行的侵略发展模式构成了有力冲击。但我们也应该注意到，第一次世界大战对战后世界资本主义侵略发展模式的改变是有一定限度的。"第一

---

① 按此定义，"除应遵照争端当事国间有效的协定外，在国际冲突中，首先采取下列任何行为之一者，将被视为侵略国：向他国宣战；不论是否宣战，以武装部队侵入他国领土；不论是否宣战，以陆、海、空军进攻他国领土、船舶或航空器；对他国的海岸或港口进行海军封锁；对在其本国领土内组成而侵入他国领土的武装匪徒给予支持，或不顾被侵犯国家的要求，拒不在其本国领土内采取一切力所能及的步骤对这些武装匪徒剥夺一切援助和保护"。公约还规定：不论政治上、军事上、经济上或任何其他考虑，均不得作为侵略行为的借口。在公约的附件中并列举了不得作为借口的各种情况。Convention Defining Aggression, *The American Journal of International Law*, Vol. 27, No. 4, Supplement：Official Documents（Oct., 1933）, pp. 192 - 195.

② 李骥：《和平与发展是社会主义本质的要求》，《光明日报》1986 年 3 月 24 日第 3 版。

次世界大战将欧洲打翻在地，加深了英国的衰落，加强了美国的力量，却丝毫未解决 1914 年以前出现的种种内在矛盾。"① 还有学者认为："一战不像第二次世界大战，它在很多方面都不能说标志着一个转折点的开始，而第二次世界大战后则可以肯定地说'一切都和过去不同了'。"② 国际关系史、战略史研究专家保罗·肯尼迪也对此评论道："很多年来，都认为第一次世界大战极大改变了大国格局。在某一方面来说，如奥匈帝国的崩溃和为很多的继承国家所取代，战争的影响是决定性的，但随着时间的流逝，从一个更长时期的历史观点，也即把 1914—1918 年置于过去的 100 或 150 年的全球趋势来看，第一次世界大战的革新和灾难的性质就显得不那么明显。"③ 具体来讲，第一次世界大战对侵略发展模式削弱的有限性主要表现在以下几点。

　　首先是第一次世界大战后亚非民族主义的发展还存在一定的局限性。战后的民族主义运动要么缺乏先进阶级的领导和先进思想的指导，要么仅限于自治没有提出最终独立要求。在第一次世界大战的过程中，欧洲列强的实力虽受到严重削弱，但他们在战后年代依然力图维持其帝国的完整。在斯塔夫里阿诺斯看来，"原因之一在于，除了中国以外，第三世界的革命运动的性质主要是民族主义的，其领袖则具有资产阶级背景：像印度的商人和律师、土耳其的军官和非洲的教师和职员。所有这些成员都有一个共同点：他们都向往独立，但都摒弃阶级斗争和社会的变革。因此，第三世界在 1939 年的政治疆界同它在 1914 年的疆界非常相似"④。的确，第一次世界大战爆发后的一个惊人事实是殖民地并未发生大范围的叛乱或暴动，民族主义者也并没有利用此形势提出激进要求，反而在最初阶段给予宗主国重要的军事和财政援助。

　　例如，在战争期间，印度提供了 130 万战斗人员和劳力；印度支那

---

① ［法］米歇尔·博德：《资本主义史，1500—1980》，吴艾梅等译，东方出版社 1986 年版，第 188 页。

② Richard Rathbone, "World War I and Africa: Introduction", *The Journal of African History*, Vol. 19, No. 1 (1978), p. 1.

③ Paul M. Kennedy, "The First World War and the International Power System", *International Security*, Vol. 9, No. 1 (Summer, 1984), p. 30.

④ ［美］L. S. 斯塔夫里阿诺斯：《全球分裂——第三世界的历史进程》（上、下），迟越、王洪生等译，商务印书馆 1995 年版，第 556 页。

15 万；阿尔及利亚 30 万和法属西非 20 万。① 或许是因为西方文化的引进已和殖民列强形成感情上的纽带，或许是因为英法成功展现了被迫的是为捍卫自由和正义而战的姿态。德国曾试图和印度、北非的殖民主义者建立联系但没有获得成功。第一次世界大战期间，甘地的态度特别典型，他曾给印度总督哈丁爵士写信说：“在帝国的紧要关头，我愿让印度将其所有强壮的儿子作为供品奉献给帝国……我们只能默默地、真诚地、全心全意地致力于将帝国从即将来临的危险中解救出来的工作，从而加快我们达到‘地方自治的’目的进程。”② 在战后初期，直到 1929 年，甘地领导的国大党发动的非暴力不合作运动一直谋求的也只是印度的完全“自治”而非独立。

　　其次是西方殖民大国虽遭到削弱但实力尚存。就国际政治权势而论，第一次世界大战后的殖民大国英国和法国是国联的常任理事国。主张民族自决，对殖民主义持反对态度的美国孤立于国联之外，而社会主义苏联也被排斥于外。可以说英法两国在事实上控制着国际联盟的决策权。此外，《国联盟约》第二十二条把德国和奥斯曼帝国在外国和海外的领地划分为甲乙丙三类委任统治地，由英国、法国、澳大利亚和日本等国“托管”，英法两国的帝国触角延展至中东地区，欧洲霸权在第一次世界大战后比战前更为广泛和完整。因而在面对印度、埃及民族主义者对帝国统治者的挑战时，仍然采取强力措施，制造了阿姆利则血案，并先后几次逮捕甘地，日本也用铁血手腕镇压了朝鲜的民族主义者组织的“三一”起义。

　　最后是第一次世界大战后的和平规划者并未建构起确保战后世界和平发展的公正合理的国际政治经济架构。巴黎和会上以及随之建立的国际联盟并未提出任何帮助被压迫民族摆脱殖民统治的建议，更未成立相关机构推动非殖民化的进行，反而把奥斯曼土耳其帝国和德国殖民地交由英法等国“托管”，实质上就是沦为殖民地的地位。第二次世界大战后日本首相吉田茂就认为，“凡尔赛和会虽然在原则上否定了帝国主义，如将德国在第一次世界大战前所拥有的殖民地移交国际联盟托管，但德国以外的殖民

---

① Rudolf von Albertini, "The Impact of Two World Wars on the Decline of Colonialism", *Journal of Contemporary History*, Vol. , 4, No. 1, (Jan. , 1969), p. 19.

② 甘地：《自传》，波士顿 1957 年，第 448 页，转引自［美］斯塔夫里阿诺斯《全球通史：从史前史到 21 世纪》（下），吴象婴等译，北京大学出版社 1999 年版，第 578 页。

地依然原封不动地继续存在，这样建立起来的国际新秩序仍然没有超出转换期的尝试"①。殖民地在近代以来一直是宗主国进行经济榨取的对象，被广泛视为重要的财产。列强对弱小国家不断的征服以及列强间对这种"稀缺资源"的争夺成为近代以来国家间冲突的根源。战后的国联并未把废除和世界整体发展趋势越来越不相符的殖民主义世界政治经济架构提上日程，列强走的仍然是以侵略求发展的道路。当然这一时期，世界已经基本瓜分完毕，侵略发展模式主要表现为静态意义的帝国主义发展模式。

此外，巴黎和会和之后建立的国际联盟也并未建立起相对开放稳定的国际贸易金融体制。这使得国际联盟在面对 20 世纪 20 年代末期的世界经济大萧条时束手无策，因为当时并无一个常设性质的经济协调机制的存在，导致危急中的国家只得寻求"自助"，纷纷建立关税墙，使本国货币恶性贬值以增加出口，同时谋求经济上的"自给自足"。经济民族主义的泛起造成了严重的后果，刺激了那些自认为作为"无"的不能实现自给自足的国家走上帝国征服的道路。战后初期日本首相吉田茂在分析第一次世界大战后的国际形势时指出："贸易并不自由，殖民地是国力的重要源泉。因此国土狭小，资源匮乏是日本的弱点，而且许多人对这一点深感忧虑。"② 国家对殖民地作为国家财富和权力来源的认知，使得第一次世界大战的悲剧在 20 年后再次上演。

第一次世界大战作为历史上第一次真正意义的总体战，对参战国国内秩序和国际秩序都产生了深远的影响，尽管这种影响在短期内并不显著。但是第一次世界大战开辟了战后历史发展的新轨道，就对世界发展模式的影响而言，它在第二次世界大战之前对侵略发展模式做出了最大的挑战与冲击。战争的毁灭性使第一次世界大战在很大范围内改变了人们对战争作为国家政策工具的看法。但这一时期，人们仍尚未认清世界冲突的根源所在，更谈不上对导致冲突的发展模式做出根本修正。帝国发展模式在事实上和观念上的继续存在使得这场为人称道的"结束战争的战争"只能成为一句华丽的宣传语，才有了爱德华·卡尔所称的"二十年危机"。

---

① ［日］吉田茂：《激荡的百年史——我们的果断措施和奇迹般的转变》，孔凡等译，世界知识出版社 1984 年版，第 30 页。

② 同上书，第 33 页。

第三节　侵略发展模式与第二次世界大战的起源

第一次世界大战的遗产从多个方面开始了对侵略发展模式的削弱过程。如欧洲列强本身控制力的衰弱、民族主义在亚非的广泛兴起、第一个社会主义国家政权的建立和西方和平反战思潮的盛行。但第一次世界大战后的国际秩序重建并没有针对近代以来诸多世界冲突的根源——侵略发展模式，做出能削弱其在国际政治中存续的实质性措施。1929—1933 年的经济危机却使帝国维持与拓展的重要性再次显现，旧的殖民大国为排斥他国的竞争而求助于帝国主义，以自己的帝国、自治领、势力范围为单位组建了排他性的贸易保护体系。这种侵略发展模式支配下的世界政治经济架构的封闭性和殖民大国对这种发展模式的坚持，最终使得缺少资源或市场的国家，在领土控制与经济繁荣之间存在直接联系的思想支配下，为实现经济安全与繁荣，铤而走险，走上领土扩张和帝国征服的道路。

一　学界关于第二次世界大战起源的认知

学界关于第二次世界大战起源的研究，从各个不同的角度进行了探讨，如国内政治秩序、国际体系结构、种族主义、经济危机、军备竞赛、意识形态的竞争等角度。之所以存在众多分歧是因为对战争根源的考察过多关注的是浅层次的外在现象，如 20 世纪初的美国学者豪斯威尔斯就认为："对过去诸多战争的表面考虑会使得一个人认为战争的原因就像战争本身一样多。"[1] 英国学者欣斯利也同样持有此观点："战争原因的困惑和分歧源于未能分清使战争成为可能或非常可能发生的特定条件与直接导致战争的决定或事件之间的区别。"[2] 国际第二次世界大战史学界关于第二次世界大战起源的研究著述颇多，本书不拟在此一一列举，只就学界对第二次世界大战起源研究的现状和特征做一简要概括归纳。

西方学界对第二次世界大战爆发原因的探讨存在多元化的倾向，可归

---

[1]　I. W. Howerth, "The Causes of War", *The Scientific Monthly*, Vol. 2, No. 2（Feb., 1916）, p. 118.

[2]　F. H. Hinsley, *Power and the Pursuit of Peace—Theory and Practice in the History of Relations between States*, London：Cambridge University Press, 1963, p. 323.

纳为以下几点①：一是政治家的个人作用，即希特勒、墨索里尼和张伯伦等战争双方领导人的责任，认为前两者的扩张主义的野心和后者的绥靖政策的怯懦导致了战争的爆发并未能成功阻止。最有名的论断，如第二次世界大战是"希特勒的战争"②。二是《凡尔赛和约》的缺陷。很多历史学家把它看作是一个威尔逊的理想主义和欧洲国家的现实主义间的失败妥协。第一次世界大战后对巴黎和会所建设的世界秩序进行反思的著作多抱有此类看法，如《和平的经济后果》《失去的和平》和《二十年危机》③等。三是经济因素的解释。西方学者的着眼点往往落在 20 世纪 30 年代的经济危机对德国、日本法西斯崛起的贡献上。四是意识形态因素。认为法西斯主义和极权主义的意识形态是第二次世界大战爆发的推动力。

　　中国学者对第二次世界大战起源的解释和西方学者类似，多从法西斯主义、军事主义、绥靖主义和资本主义世界经济危机的角度来论述。④ 但和西方学者相比，中国学者更多地注意到了扩张性的帝国主义意识形态和政策在其中起的作用，认为在帝国主义政治经济不平衡规律作用下，帝国主义国家争夺欧洲霸权、重分世界的斗争是两次世界大战的根源。此外，

---

① 关于第二次世界大战起源的研究主要可参见 I. Akira, *The Origins of the Second World War in Asia and the Pacific*, London: Longman, 1987; Frank McDoNough, *The Origins of the First and Second World Wars*, Cambridge: Cambridge University Press, 1997; Andrew J. Crozier, *The Causes of the Second World War*, Oxford, UK, Cambridge, Ma., USA: Blackwell Publishers, 1997; Patrick Finney, *The Origins of the Second World War*, New York: St. Martin's Press, 1997; David Kaiser, *Uneconomic Diplomacy and the Origins of the Second World War: Germany, Britain, France, and Eastern Europe, 1930 - 1939*, Princeton, N. J.: Princeton University Press, 1980; Gordon Martel, *The Origins of the Second World War Reconsidered: A. J. P. Taylor and the Historian's*, London, New York: Routledge, 1999; Gerald D. Nash, *The Great Depression and World War II: Organizing America, 1933 - 1945*, New York: St. Martin's Press, 1979。

② David Irving, *Hitler's War and War Path*, London: Focsl Point Publications, 1991; Ihor Kamenetsky, "Lebensraum in Hitler's War Plan: The Theory and the Eastern European Reality", *American Journal of Economics and Sociology*, Vol. 20, No. 3 (Apr., 1961), pp. 313 - 326.

③ Anthony P. Adamthwaite, *The Lost Leace, International Relations in Europe, 1918 - 1939*, New York : St. Martin's Press, 1981; John Maynard Keynes, *The Economic Consequences of the Peace*, New York, Harcourt, Brace and Howe, 1920. 爱德华·卡尔：《二十年危机 (1919—1939) 国际关系研究导论》，秦亚青译，世界知识出版社 2005 年版。

④ 中国学者关于该主题的代表性研究作品：张继平：《希特勒不是发动第二次世界大战的罪魁祸首吗?》，《武汉大学学报》（社会科学版）1984 年第 5 期；丁泽民：《第二次世界大战的起源和性质》，《历史教学》1957 年第 4 期。更多成果具体详见赵文亮《二战研究在中国》，武汉大学出版社 2006 年版。

武汉大学韩永利教授的《世界整体发展与第二次世界大战的起源》（载《理论月刊》1996 年第 12 期）一文从崭新的视角探讨了第二次世界大战的起源，他认为 20 世纪二三十年代存在的殖民主义政治经济架构和整体世界的发展背道而驰，第二次世界大战就是德意日法西斯为在旧体系内，对人类财富的控制上实行再分配而对以殖民主义为主导的世界政治经济结构发起冲击的产物。

综上所述，国际史学界关于第二次世界大战根源的研究并没有注意到，不管是第二次世界大战还是之前世界经历的诸多战争和冲突的根源都在于国家对侵略发展模式的依赖和追求。对构成世界发展模式生成和存续的因素，如国际政治经济结构、技术、社会、观念领域的变迁关注较少，而对促成战争爆发或未能阻止战争爆发的直接原因则给予了过多的关注，从而未能注意到深层次的长时段的结构性根源。就像美国学者杰弗里·休斯说的那样："关于第二次世界大战起源的解释要么倾向于强调有意的选择，如果失败了话，要么强调是不可阻挡的过程。前者指希特勒的侵略政策、武力偏好和对绥靖政策及张伯伦的质疑，后者则拓宽了关注范围，注意到了国家间权力地位的相对变化，如国内经济的和文化的机制，单独地或一起构成了冲突的条件。"[1] 本节则在吸取前人相关丰富的研究成果基础上，从 20 世纪二三十年代主要资本主义国家对侵略发展模式的坚持和追求的角度来探析第二次世界大战未能避免的深层次根源。

二　大萧条和英法对侵略发展模式的坚持

如前所述，侵略发展模式即一国通过领土扩张与征服，建立、维系帝国并以在帝国内确立排他性政治经济控制的方式，来追求本国经济繁荣和社会进步的一种发展模式。这种发展模式在 1929—1933 年的经济大萧条中更是盛行一时。研究第二次世界大战的起源，不能不提及 20 世纪 20 年代末 30 年代初的那场世界经济危机。因为"没有任何单一因素在解释 20 世纪 30 年代外交体系崩溃的原因方面比世界经济危机更重要"[2]，正是在大萧条中，世界各国的危机反应使得旧的发展模式彰显了其虚妄的价值，

---

① Jeffrey L. Hughes, "The Origin and Prevention of Major Wars", *Journal of Interdisciplinary History*, Vol. 18, No. 4 (Spring, 1988), p. 851.

② R. J. Overy, *The Origins of the Second World War*, New York: Longman, 1998, p. 31.

而英法等殖民国家对这种发展模式的坚持和法西斯国家对这种模式的积极效仿与追求则使得第二次世界大战的爆发不可避免。

同时，我们不能因此就认为经济危机就是战争爆发的根源，因为充其量它只是个诱因。我们应该认识到大萧条本身没有带来战争，因为战争发生在经济正在复苏时，但它的影响却是深远的。"如果不把它考虑在内，没有一个战争起源的分析是完整的。大萧条在战争起源中的作用是间接的，很大程度上是无形的，尽管并不比有形的因素作用小。它摧毁了1924—1930 年间国际政治中积极的和鼓舞人心的经济和政治发展，法德合作和洛迦诺精神消失。大萧条滋生了一种担心：国际贸易的机制不能确保带来必要的原材料和食物。"[①] 可以说，正是基于这种担心，一些国家开始试图在既有的、事实上已经混乱的国际贸易机制之外寻求解决发展问题的途径。

20 世纪 20 年代末的这场大萧条可以说是世界经济金融全球化的结果，而各国，尤其是那些拥有帝国作为市场和原料来源的国家采取的建立排他性贸易保护体系的做法，则是逆潮流而动。虽然一时可以刺激本国生产的发展和经济的复苏，但在国际上却造成了严重的外交敌意。韩永利教授认为："大危机的解决，必须依赖于资本扩展空间的正开阔，而这种空间还必须有较殖民体系相对良性的机制。但是在大危机中资本主义世界呈现的却是穷途末路的一片恐慌。"[②]

1929 年源于华尔街股市崩溃的经济大危机爆发后，英法美等国不是削减贸易障碍确立自由贸易机制，而是凭借其广阔的帝国或国内丰富的自然资源和市场，采取了以邻为壑的贸易保护主义政策。在国际贸易方面，1931 年 11 月，英国颁布《紧急进口税条例》，对进口货物征税 50%；次年 2 月正式颁布的《进口税条例》是 1849 年废止《谷物法》以后的第一部正式保护税法，对一般进口货物征税 10%，对大多数工业品实际征税20%，对钢铁、奢侈品等征税更高，而对主要粮食和原料则予以免税。[③]该法案的颁布标志着英国对自从 20 世纪中期坚持的自由贸易政策的放弃。

---

① P. M. H. Bell, *The Origins of the Second World War in Europe*, New York：Longman, 1997, pp. 160 – 161.

② 韩永利：《世界的整体发展与第二次世界大战的起源》，《理论月刊》1996 年第 12 期，第 36 页。

③ 参见夏炎德《欧美经济史》，生活·读书·新知三联书店 1991 年版，第 668 页。

1932 年 6 月 12 日至 7 月 27 日，英国与各自治领和印度在加拿大渥太华召开帝国共同体经济会议，讨论了"英联邦内部的特惠关税和同外国的贸易条约中所规定之最惠国待遇条款的关系"，声明"各国政府承担在将来英联邦内不得妨碍相互提供特惠的条约上的义务"，会议通过的《渥太华协定》规定建立"帝国内部的特惠关税制度"，即帝国特惠制，在帝国内部各邦的货物彼此实行优惠税率，从而形成了区域性的排他贸易集团。美国为保护国内市场在 1930 年通过了《霍利—斯穆特关税法》，使美国关税剧增了 50%；英法美国家这种做法的结果是保护主义的横行，导致了国际贸易额的迅速下滑（见下表）。

1919—1933 年以美元计算的进口贸易额[①]　　　　（百万）

时间	数额
1929 年 1 月	2997. 7
1930 年 1 月	2738. 9
1931 年 1 月	1838. 9
1932 年 1 月	1206. 0
1933 年 1 月	992. 4

英法为了寻求更大的经济安全和经济优势而转向帝国主义和加强帝国建设的做法，产生了相当严重的国际政治后果。导致"其他视帝国为英国经济力量和国际优势源泉的国家则紧随其后"[②]。鉴于经济大萧条，经济成功与殖民地间存在联系的思想再次流行，英国法国在 20 世纪 30 年代变得更加依赖他们的帝国实现经济的复苏。对英国来说，在 1913 年，有将近 80% 的进口产品来自非帝国市场，而到了 1938 年，这一百分比降到了 60%。在 1913 年，联合王国面向帝国的出口占总出口额的 22%，而到了 1938 这个百分比翻了一番。[③] 在法国，同殖民地的贸易额在 1935 年达到法国对外贸易总额的 28%，而这一数字在 1913 年只有 10%，1914 年

---

①　Kindleberger, *World in Depression*, University of California Press, 1973, p. 171.

②　R. J. Overy, *The Origins of the Second World War*, New York: Longman, 1998, p. 4.

③　Richard Rathbone, "World War I and Africa: Introduction", *The Journal of African History*, Vol. 19, No. 1 (1978), p. 2.

也只有12%。① 英法越是把他们的殖民地作为一种发展机制，国际政治中所谓"无"的国家（Have-Nots）越是有力地致力于追求自己的帝国。因而"世界经济危机产生了加剧对市场、原材料的争夺冲突和削弱经济合作以及再次激起帝国征服梦的影响"②。

总之，不可否认的是1929—1933年的金融危机和第二次世界大战的爆发密切相关，但真正导致第二次世界大战爆发的原因在于资本主义世界应对该危机的方式。那些"有"的国家（Haves）凭借自身占有的优势资源采取保护主义的做法，限制了"无"的国家本已有限的发展空间，再加上殖民地和势力范围与一国经济繁荣挂钩观念的盛行，使得"无"的国家决心用武力开拓自己的生存空间。

三　法西斯国家对侵略发展模式的追求与第二次世界大战的爆发

在大危机期间，英法美等国依靠其帝国或势力范围，建立贸易保护体系实现经济复苏的做法，在国际社会中创造了一种氛围，使得"在每个国家，不单单是领导人，都想当然地认为殖民地、帝国建设和对经济盈余的争夺是世界体系持久的特征，国内的民族主义转化为对帝国和势力范围的追求"③。领土和经济繁荣密切相关的思想在法西斯国家广泛传播，推动了法西斯国家走向领土征服的帝国扩张道路。英国左派史家霍布森就认为："如果我们转过来看看意大利、德国和日本，这三个强国凭其公然宣称的政策，在目前时期对于世界和平是主要的捣乱者，我们看到他们之中的每一个，都以领土扩张的经济必要性来为他们业已进行的或蓄意要进行的帝国主义侵略作辩解。"④

（一）"自给自足"思想的流行

法西斯国家对这种发展模式的追求，源于其国内盛行的一个发展观念，那就是自给自足（Self-Sufficient or Autarky）的思想。我们之所以要关注思想这一变量，是因为"在任何国际形势下，思想和态度在决定国

---

①　Marcus Nadler, "Economic Interdependence, Present and Future", *The American Economic Review*, Vol. 27, No. 1 (Mar., 1937), p. 8.

②　R. J. Overy, *The Origins of the Second World War*, New York: Longman, 1998, p. 32.

③　Ibid., p. 97.

④　有关帝国扩张的经济根源的分析，可参见英国史学家约·阿·霍布森《帝国主义》，纪明译，上海人民出版社1960年版，第45—73页。

家行为方面的角色都是突出的因素"①。在第二次世界大战史学者奥夫利看来，所谓自给自足思想意指"为了免受世界经济波动的影响，一国应尽可能地在自己国内生产、提供食物和工业需求及其进口替代品"的观念。② 希特勒的"生存空间"和日本的"大东亚共荣圈"追求实际上就是一种法西斯国家追求经济独立思想的政策反映，原因在于"对政治地理的彻底颠覆是自己自足政策的必然结果"③。

20 世纪 20 年代希特勒所持有的经济观念也可归在自给自足这一范畴。如他认为确保人民最好的经济生活条件是政府的事，一个重要的条件是获取食物供应；希特勒反对把通过食物进口的方式满足德国人民的生存视为一个长期的政策，因为在他看来，这是把国家和人民置于世界经济的控制之下。他主张德国必须在自己的土地上生产自己的食物。由于不能满足越来越多的人口需求，而解决的方式则是在东方征服新的领土，尤其是苏联。事实上，早在德国 19 世纪末 20 世纪初快速的工业化时，把国家置于依赖对外贸易的基础上，很多人就担心，德国人的这种依赖不能喂养它的人口和保持工厂运转。1914—1918 年盟国的封锁使得这样的恐惧成为现实，德国被迫依赖自己在中欧和东欧控制的势力范围。

1932 年 1 月，希特勒在与工商界人士的会谈中讲，面对不断衰落的出口市场的国家，出路只有降低价格相互竞争，从长远看，必须通过实现自给自足来保护自己。因而德国在组织一个更大的内在市场前，必须获取更多的领土。④ 在 1929—1933 年，很多即使推崇世界贸易和世界市场的工商业人士也被迫承认："市场到处都在关闭，就历史和地理而言，寻求德国自己的势力范围似乎是解决之路。世界贸易的思想让位于经济自给自足和封闭的经济体系。"⑤ 在签订三国公约时，纳粹理论专家罗森贝格在 1940 年 10 月 27 日《人民观察家报》发表一篇文章阐明新秩序，争辩说：

---

① Albert K. Weinberg, *Manifest Destiny: A Study of Nationalist Expansionism in American History*, Baltimore, 1935, p. ix.

② R. J. Overy, *The Origins of the Second World War*, New York: Longman, 1998, p. 32.

③ René Seydoux, "The Haves and the Have-Nots, a Breeding Factor of War", *Annals of the American Academy of Political and Social Science*, Vol. 198 (Jul., 1938), p. 54.

④ P. M. H. Bell, *the Origins of the Second World War in Europe*, New York: Longman, 1997, p. 156.

⑤ Ibid., pp. 156 – 157.

"德国支持划分生存空间来取代十九世纪的经济与金融帝国主义,同时相互保护属于'生存空间'的各国人民。当越来越多的国家接受了这种意见时,引起两次世界大战的那类事件就不会重演了。因此,我们最终的目的是建立一个持久和平的欧洲大陆,一个经济上大部分是自给自足的,政治上则是完全独立的大陆,在那里,大德国将起着'波罗的海与地中海之间的联系作用'。"①

20世纪中期澳大利亚最为著名的经济学家路德维格·冯·米西斯举了个形象的例子来形容希特勒帝国的这种发展观。在自由贸易的世界里,一个人想喝咖啡,但同时自己不是一个咖啡种植者,他就必须购买它。无论他是德国人、意大利人还是一个哥伦比亚人,他必须能为他人提供某种商品或服务,把挣到的钱的一部分花在想要的咖啡上。就一个在自己国内不生产咖啡的国家而言,意味着出口商品或资源以支付进口咖啡所需的费用,但是希特勒、墨索里尼不想以这种方式解决问题,他们想要的是兼并生产咖啡的国家。②

日本的发展哲学也是如此,"在东亚,日本的大东亚共荣圈则正是日本为寻求经济上自给自足而建立的集团,这一集团由日本主导,并排斥他国控制"③。日本对满洲的征服和意大利对埃塞俄比亚的征服首要的动因是想摆脱对外国原材料和食物的依赖。在日本史专家伯恩哈特看来,"1919—1941年间日本为经济安全,追求自给自足的努力导致了太平洋战争的爆发"④。日本1932年后与满洲的贸易额增加了309%。日本不仅想获得满洲和北部的原材料,而且期待这些领土将吸收它更多的工业品,而且能够提供一个剩余人口移民的途径。意大利对埃塞俄比亚的征服也完全源于经济上的贪心和摆脱对外经济依赖的愿望。在美国经济学家纳德勒看来,意大利对北非的征服在于"希望自己在不远的将来能够使自己在小

① [英]阿诺德·托因比、维罗尼卡·M.托因比合编:《希特勒的欧洲》,孙基亚译,上海译文出版社1980年版,第49—50页。

② Ludwig Von Mises, "The Economic Causes of War", *The Freeman: Ideas on Liberty*, April 2004, p. 14.

③ Jonathan Marshall, *To Have and Have Not: Southeast Asian Raw Materials and the Origins of the pacific War*, Berkeley: University of California Press, 1995, p. 14.

④ Michael A. Barnhart, *Japan Prepares for Total War: The Search for Economic Security, 1919 - 1941*, Ithaca: Cornell University Press, 1987.

麦、咖啡、棉花、铜和其他诸多商品上实现独立，并解决成千上万的意大利人在埃塞俄比亚的定居问题"①。

由上可知，这一时期法西斯国家的扩张无一例外地受到实现经济"自给自足"思想的推动。于是，在世界范围内的经济恐慌爆发的 20 世纪 30 年代，德国致力于谋划自己的"生存空间"，构建德国主导的"欧洲新秩序"。日本则致力于寻求建立自己的"大东亚共荣圈"，意大利则欲重温昔日"罗马帝国"的梦想。

（二）国际政治中"有"的国家和"无"的国家

在具体的实践层面，一国要想实现经济上的自给自足，必须具备的一个前提条件是拥有或支配广阔的资源丰富的领土。要么像英国、法国那样，虽然本国领土、资源、市场有限但拥有遍布全球的帝国，势力范围和保护国；要么像苏联和美国那样，虽没有或很少有殖民地但本身拥有广袤的资源、丰富的领土和国内广大的市场。然而，快速工业化的德国、意大利和日本要么殖民地被剥夺殆尽，要么占有有限的殖民地。依据国际第二次世界大战史学者马歇尔的估算，"第二次世界大战前夕，英法美控制地球资源的 70% 和 3000 万平英里的土地，这种有利于他们的帝国主义的现状是通过包括第一次世界大战在内的一系列战争所取得；另外，德国、意大利、匈牙利和日本则只控制 15% 的资源和 100 万平方英里的领土"②。这种"不公平"的分配结构不能不引起所谓的"无"的国家的不满。就像阿诺德·汤因比观察的那样："由于财富在'有'的国家和'无'的国家之间的分配（精神上或物质上）的极端不平等，大国间面临着战争风险。"③

墨索里尼就抱怨，世界已经分为"有产"（Plutocratic）和"无产"（Proletarian）两个类型的国家。英国、法国和美国是拥有富裕的资源可供支配的富有国家，而德意日资源贫乏，没有更多的国际财富，并且一直处于被"有产"国家拒绝原材料和市场的危险中。④ 日本首相近卫为大东亚

---

①　Marcus Nadler, "Economic Interdependence, Present and Future", *The American Economic Review*, Vol. 27, No. 1（Mar., 1937）, pp. 8 – 9.

②　Jonathan Marshall, *To Have and Have Not: Southeast Asian Raw Materials and the Origins of the pacific War*, Berkeley: University of California Press, 1995, p. 174.

③　J. Toynbee, Arnold. "Peaceful Change or War? The Next Stage in the International Crisis", *International Affairs*, Vol. 15, No. 1（Jan. – Feb., 1936）, p. 28.

④　R. J. Overy, *The Origins of the Second World War*, New York: Longman, 1998, p. 32.

共荣圈辩解时说："日本大东亚共荣圈的政策只有在不公正的世界政治经济结构的背景下观察才能被充分理解，这个背景就是世界'有'的国家（the Haves Nations）和'无'的国家（Have-Nots Nations）的分化，这是世界冲突的根本原因所在。"他还抱怨世界上领土、原材料、人口的不平等。他指出："澳大利亚相比日本而言，作为一个资源丰富的国家在领土上是日本的 20 倍，而人口只有 600 万，只相当于日本一个城市东京的人口。另一方面，在这明显的不平等情况下，澳大利亚为了保持作为一个白人国家的种族的纯洁拒绝有色人种日本的移民，对日本来说这只是不平等的冰山一角。"① 事实上，日本从未感觉被西方国家平等对待过，这样的感情可追溯到 19 世纪早期西方强加的治外法权的遭遇②，随后的事例，则包括 1919 年呈交的要求种族平等的条款被国联拒绝，日本在 30 年代移民美国、澳大利亚的道路的关闭和英法的保护性贸易措施断绝了日本的亚洲市场。③ 这些不公的记忆和认知使得日本开始寻求在本国边界之外建立自己的帝国。

面对这场大危机促成的严峻的国际经济形势，英法美苏这些所谓"有"的国家依托本国或帝国市场实行自给自足的做法，使得殖民帝国和经济发展，也即领土征服和经济繁荣之间联系密切的观念更加流行。那些所谓"无"的国家认定领土扩张和对外统治是国际体系不变的特征。在所有三个"无"的国家中，德意日三国国内都有人士认为他们国家长期的经济利益，尤其是民族的生存取决于能否获得更大的被征服的领土，以作为原材料、廉价劳动力和来自母国的剩余人口的安置地。因而"日本和德国都认为他们的人口增长如此迅速，以至于超出国家的疆域和财政可支持的限度。因而希特勒寻求在中东欧的生存空间，而日本则把中国作为最适合扩张的范围"。④ 还有日本学者甚至直接把太平洋战争定性为："是德意日这些'无'的国家对'有'的国家，尤其是美国和英国的一个挑

① Kazuo Yagami, "Konoe and Hull: The Greater East Asia Co-prosperity Share. An Act of Benevolence or Imperialism?", *Virginia Review of Asian Studies*, 2008, pp. 5 - 6.

② Stuart Fewster and Tony Gorton, *Japan from Shogun to Super State*, Brooks Waterloo, North Ryde, Australia, 1989, p. 4.

③ Ibid. , p. 28.

④ John Baylis and Steve Smith, *The Globalization of World Politics*, Oxford: Oxford University Press, 2001, p. 63.

战，目的在于消除作为世界冲突根源的不平的世界政治经济结构，并建立新秩序。"①

事实上，尽管殖民帝国更多的是国家的负担而非国家财产②，但法西斯国家对这种平等地位的追求是非理性的。阿诺德·汤因比对20世纪30年代"有"的国家和"无"的国家间的竞争性关系提出的一个解释模式是："我坚持要拥有一份财产（或负担）X，Y，Z，因为这些财产被我现在的同等地位者ABC所垄断。为了满足该要求，试图证明他们根本不是财产而是负担根本无用。A拥有而我没有这个事实本身就证明那是有价值的；如果A不仅拥有它而且很珍视它，那就变得更不可能劝说我，它们是既费钱又费事的累赘或无价值的东西。"③ 因而，我们可以看出，德意日法西斯试图以武力修正世界秩序的根源在于对侵略发展模式的信服和追求以及英法对帝国的坚持给他们带来的错觉。

（三）侵略发展模式的封闭性与冲突的发生

侵略发展模式所具有的所谓封闭性和排他性，是导致法西斯国家修正国际秩序的重要根源。在战后的地图上，德意日的殖民财富是很少的，无论就地区、人口还是产品来讲。德国人被《凡尔赛和约》剥夺了所有的殖民地；意大利的两块东非殖民地在价值上可以忽略不计；日本的殖民地完全不足以支持日本工业所需的资源、市场。在战前相对自由的世界里，殖民财富分配的不平等对工业国家的经济生活不是一个严重威胁，因为在19世纪的自由贸易体制下，在本国或殖民地的市场和资源供应都是在或多或少平等的基础上开放的。然而在战后经济民族主义体制下，"殖民市场和本土市场关税墙林立，没有任何一个工业家在目前可以确定地能够在他们国旗之外的地域做买卖"④。

日本史专家都乌斯认为世界上"无"的国家寻求经济发展的原材料

---

① Kazuo Yagami, "Konoe and Hull: The Greater East Asia Co-Prosperity Sphere-an Act of Benevolence or Imperialism?", *Virginia Review of Asian Studies*, 2008, p. 6.

② 这方面的论点可以参见 ［英］亚当·斯密《国富论》，谢祖钧译，商务印书馆2007年版；［英］约·阿·霍布森《帝国主义》，纪明译，上海人民出版社1960年版；Norman Angell, *The Great Illusion: A Study of the Relation of Military Power to National Advantage*, London: William Heinemann, 1914 等。

③ Arnold J. Toynbee, "Peaceful Change or War? The Next Stage in the International Crisis", *International Affairs*, Vol. 15, No. 1 (Jan. -Feb. , 1936), p. 42.

④ Ibid. , pp. 40 – 41.

和市场方式。以日本30年代面临的问题为例,有三种:通过在世界市场上购买进行储备,直接在国外投资开发或生产以及对资源富有的国家进行直接的政治控制。① 那么日本为什么会走上后者领土征服和帝国扩张的道路呢?从国际层面上看,结构性的原因是帝国发展模式的封闭性堵塞了"无"的国家和平地获取资源、市场的渠道。韩永利教授认为,从第二次世界大战起源看,法西斯国家的武力侵略尽管是重要原因之一,但不是根本原因,根本原因则是英法为首的殖民体系的维持,以及维持这种体系的全部手段引起法西斯战火蔓延的恶果。第二是人们习惯于将30年代经济大危机作为第二次世界大战起源的重要原因之一,但是战后同样出现了资本主义世界的经济大危机,而没有爆发新的世界大战。所以第二次世界大战爆发,究其原因,仍然在于主导第二次世界大战前国际经济政治构架的殖民体系和对付这场危机的历史背景及方式。②

大危机期间,"有"的国家对其帝国实施贸易保护的做法大大刺激了"无"的国家对帝国的热情。正如霍布森所讲:"英国及其自治领把新的限制性的特惠政策适用于地球上最好的部分,对于已经开始走上资本主义发展道路的其他国家自然有反响。这种政策刺激这些国家为独占市场和地盘以转移其过剩劳动和资本而追求领土扩张。"③

诚然,近代以来以英法为主导的侵略发展模式导致了世界政治经济架构的不平等和不断的世界冲突。但是法西斯国家追求建立的所谓"新秩序"实质上是英法旧的发展模式的翻版。比斯利在探究日本帝国主义的原因时认为:"在帝国主义是日本决策者考虑的一个现象的意义上,欧洲的帝国主义是日本南进东南亚的先决条件。因而,在一些方面,新秩序和共荣圈是对西方帝国的继承,部分因为西方的经历一直是日本思考的一个因素。"④

第二次世界大战爆发前后,德意日这些所谓"无"的国家为各自的新秩序建设都发动了蛊惑人心的宣传攻势,如"为加强支持大东亚共荣圈的国家间的友好合作,我们必须继续前进,以确立我们的原则和使命,

---

① P. Duus, *Japan's Wartime Empire*, Princeton University Press, 1996, p. xvii.

② 参见韩永利《世界的整体发展与第二次世界大战的起源》,《理论月刊》1996年第12期。

③ [英]约·阿·霍布森:《帝国主义》,纪明译,上海人民出版社1960年版,第9页。

④ W. G. Beasely, *Japanese Imperialism 1894 - 1945*, Oxford University Press, 1987, p. 252.

上天赋予的使命"，而这种使命感则源于"确立大东亚共荣圈的基本政策有一个伟大的精神起源，该精神指导我帝国的基础，它的目标是使大东亚共荣圈内的每个国家和民族都能够获取属于它的地位和展示它的真品质，因而获取一个建立在以日本为核心的种族原则基础上的共存共荣的秩序"[1]。1941 年 10 月，日本外相广田弘毅对大东亚共荣圈做出了进一步的解释，他认为："日本在亚洲的目标被误解，不会像西方列强那样在经济上垄断东亚，日本寻求通过在亚洲的经济集团来促进相互的繁荣、安全和最终的世界和平。"[2] 德国纳粹有一家报纸甚至断言，德国发动战争不是为了征服邻国，而是为了履行一项有利于欧洲各国人民的使命，"我们不是盲目而疯狂地想征服其他国家的人民才跨越过边界去的……我们是以新秩序和新正义的先驱者身份前往的"。在纳粹思想家的眼里，"德国征服欧洲，只是为欧洲建立一种'新秩序'的必要的第一步，这种新秩序将引进另一个黄金时代"[3]。不管大东亚共荣圈和希特勒的欧洲新秩序的宣传如何动听，他们的真正目的都是确立起自己在发展资源分配和使用方面占主导地位的地区乃至世界秩序。

　　这些法西斯专家、媒体和政要对新秩序的溢美之词难以掩盖法西斯通过武力征服的方式建立区域帝国的企图。因为"从一开始，这一地区的经济政策就是建立在军事逻辑，而非相互的合作和发展的目标上"[4]。有学者认为："乍看起来，德国改组欧洲经济的计划，即使从一个非德国人的观点来看，似乎也有某些优点。答应给予那些在新秩序下合作的欧洲国家的好处，听起来颇为动人，新秩序似乎是在欧洲大陆内实现国际合作的又一次尝试。可是，经过较为仔细的考虑后，情况似乎就颇为不同了。一个联合的欧洲可能会从成员国的合作中得到好处，但是现在主要的好处都保留给德国自己了。"[5] 因而，越过动听的德意日新秩序建设宣传的表象

---

①　Joyce C. Lebra, *Japan's Greater East Asia Co-prosperity Sphere in World War II: Selected Readings and Documents*, Oxford University Press, 1975, pp. 79 – 81.

②　R. J. Overy, *The Origins of the Second World War*, New York: Longman, 1998, pp. 73 – 77.

③　[英] 阿诺德·托因比、维罗尼卡·M. 托因比合编：《希特勒的欧洲》，孙基亚译，上海译文出版社 1980 年版，第 56、166 页。

④　Peter Duus, "The Greater East Asian Co-prosperity Sphere Dream and Reality", *Journal of Northeast Asian History*, Vol. 5, No. 1 (June, 2008), p. 149.

⑤　[英] 阿诺德·托因比、维罗尼卡·M. 托因比合编：《希特勒的欧洲》，孙基亚译，上海译文出版社 1980 年版，第 169—170 页。

可看出，他们欲建立的新秩序下的资本主义发展模式和英法的帝国没什么两样，仍然是在旧的侵略发展模式中循环。

这一解释绝非欲为法西斯的侵略性做任何形式的辩护，英法对第一次世界大战后帝国发展模式的坚持，尤其是大危机期间的加强，对第二次世界大战的爆发同样负有不可推卸的责任，靠侵略他国求发展的模式永远都应该受到指责。法西斯国家所宣扬的欧亚"新秩序"本质上不过是旧的侵略发展模式的翻版。即使成功后，也不可能带来持久的和平，只会导致国家间对领土、资源和市场的一轮又一轮的争夺与再分配的战争。

总而言之，第二次世界大战的起源就其根本来讲，如韩永利教授所言，是资本主义世界性扩张的实际要求与殖民体系构架极不协调造成的，由于制约战争的因素还极为弱小，加之在殖民体系下不可能以和平的方式达到开拓生产力发展道路的目标，以剧烈战争手段冲破旧体系的束缚就成为唯一结局，这是继第一次世界大战以后整体世界继续发展的必然结局。[①] 英国史家阿诺德·汤因比在 20 世纪 30 年代针对丙日益紧张的国际关系危机，提出的解决方案是："放弃我们对殖民地的占领，寻求和平主义政策，而非通过牺牲弱小国家利益来削减不平等，是我们面临的唯一非毁灭性的道路。"[②] 该方案的实质就是英国放弃对殖民地的排他性控制，实现殖民地市场的完全、公正、和平的开放。从理论来讲，这一点似乎可行，实现了德意日实现平等发展权的诉求。但在 20 世纪 30 年代帝国相对于英国来说更凸显战略价值的时刻，这一方案根本不可能实现。

第二次世界大战的起源，无论是在亚太地区，还是在欧洲地区，都可以从国际社会的成员对侵略发展模式的追求和坚持的角度寻求解释。如前所述，侵略发展模式既是一种行为，也是一种过程，应该从动态和静态的角度来理解。动态指的是国家用武力侵略、掠夺其他国家和民族的行为。静态则意指通过建立帝国的方式，对被侵略的国家和民族进行长期的政治、经济和军事控制。不管是动态的行为，还是静态的过程，两者的目的都是服务于侵略国家经济社会发展的需要，都是侵略国家在国际社会中寻

---

① 参见韩永利《世界的整体发展与第二次世界大战的起源》，《理论月刊》1996 年第 12 期，第 37 页。

② Arnold J. Toynbee, "Peaceful Change or War? The Next Stage in the International Crisis", *International Affairs*, Vol. 15, No. 1（Jan. -Feb.，1936），p. 33.

求国家财富和福利的一种发展的模式。只不过这种发展模式是建立在征服与奴役其他民族、国家，并排斥他国竞争的基础之上，因而，注定是一种不可持续的发展模式。

小　结

从 16 世纪起到 20 世纪，西方资本主义世界在侵略发展模式的支配下，通过一系列的海外领土征服与扩张，确立了对不发达地区直接的或间接的政治经济控制，从而引发了国际社会持久的冲突和战争。1815 年到 1914 年间的百年和平是维也纳体系下欧洲大国间的总体和平，而不属于通常讲的第三世界的和平，更非世界的和平。这一时期，在欧洲疆域之外，西方列强依然用坚船利炮在开疆拓土，为本国繁荣所需的市场和原材料发动侵略战争，彼此间也争夺不已。侵略发展模式的存在总是和战争、冲突相伴，无论是征服者对弱小国家发动的征服战争，还是征服者之间因发展资源分配不公引发的战争。而后者最终在 20 世纪引发了两次对人类文明来讲具有毁灭性的世界大战。美国学者菲利普就认为："两次大战在某种程度上都是由于两类国家之间的争夺而爆发：一类国家享尽甘肥，力图保持他们业已到手的利益；而另一类国家则生机勃勃，决心为本国日益膨胀的人口争取生存空间，取得新的财富与权力的源泉。"①

如前所述，作为侵略发展模式的产物，第一次世界大战从多个方面削弱了侵略发展模式在世界政治经济中的存在，但未能从根本上否定它。在俄国虽然出现了人类历史上第一个否定、摒弃侵略发展模式的社会主义制度形态，其主张和平外交、和平共处的声音和维护世界和平的力量依旧相对微弱。但不管怎么说，一个奉行和平发展的社会主义制度下的苏维埃俄国取代原来扩张主义的俄帝国都是对资本主义世界侵略发展模式的一个削弱。

此外，资本主义世界虽然出现了要求和平发展的声音，但作为既得利益者，他们仍然对侵略发展模式顶礼膜拜。20 世纪二三十年代以后，德意日法西斯为寻求经济上的"自给自足"，开始了对帝国的追求，进而导

---

① ［美］菲利普·李·拉尔夫：《世界文明史》下卷，赵丰译，商务印书馆 1999 年版，第 184 页。

致了他们作为所谓"无"的国家与"有"的国家如英法美俄的冲突以及对弱小民族的征服战争。故而，近代以来的侵略发展模式是导致第二次世界大战爆发的深层次根源所在，因为侵略发展模式的主要特征之一就是国家在世界政治经济中寻求通过领土征服和军事扩张的方法来谋求一己的发展。法西斯三个轴心国的战争目标无一不是获取幅员广阔的领土，建立起自己占主导地位的帝国秩序。另外，英法等国对殖民帝国的坚持和把其作为服务于本国发展的排他性空间的做法也是侵略发展模式的静态的表现形式。第二次世界大战是德意日法西斯对英法的侵略发展模式挑战和冲击的结果，只不过是用一种更野蛮、更专制的侵略发展模式来取代英法的而已，从这一点上来讲，第二次世界大战是侵略发展模式在资本主义世界体系中循环往复的产物。

第三章

战时盟国关于新秩序的思考与
和平发展模式的孕育

　　"1945 年"这个年代术语在人文社科领域的历时性研究中具有特别的内涵，因为它标志着世界历史整体进程的一个转折，一个新的起点。"在历史上，有一些重大关头可能是产生非常大的历史变革和可能历史结果的重大时机或突破点。在这个世纪，1945 年前后的一些年份确定是这样一个关头。"① 第二次世界大战的爆发距第一次世界大战的结束相隔尚不足 20 年，这个短暂的 20 年的休战引起了国际社会各界的反思。人类何以在短短 20 年内便再次挥刀相向，几近使自己走向毁灭的道路？到底有哪些因素使得相关国家依旧会选择把战争作为一种谋求发展的国家政策工具？一国经济的繁荣和国家福利的取得必须以牺牲他国为代价吗？又有哪些原因未能阻止这场战争的爆发呢？本章试图对以上问题给出历史的回答。

　　不同于第一次世界大战的是，国际社会无论是学者还是政府机构，抑或各国政治家，在战争进行当中便已经认识到及早进行战后规划的重要性和必要性。战时新西兰驻美国大使纳什认为："如果我们赢得这场战争，而没有规划，只是简单地回到常态。如果我们再犯上次那样让和平顺其自然的错误的话，我们确定开启了一代人之内的下一场战争的阶段。"② 如

---

① G. John Ikenberry, "A World Economy Restored: Expert Consensus and the Anglo-American Postwar Settlement", *International Organization*, Vol. 46, No. 1 (Winter, 1992), p. 318.

② "A Peace with Security and Adventure", By The Honorable Walter Nash, New Zealand Minister to the United States, and Deputy Prime Minister and a Member of the War Cabinet in his Country, Representive of the United Nations, *The People's Peace*, New York: George W. Stewart, Publisher, p. 151.

何赢得战争的胜利一直是盟国战时规划的重心所在，但赢得战争并不等于赢得和平。英国外交大臣艾登曾讲道："当我谈及和平的时候，我并非简单指不存在战争。当德国和日本被打败后，战争就会结束。但是在我用的这一词语上，那并不意味着和平。它仅仅是战争结束了，和平才开始创造。"① 因而，盟国于战事进行正酣时便开始了对战后世界秩序蓝图的设想，开始为建设一个更加美好的世界而谋划。

从 1939 年到 1945 年，战时盟国方面有关战后世界规划的种种构想和努力为战后世界秩序的建立奠定了思想基础，确立了制度框架。相对于第一次世界大战来说，第二次世界大战时的战后规划机制在确保和平方面有了更多的思想和制度上的创新。这些创新机制确保和平发展模式成为战后国际社会中的国家首选的发展模式。这一发展模式虽因冷战的出现迟滞了在全球范围内拓展的进程，但同时却在一定意义上促进了其在地区范围内的发展和巩固，如冷战期间地区主义在世界范围内的泛起。因而，可以说冷战只是延缓或制约了和平发展模式在全球范围内的拓展，但从未能阻挡住它持续发展的态势。

诚如西方第二次世界大战史研究者道格拉斯所言："随着冷战惊人的突然的结束，再次审视第二次世界大战外交不仅仅为解释过去，而且为了寻找未来可能的线索。"② 冷战的结束为今天的人们解读第二次世界大战的遗产创造了一个新的契机，使得今天的我们更易拨开过去意识形态笼罩下的迷雾，对第二次世界大战战时外交的遗产进行更为理性的审视，其目的在于为未来的世界指明前进的光明道路。如章百家教授所论："第二次世界大战后建立起来的世界秩序固然是以各种力量的实力对比为基础的，但它离不开人们对这场战争的思考。人们试图把从这场大灾难中得到的教训贯彻到战后世界的重建之中。"③ 就其实质而言，战时盟国关于战后秩序的思考的关键目标就是如何确保包括轴心国在内的战后世界中的国家放弃侵略性的政策，使其愿意并且能够以和平的方式谋求国家的繁荣进步以

① "Sacrifices for Peace", extract from Mr. Eden's speech at Usher Hall, Edinburgh, May, 1942, Representative of the United Nations, *The People's Peace*, New York: George W. Stewart, Publisher, 1942, p. 69.

② Douglas Brinkley and David R. Facey-Crowther, *The Atlantic Charter*, New York: St. Martin's Press, 1994, p. 49.

③ 章百家:《对二战遗产的若干断想》,《世界经济与政治》2005 年第 8 期, 第 14 页。

及如何确保国际社会能够有效制止侵略并对实施侵略的国家进行有效制裁和惩罚的问题。

第一节　《大西洋宪章》与盟国战后秩序的构想

《大西洋宪章》作为第二次世界大战时期发布的一个具有重要历史意义的文献，中国已故法学家李铁城先生对其做了高度评价，认为："它的基本原则反映了第二次大战的正义性质，符合时代的精神，它对促进反法西斯战争的胜利起了积极的历史作用。宪章对于动员和鼓舞世界人民战胜德日意法西斯侵略集团起了很大的推动作用。宪章所宣布的原则虽然有些空泛而缺少实惠，宣传价值要高于实际价值，但它与血腥的法西斯暴政相比却是无与伦比的进步，它给广大受法西斯奴役的人民带来一线曙光和希望。"[①] 除此之外，宪章的意义还在于它包含了盟国关于建设一个更加美好的战后世界的诸多构想，它的思想和原则成为盟国战时和战后早期历次有关战后重建会议议程和成果建设的指导性原则，对战后国际政治、经济、法制和社会的发展进程产生了广泛而深刻的影响。

《大西洋宪章》作为盟国战争与和平目标的一个宣示，渗透了反对侵略和消除侵略的思想。在民国学者王云五看来："如果将这八个原则归纳起来，则第一条为两国主张不侵略之表示；第二条和第三条为两国扶助弱小反抗侵略之表示；第四、第五条和第七条为两国从经济上消除侵略原因之表示；第六条为两国从政治上消除侵略之表示；第八条为两国永久消除侵略之表示。"[②] 因而大西洋宪章可以视为国际社会对侵略发展模式的彻底否定，同时也是建设积极的和平发展模式条件的新表达。

一　从"四个自由"到《大西洋宪章》

《大西洋宪章》一定程度上是富兰克林·罗斯福的"四个自由"思想的体现和实践。所谓"四个自由"，即美国总统富兰克林·罗斯福于1941年1月6日在国会发表的国情咨文中宣布的四项"人类的基本自由"[③]：

---

① 李铁城：《大西洋会议和大西洋宪章的历史地位》，《外交学院学报》1984年第2期，第57页。

② 王云五：《战后国际和平问题》，《东方杂志》第39卷第4期，1943年，第3页。

③ ［美］富兰克林·罗斯福：《罗斯福选集》，关在汉译，商务印书馆1982年版，第279页。

在我们力求安定的未来的岁月里，我们期待着一个建立在四项人类基本自由之上的世界。

第一是在全世界任何地方人人有发表言论和表达意见的自由。

第二是在全世界任何地方，人人有自己的宗教信仰的自由。

第三是免于匮乏的自由——这种自由，就世界范围来讲，就是一种经济上的融洽关系，它将保证全世界每一个国家的居民都过上健全的、正常物质需求得到保障的生活。

第四是免于恐惧的自由。

"四个自由"的阐述以纲领性的高度描绘了美国有关战后世界秩序建设的理想蓝图，它不但指导了罗斯福政府内政外交政策，"四个自由"的思想和此基础上的《大西洋宪章》公布的原则，也为第二次世界大战后期以及战后以美国为首的盟国构建战后更加美好的世界的努力提供了指导思想和制度建设的框架。1941 年 8 月 12 日，罗斯福就《大西洋宪章》致国会的信中指出："对我来说，没必要指出原则宣言包含了这个世界必需的宗教自由和信息自由。这些自由也是我们赖以生存的自由的一部分，如果没有我们宣示的这些自由，世界上没有哪个社会能够生存。"[1] 罗斯福年度国会咨文中表达的"四个自由"的思想是罗斯福第一次对建设一个和平繁荣的战后世界原则的理论界定。他认为："这些目标不是遥远未来的观念，而是在我们这个时代和这一代可以实现的某种世界。"[2] 然而，罗斯福"四个自由"目标的具体表达和实践尚需要一个特殊时机的到来。

1941 年的上半年对于世界人民而言是一个灾难，在此期间，德国纳粹的铁蹄征服了整个西欧和东南欧，进而紧逼英伦三岛。同时，苏联在卫国战争初期也陷入接连失利的困局。在亚洲，日本法西斯的魔掌也已覆盖中国的华北、华东地区，并隐约指向东南亚乃至整个远东。可以说，整个世界已陷于危机之中。在这紧急时刻，英国首相丘吉尔热切希望尚保持中立的美国深度卷入乃至直接提供军事援助。而美国总统罗斯福也一直关注

---

① "President Roosevelt's Message to Congress on the Atlantic Charter", August 21, 1941. Yale Law School, the Avalon Project, Documents in Law, History and Diplomacy. Viewed in, Oct. 17, 2009, http://avalon.law.yale.edu/subject_ menus/wwii.asp, 2012 - 10 - 10.

② Brinkley, Douglas, and David R. Facey-Crowther, *The Atlantic Charter*, New York: St. Martin's Press, 1994, pp. 12 - 13.

着世界局势的进展，囿于国内依旧顽强的孤立主义势力，除了修改中立法案外，未有进一步的作为。1941 年七八月间罗斯福接连收到丘吉尔的要求安排一次正式会晤，以表达两国有关当前战争形势共同看法的电文。罗斯福敏锐地意识到为美国的安全利益着想，美国的卷入在所难免，便最终同意安排一次这样的会谈。于是有了 1941 年 8 月 9—14 日罗斯福作为美利坚合众国总统和代表联合王国国王陛下政府的首相丘吉尔举行的会谈，会晤结果便是有名的《大西洋宪章》，其主要条款有八条[①]：

第一，他们的国家不寻求领土和其他方面的扩张。

第二，两国反对不符合有关民族自由表达的愿望的领土变更。

第三，两国尊重各国人民选择他们在其管辖下生活的政府形式的权利；两国主张凡是被强制剥夺主权和自治权的民族恢复这些权利。

第四，两国在适当照顾到他们现有的义务的条件下，力图使一切国家，不论大国或小国，战胜国或战败国，在平等条件下进行贸易并在全世界范围内取得为其经济繁荣所必需的原料。

第五，两国愿意在经济领域内促成一切国家之间的最充分的合作，目的在于使所有国家改善劳动标准，发展经济，享有社会安全。

第六，在最终摧毁纳粹暴政以后，两国希望见到建立这样一种和平，以使一切民族得以在自己的疆界内安居乐业，保证一切地方的所有居民都可以过无所恐惧、不虞匮乏的生活。

第七，这样的一种和平应当使所有的人能够在公共海洋上不受阻碍地航行。

第八，两国相信，世界上一切国家，基于实际的和精神上的原因，必须放弃使用武力。如果在自己的国界以外进行侵略威胁或可能进行侵略威胁的国家继续使用陆海空军备，就不能保持未来的和平。两国相信，必须在建立更广泛和更持久的普遍安全体系以前解除这类国家的武装。两国也将赞助和提倡一切其他实际可行的方法，以减轻爱好和平的各国人民在军备方面的沉重负担。

---

① "Joint Statement by President Roosevelt and Prime Minister Churchill", August 14, 1941, *FRUS*, 1941, Vol. 1, pp. 367 – 368.

　　《大西洋宪章》的这些基本原则涵盖了盟国在战后建设持久和平与共同繁荣的世界的指导思想，描绘了未来世界的美好蓝图。这些指导思想为26个反法西斯同盟国在1942年1月1日签订的《联合国家宣言》所认可和采纳，这意味着《大西洋宪章》不再仅仅是英美两国的和平的目标，开始成为整个反法西斯盟国战后世界建设的总的规划原则，从而具有了世界意义。

二　《大西洋宪章》和平构建思想的解读

　　概括起来，《大西洋宪章》主要由八个思想原则构成：民族自治、领土完整、经济国际主义、社会保障、缩减军备以及国际合作等，这些原则体现了英美两国对战后世界和平建设的路径构想。透过这些原则性的文字表述，我们可把这些原则概括为四个方面的构建和平的思想。

（一）反殖民主义和反扩张主义思想（第一条、第二条和第三条）

　　针对法西斯国家寻求确立对地区和世界殖民控制的扩张计划和在事实上已完成的对一些国家、地区的占领奴役，《大西洋宪章》明确提出了反对任何领土扩张、领土兼并以及对其他国家和民族进行支配和控制的企图与尝试。这些条款的宣示，一方面是对法西斯领土扩张和兼并努力的谴责，另一方面也是对第一次世界大战后不当的领土安排引发冲突的反思。两国明确表明不但自己不追求扩张和兼并他国领土，也反对任何他国进行扩张的尝试。同时通过宣言的形式表示了对弱小国家和被压迫民族争取自由的支持。

　　这一点在事实上宣布了违反弱小民族利益和意志的领土兼并和扩张不再具有合理性和合法性。自近代以来国际社会中的国家，尤其是西方殖民大国皆寻求通过侵略、奴役和剥削弱小国家和地区来促进自己国家繁荣的实现。就像美国战时战争情报办公室宣传的那样："世界上的某些地区在一定的历史时期内曾经经历过繁荣的时代，但是这些地区的繁荣通常都是以牺牲其他国家为代价取得的。"[1] 因而，《大西洋宪章》从广义的国际法渊源上，宣布了侵略发展模式在国际社会中的非法性。

---

[1] *The United Nations Fight for the Four Freedoms*, Washington, D. C.：Office of War Information，1941，pp. 9 – 10.

（二）社会安全思想（第五条和第六条）

作为建设战后和平总体规划的《大西洋宪章》所提出的诸原则中，最具有创见性的就是社会安全原则，具体体现在宪章的第五条和第六条中。主要内容是改善劳工标准、提高民众的福利，包括充分就业、教育、医疗和住房保障等。把国内社会政策和世界和平规划联系在一起，在近代以来的和平建设中尚属首次。

关于在《大西洋宪章》中嵌入社会安全条款的建议，最早由英国工党领袖艾德礼提出。在谈判过程中丘吉尔在电告战时内阁征求修改意见时，工党领袖艾德礼在关于修正《大西洋宪章》的回复中，提出了关于第四点（在世界贸易方面不加歧视）的另外一种说法，另外，又插入关于社会安全问题的一节。[①] 罗斯福也欣然接受所加入的社会安全条款，可以说这一点正是其"四个自由"的思想中免于匮乏的自由的实践。

如何确保战后世界的国家选择和平的发展模式而非侵略发展的模式，即如何才能构建一个和平发展的战后世界？《大西洋宪章》超越了一般和平建设规划偏重集体安全与裁军等制度的模式，明确提出了社会安全和社会正义建设是和平重要根基的思想。建设和平意味着"制定一个促进安全和稳定的持久和平，在其中大众的基本人类的需要得到满足，暴力冲突不会发生"[②]。英美两国通过以注重建设国内社会安全实现国家和平发展，确保国际和平的宣示，使得"他们向专注于自由主义和资本主义破绽的德国人和日本人发出呼吁：即使不依靠法西斯主义，也可以将一般市民和失业者从贫困中解救出来，并保护他们的人权"[③]。在这一点上，《大西洋宪章》充分认识到了一国选择侵略发展模式的国内社会根源，注重通过建设有利的和平条件，消除国内结构性冲突来确保国家和平发展的道路选择。

（三）经济国际主义思想（第四条、第五条和第七条）

经济国际主义思想体现在第四条的贸易机会均等和原材料开放、第五

---

① ［英］温斯顿·丘吉尔：《第二次世界大战回忆录》第3卷，北京编译社译，南方出版社2003年版，第126页。

② Wendy Lambourne, "Post-Conflict Peacebuilding: Meeting Human Needs for Justice and Reconciliation", *Peace, Conflict and Development*, April 2004, p. 3.

③ ［日］入江昭：《20世纪的战争与和平》，李静阁等译，世界知识出版社2005年版，第120页。

条的最充分的经济合作以及第七条的公海航行自由①等原则规定上。日本学者入江昭认为，《大西洋宪章》八个原则中最为引人注意的是经济国际主义与国内改革的思想，其理由是："二者都是支撑威尔逊外交以及20年代和平图景的完全再现。这两个原则再次被强调，虽说只是显示了威尔逊主义的复兴，然而经过了二三十年代的考验再次被有力地确认是很有意义的。"②

经济国际主义的再次提出，源于战时国际社会对第二次世界大战经济层面根源的一个反思。第一次世界大战后建立的凡尔赛—华盛顿体系及其维持工具并未建立起相对系统、稳定和开放的国际经济新秩序，其结果是20世纪20年代末金融贸易秩序的混乱。随着1929年大萧条的到来，各国更是采取了以邻为壑的经济民族主义的做法，纷纷在自己国内或帝国内部确立各种形式的排他性、歧视性的举措，使得各国为了解决经济问题对市场和原材料需求的竞争恶化。这种恶性的竞争导致国际社会中所谓"无"的国家开始寻求经济上的自给自足，走上领土扩张和侵略的道路，从而引发了第二次世界大战。

而战时合作的经历则强化了盟国战后经济合作的观念。《泰晤士报》一篇关于《大西洋宪章》的评论讲道，"在战争中，我们已经认识到，为了赢得胜利而进行整合和规划行动的紧迫性和重要性。今天联合国家间在原材料和制成品的使用方面，合作的程度大于之前历史上的任一时期。艰苦的经历使他们认识到合作与整合对他们的生存至关重要"③。因而，为了建设持久的和平，为了避免国家间的恶性竞争，为一国经济发展创造良好的途径和环境，就必须实施"经济裁军"，放弃极端的经济民族主义，消除各种形式的贸易壁垒。

第四条款内容在美国与其他国家签署的租借协定中得到了更为详尽的阐述，其追求的是："废除国际商务中各种形式的歧视性待遇以及关税和其他贸易障碍的削减。"在美国国际关系史学家昆西·怀特看来："该款

---

① 在此处把公海航行自由纳入经济国际主义范畴的一个理由是，海洋的一个重要的经济功能是扮演着国际贸易航线的角色。

② [日]入江昭：《20世纪的战争与和平》，李静阁等译，世界知识出版社2005年版，第119页。

③ "Making A Better World An End To Economic Rivalries", *The Times*, Monday, Jul. 27, 1942.

似乎是对古典经济学主义的贸易于一国有利也对他国有利的原则的认可，抛弃了重商主义一国经济所得必然是他国经济所失的教条。"①

（四） 集体安全和裁军思想（第六条和第八条）

集体安全（在宪章第八条中表现为普遍安全体系）和裁军的思想在第二次世界大战时期已经不是什么具有特别新意的建设和平的主张。早在1917 年威尔逊提出的十四点原则中就已经涉及，并体现在国联的创建及其裁军的努力上。

集体安全和裁军是建设战后和平努力的一个重要方面，起着制止、协调国家间冲突和威慑侵略者的作用。20 世纪 30 年代国联集体安全的失败，并不能证明该制度本身不能作为维护和平的工具，人们把其失败归于制度设计上存在的缺陷。因而，如何克服国联集体安全制度的缺陷发挥其维护和平的功能，便成为盟国战后世界秩序重建的重要考量。英国外交大臣艾登在 1942 年 5 月 8 日的一次演讲中指出："和平体系的维护责任在于英联邦、美利坚合众国、苏联和中国四大国的共同努力。在和平时期，就像现在的战争时期一样，他们会寻求其他热爱和平的国家的帮助。但是维护和平和战后世界经济建设的主要责任必须落在他们的肩上。"赫伯特·莫里森在 1943 年 2 月认为："一个有充分代表性的（国联则不是）有着一致的决心制定和实施积极政策（国联则没有）和拥有取得目标的力量（国联不具备）的世界联盟就是我们的目标。"②

三 《大西洋宪章》对战后和平发展模式形成的创新价值

《大西洋宪章》作为指导盟国战后规划的纲领性文献，成为第二次世界大战后期盟国进行战争动员、战后一系列国际机制的建立（如联合国体系、布雷顿森林体系、《世界人权宣言》等）以及西方福利国家建设的指导思想，可以说，为战后世界和平发展模式的形成和发展奠定了思想根基。《大西洋宪章》在和平建设方面的两个特征使其在建立战后持久、稳定的和平方面更具科学性和有效性。在消除旧的侵略发展模式的根源，建

---

① Quincy Wright, "United Nations-Phrase or Reality?", *Annals of the American Academy of Political and Social Science*, Vol. 228（Jul., 1943）, p. 6.

② "Peace Aims and Pledges The Atlantic Charter after Two Years", Political Clauses, *The Times*, Aug. 11, 1943, p. 5.

设和平发展模式的条件方面意义重大。

首先是建设和平条件的全面性，也即积极和平建设和消极和平建设两方面思想的兼顾。所谓积极和平，是指无直接暴力和无间接暴力的社会状态。从康德永久和平论到现代和平主义运动，传承的就是积极和平的观点，积极和平的概念建立在对广泛社会条件的理解之上。主张积极和平思想的学者多认为，公正和平等是和平的根本因素，不消除不平等的社会结构，即不消除结构暴力，和平就不可能实现。《大西洋宪章》则强调了要从国际和国内两个层面消除潜在的或事实上的结构暴力。在国内提出国内改革，即社会安全的思想，实现社会正义，消除国内的冲突结构的存在；在国际经济层面上建设开放的国际经济贸易秩序，倡导经济国际主义，反对经济民族主义；同时在国际政治层面主张民族自决，反对领土扩张和殖民压迫。

日本学者星野昭吉认为："和平学的研究范围必须超越对暴力冲突的传统式分析，必须对经济不平等、政治不平等以及社会非正义的原因作出解释。"[①] 而有效的国际和平建设则相应地必须照顾到国际和国内两个层面的政治经济平等，实现国际社会和国内社会的正义。《大西洋宪章》前面七个条款都体现了盟国建设积极和平的思想。

同时，《大西洋宪章》也对建设消极和平（Negative Peace）予以了关注。消极和平是指消除了战争和暴力冲突之后的和平的类型，多指战争的缺乏状态。《大西洋宪章》中的第六款有关消除纳粹暴政以及第八款建立集体安全和裁军的思想则是建设消极和平的体现。致力于防止战争的爆发，构成建设真正和平局面的必要条件，但非充分的条件。

在和平建设方面，积极和平与消极和平应各有侧重。关注消极和平或简单的战争缺失，正如近代以来构建和平的历次国际会议，从威斯特法利亚会议到凡尔赛会议上表现的那样，通常在外交上就强调维护和平或恢复和平（如果一场战争已经爆发）。不同的是积极和平关注和平建设、无剥削的社会结构的确立以及为此目标工作的决心，即使战争正在进行或即将来临也是如此。因此"消极和平是一种比较保守的目标，它试图将事物保持为原样（如果战争事实上没有发生）；而积极和平更为积极和大胆，

---

① ［日］星野昭吉：《全球社会和平学》，梁云祥等译，北京师范大学出版社2007年版，第34页。

意味着某些不存在的普遍事物的创建"。① 消极和平则更强调对直接暴力的控制，基于消极和平的政策不涉及暴力的原因，只关注它的现象。因而这些政策不足以确保持久和平。乌尔曼认为"通过压制源于社会冲突的张力的释放，消极的和平只会导致未来更大幅度的暴力"。② 相比之下，积极的和平是"主要的人类群组间一体化和合作的模式，关注的是为了人类整体利益以合作的方式互动。它需要一个没有胜者和败者，所有人都是胜利者的体系。它是一种如此重要的状态以至于要建立保护和促进它的制度"。③ 而《大西洋宪章》则恰恰反映了这种为整体利益计的和平建设精神。

其次就是《大西洋宪章》所倡导的和平建设的公正性、广泛性和开放性。其平等和广泛性体现在战后世界制度安排的惠及对象，既包含同盟国，也包含轴心国及中立国。不像第一次世界大战后的初期安排那样，对战败国德国予以几近苛刻的惩罚，又把持有不同意识形态的苏联排斥在国际体系之外，同时美国推行孤立主义的外交，又置身于世界事务之外。

《大西洋宪章》对未来世界规划的一个可贵之处在于并未排斥德国和日本等作为战争发起者的战败国，以避免阻塞这些国家寻求发展的正常道路。日本学者入江昭就认为："经济国际主义的概念，特别是包含了'不管是胜利者还是失败者，为了繁荣经济所必需市场和原材料必须在世界各地以平等条件获得'的原则，是对日本和德国在'资源缺乏国'口号下企图分割世界的挑战，旨在恢复两国在再次开放的世界中进行多角度的经济活动。"④ 美国战时的经济学家罗伊斯认为："德国必须被占领和解除武装，它不能被允许再成为世界和平和福利的威胁，它的领土会分割给波兰和丹麦一些。但是我们需要找到一条让德国人生存的道路，让德国再生产，以及与其他国家在合理的经济规划上合作，对于德国人和对其他人同

---

① 〔美〕大卫·巴拉什、查尔斯·韦伯：《积极和平——和平与冲突研究》，刘成等译，南京出版社 2007 年版，第 8—9 页。

② D. C. Woolman, "Education and Peace in the Thought of Johan Galtung", *Education and Peace*, Vol. 3, No. 2（Spring, 1985）, pp. 7 - 20.

③ M. O' Kane, "Peace：The Overwhelming Task", *Veterans for Peace*, 1991 - 1992, Winter, No. 19, p. 3.

④ 〔日〕入江昭：《20 世纪的战争与和平》，李静阁等译，世界知识出版社 2005 年版，第 119—120 页。

样重要。"① 国务卿赫尔在给美驻各国大使的电文中强调："他们必须保证再保证：第四点给予所有民族一个真实的前景，在轴心国被击败之后，战后的世界将是一个所有国家不仅能平等地获取他们需要的原材料，而且更重要的是他们会被允许在能够获得必要的购买原材料及其他需要的进口物的购买力的基础上，更自由地进入世界市场，包括英帝国和美国的市场。"② 并提到："总统说，他相信这一点（《大西洋宪章》第四条）非常重要，可以作为一个担保措施使德国和意大利人民相信英国和美国政府，在战后想给予他们公正和平等的经济机会。"③ 以上政治家、学者的观点反映了盟国决策者规划战后世界过程中所秉承的公正和开放的思想。

与此相对应的是，战时德国和日本也分别勾画了他们在取得胜利后的战后世界的图景。德国的欧洲新秩序突出的政治文化特征是种族优越论，如对犹太人的"最终解决方案"和吉普赛人的大屠杀。希特勒的欧洲经济新秩序最清楚的表达源自纳粹帝国的经济部长，他在著名的 7 月 25 日演讲中说："和平时期的经济必须确保德国最大程度上的安全和德国人民最大程度上的物质消费，为了提高他们的福利水平，欧洲的经济必须服务于这个目的。《泰晤士报》对该演说评论道，可以看出，希特勒欧洲新秩序最关键的特征是给予德国对欧洲工业品的垄断。"④ 日本的"大东亚共荣圈"与希特勒的欧洲相比，则显得有所"进步"，用入江昭先生的话说："战争中倡导的大东亚共荣圈的理念，即使只不过是修辞，是美化对中国及其他亚洲国家的支配和高压政治手段，至少与德国人相比，战时的日本在尽量努力给予战争一个普遍性的意义和鲜明的战后印象。"⑤ 1943 年发表的《大东亚宣言》作为战时轴心国发布的与《大西洋宪章》相对

① Louis H. Pink, "Toward International Economic Organization", *Annals of the American Academy of Political and Social Science*, Vol. 234 (Jul. , 1944), p.91.

② "Telegram: The Secretary of State to the Ambassador in the United Kingdom (Winant), 08/25/41", http: //avalon. law. yale. edu/wwii/at11. asp.

③ "Memorandum of Conversation, by the Under Secretary of State (Welles) 08/11/41", http: //avalon. law. yale. edu/wwii/at08. asp.

④ "Hitler's New Order Ruthless Readjustment of European Economy, A Monopoly Of Industry For The'Master People", *The Times*, Apr. 3, 1941, p. 5.

⑤ ［日］入江昭:《20 世纪的战争与和平》，李静阁等译，世界知识出版社 2005 年版，第 121 页。

应的一份宣传文献，充满了共存共荣、自主独立、经济国际主义、国际协调的言辞。对此中国政府有清醒的认识。蒋介石在回应近卫文麿的声明时讲："大家要注意他所谓新生中国，是要消灭独立中国，另外产生一个奴隶的中国，世世受其支配。而此项新秩序，则是根据于中国已变为奴隶国家后，与日本及造成之'伪满洲国'紧密联络而成的。目的在什么呢？以防赤祸的名义，控制中国的军事，以拥护东洋文明的名义，消灭中国的民族文化，以排除经济壁垒的名义，排斥欧美势力，独霸太平洋。大家试想建设大东亚新秩序这七个字下，包藏着怎样的祸心，简单一句话：这是个推翻东亚的国际秩序，造成奴隶的中国，以遂其独霸太平洋，宰割世界的企图的总名称。"①

不管是希特勒的欧洲新秩序还是日本的大东亚共荣圈都缺少建设一个持久和平的政治、经济和文化的根基，他们都是建立在对弱小民族征服、高压统治和剥削压迫的基础之上。再者，他们建立的新秩序都是以各自为核心的区域性保护集团，具有不可避免的封闭性。因而，都缺乏相应的基本的民主、公平和开放的精神。暴力的压制，只能导致暴力冲突的恶性循环，不可能使相关国家走上和平发展道路。就像罗斯福在致国会的年度咨文中指出的那样："任何现实主义的美国人都不能期望，按照独裁者意志所取得的和平会导致国际间慷慨地相互对待，或真正恢复独立，或世界裁军、言论自由、信仰自由，乃至有好生意做。"②

《大西洋宪章》还对战时各民族的动员起到了重要的宣传作用，鼓舞了正在遭受法西斯侵略和威胁的各民族的斗志和信心，对于世界反法西斯民族统一战线的建立意义重大。当然，诚如李铁城先生所言："单凭一纸宣言本身不可能打胜仗，但它却向世界宣布了反法西斯盟国参加战争的目标和实现战后和平的设想，它将唤醒和鼓舞广大人民起来同法西斯战斗。"③《泰晤士报》对此问题，也发表评论道："《大西洋宪章》试图用最一般的和容易理解的术语表达一个方向，民主国家领导人设想的取得胜

---

① 中国历史第二档案馆编：《中华民国史资料汇编》第五辑第二编外交，江苏古籍出版社1997年版，第56页。

② 罗斯福1941年1月6日致国会年度咨文见［美］富兰克林·D.罗斯福《罗斯福选集》，关在汉译，商务印书馆1982年版，第273页。

③ 李铁城：《大西洋会议和大西洋宪章的历史地位》，《外交学院学报》1984年第2期，第58页。

利后重归世界各族人民的世界进步、精神上和行动上的自由的方向。"①
中国共产党在关于最近国际事件的声明（8 月 19 日）中对此也予以充分
肯定，指出："8 月 14 日美国大总统罗斯福与英国首相丘吉尔联合宣言以
及提议在莫斯科召集三国会议，乃是具有世界历史意义的重大事件，从此
开辟了世界历史的新阶段。"②

　　但同时，我们也应该看到《大西洋宪章》所宣示的理想主义和国际
政治的现实所存在的差距。无论是在《大西洋宪章》起草过程中，还是
宣布后，主要大国对它的解释都存在分歧。如英国坚持在第四款中加入
"在尊重现有义务的条件下"一句，其实质是想维持其帝国特惠体系。最
重要的分歧还源自民族自决原则，英国和苏联都对其做出了保留性的解
释。但不管怎么说，《大西洋宪章》指明了战后世界建设的原则性方向，
并在第二次世界大战时期另一个重要文献《联合国家宣言》中得到重申，
为 26 个盟国所普遍接受。这些原则所体现的精神和价值观念在世界范围
内得到了正式的认可，并在事实上渗入盟国战后的规划中去。无论是联合
国的建立及其托管计划以及促进非殖民化的努力，还是战后经济贸易体制
安排，无不是《大西洋宪章》精神的体现与践行。其意义就像罗斯福讲
的一样："诚然，大西洋宪章中的原则声明对于被战争搞得四分五裂的世
界中的任何复杂的情势都没有提出很容易适用的规定，但是有了我们可以
当做目标的总原则是一件好事、有用的事和必要的事。我们将不迟疑地用
我们的影响尽可能保障大西洋原则的实现。"③

　　总之，《大西洋宪章》所倡导的战后规划的公正、平等和开放的精
神原则，有利于实现国际、国内层面的政治、经济和社会正义，消除各
个层面的结构暴力的存在，打下了战后国际社会和平发展之基。丘吉尔
在《大西洋宪章》签订后得意地说，随着对纳粹的胜利而来的是"黄
金世纪"，"美国和英国将在世界确立一个和平秩序，一个所有社会阶

---

① "Making A Better World An End To Economic Rivalries, Sir S. Cripps On The Atlantic Char-
ter", *The Times*, Jul. 27, 1942, p. 2.

② 原载《解放日报》1941 年 8 月 20 日，转引自《中国外交史资料选辑》第 3 册（1937—
1945），外交学院 1958 年版，第 56—58 页。

③ ［美］富兰克林·罗斯福：《罗斯福选集》，关在汉译，商务印书馆 1982 年版，第 492
页。

级、人类都未曾梦想过的繁荣与安全的黄金世纪"①。从严格意义上讲，依据《大西洋宪章》原则建立起来的战后世界并未带来丘吉尔称道的全人类的"黄金世纪"，即使有的话，也只是发达资本主义世界的20年的"黄金时期"，更多的刚刚获得独立的国家和民族仍在为自己的经济繁荣而努力。但战后世界各种开放的国际政治经济机制，为国际社会中的各个类型的国家，通过和平的方式追求自己的繁荣指明了方向、铺就了道路。

冷战的迷雾未能屏蔽《大西洋宪章》所宣示的战后安排的价值取向，这些原则所蕴含的价值理念至今仍被国际社会奉为圭臬。当迷雾渐渐淡去和消失时，显现在人们眼前的仍然是半个世纪前有战略远见的先辈们指明的发展方向。

第二节　摧毁侵略发展模式的载体殖民主义制度

自近代资本主义兴起以来，西方国家为了追求财富，获取市场和原料以及追求经济上的自给自足，总之为了国家的发展，通过武力征服落后地区和国家确立政治经济控制的方式，进行排他的系统地剥削、压榨和掠夺落后地区的民族和国家。这种表现为殖民主义、帝国主义的世界发展模式因其自身固有的暴力、剥削和排他性等特征导致近代以来世界冲突的不断，20世纪前半期两次世界大战的爆发则是这种侵略发展模式在国际政治经济中大行其道，发展到顶峰的结果。

第二次世界大战期间，一代之内身遭两次劫难的政治家们开始对国际社会存在的这种发展模式做出深刻反思，国家如果继续被允许选择战争作为发展的政策工具的话，带来的只能是人类文明自身的毁灭。罗斯福在1941年致国会咨文中明确表达了世界能够并且应该以和平的方式发展的愿望："我们相信，这种民族国家不论大小，其男女公民都能通过和平的进程，保障普通人的安全，提高有益于身心的生活水平，为制造业、农业提高市场，从而对自己、对世界尽到其职责。通过这种和平的贡献，一切

---

① "Memorandum Regarding Meeting between the President and the Prime Minister, August 9, 1941", 转引自 Douglas Brinkley, and David R. Facey-Crowther, *The Atlantic Charter*, New York: St. Martin's Press, 1994, p. 50。

国家都可以增进自己的幸福，排除战争的恐怖，抛弃人对人的野蛮行为。"① 而通过"人对人的野蛮行为"确立起的殖民主义制度自然成为盟国战后世界规划中难以回避的一环。其最终结果便是被称为"世界历史上最重大和突然的转变之一"② 的现代欧洲殖民主义的结束。

一　作为一种世界发展模式的殖民主义

近代以来，殖民主义是资本主义侵略发展模式的最主要的表现形式。③ 如前所述，我们对侵略发展模式的界定着眼于两方面：一是动态的，即短期的武力征服和掠夺财富的行为；二是静态的，征服后进行长期的制度化的支配和剥削的状态。殖民主义则是集两者之大成，历史上西方列强无一不是通过入侵和军事征服方式来确立对落后国家和民族的支配状态，即殖民主义制度。从这一点上来讲，殖民主义或帝国主义是近代资本主义侵略发展模式的载体，对殖民主义的否定就是对侵略发展模式的摒弃。

一方面，近现代历史上，西方世界对非西方世界的征服，从伊比利亚半岛国家对南美的早期征服到英荷法的兴起，从 19 世纪末期的新帝国主义到第一次世界大战，再到第二次世界大战的爆发，相关战争发起国无不是以领土征服确立殖民控制为目标，其内在动机则是对财富和发展的追求。其逻辑是为发展而征服，征服之后，为了更好地、长久地榨取财富而确立殖民控制。

另一方面，殖民主义的存在本身又刺激着侵略发展模式的兴起和强化，也就是说，导致此类发展模式在国际社会中的恶性循环。如果把殖民地看作一种有利可图的资产的话，事实上，至少是对控制和影响殖民国家决策的一些利益集团来说也的确如此。且不论重要战略据点于国家安全的重要性，对宗主国来说，它是移民剩余人口、垄断性地获取原材料和商品、投资市场的场所，然而这种资产作为一种稀缺资源在国际社会中是有

---

① 1941 年 3 月 5 日罗斯福在白宫记者协会年度聚餐会议上的讲话，见 [美] 富兰克林·罗斯福《罗斯福选集》，关在汉译，商务印书馆 1982 年版，第 288—289 页。

② John Strachey, *The End of Empire*, London：Gollancz, 1959, p. 144.

③ 延伸开来国家间为争夺殖民控制而展开的争霸战争，也是属于侵略发展模式的表现形式，如著名的七年战争、英布战争、美西战争以及第一次世界大战的爆发，都是缘于相关国家对侵略发展模式的依赖。

限的，由于资本主义政治经济发展不平衡规律的存在，后起的强大的国家作为"无的国家"必然向已失去相对权势优势但仍占据世界庞大殖民资产的国家提出再分配的要求，而作为既得者的国家肯定不会轻易相让，尤其是在殖民资产显得更有价值时，如全球经济气候变化，从自由贸易转向保护主义时，竞争就会更加剧烈，于是战争开始成为国家追求发展的政策工具，从经济的角度来说，两次世界大战的爆发便可以归结于这一点。

再者，国际政治的殖民主义架构是世界走向和平发展的最大障碍。对被压迫民族国家来讲，取得民族的独立是实现国家繁荣富强的根本前提，因而落后民族对欧洲强国殖民压迫的反抗自被征服之日起就从未停止过。这种殖民者的奴役和压迫者的反抗之间的暴力冲突对世界走向和平发展而言一直是严重的威胁。

二　战时盟国反殖民主义的共识与分歧

战时盟国出于赢得战争胜利、确立世界永久和平的考虑，均提出了民族平等、民族自决和反对任何形式的兼并、扩张的原则声明。如《大西洋宪章》前三条宣示的那样："他们的国家不寻求领土和其他方面的扩张。两国反对不符合有关民族自由表达的愿望的领土变更。两国尊重各国人民选择他们在其管辖下生活的政府形式的权利；两国主张凡是被强制剥夺主权和自治权的民族恢复这些权利。"在战时盟国召开的各种安排战后问题的会议上，也都对以上原则做了认可和接受。

但同时，盟国间对这些原则的应用问题也存在分歧和争执。四大国中，美国、中国和苏联对这些原则声明均持积极态度，认为这些原则具有广泛适用性。而英国作为一个日不落帝国，则极力维护自己帝国的完整性。认为这些原则，尤其是民族自决原则仅适用于被纳粹法西斯奴役、占领下的领土。尽管存在以上分歧，但盟国间总体上还是就未来世界的殖民制度安排达成了一般共识，即从道德和法制上否认了殖民制度的合法性和合理性，承认建立在奴役、剥削他国基础之上的殖民制度不可能在战后原封不动地存续下去了。

（一）美国的反殖民主义

美国反殖民主义以及对民族自决原则的公开倡导最早可追溯到第一次世界大战末期。威尔逊著名的十四点原则就明确提出了民族自决的条款。由于美国国会未批准《凡尔赛和约》，美国又退回到孤立主义状态中去，于是这些条款的应用仅被英法局限在中东欧的一些国家。英法等战胜国的殖民地，不但没有受到挑战，而且还因把战败国的殖民地以托管的名义进行实际的殖民控制，国际殖民势力反而进一步加强。

　　然而1941年底，珍珠港事件的爆发使美国不仅抛弃了孤立主义，直接卷入了战争，而且成为世界反法西斯同盟的主要领导国家之一。因而，战后世界的规划必然在相当程度上反映美国的声音。战时执掌美国外交政策的主要决策者是美国总统罗斯福和国务卿赫尔，两人都对殖民主义抱有深深的厌恶，前者是出于政治上的自由，而后者则出于实现贸易自由的原因。罗斯福认为：世界和平是不可能的，除非殖民地的民族主义得到及时的安抚，未来的冲突区域因而减少，而推崇自由贸易的赫尔则把殖民地的独立视为结束帝国特惠体系的一个漂亮的楔子。[①] 因而美国的战时外交不可避免地打上反殖民主义的痕迹，尽管这一痕迹在大国现实政治面前因妥协而显得不那么深刻。

　　罗斯福认为殖民制度是暴力与革命的根源，它使得宗主国对殖民地进行剥削压迫，既违反了美国追求的政治自由和民族自决原则，也因其对自由贸易活动的限制而损害了美国的贸易。他认为："自由是一个比和平更终极的目标，和平的内在价值源于它取得的自由，而殖民体系是违反自由理论的。"[②] 他还认为在可预见的将来，对和平的最大威胁是殖民主义。他告诉他的儿子埃利奥特："殖民体系意味着战争，剥削印度、缅甸、爪哇的资源，取走这些国家的财富，却从不回报他们，像教育、体面的生活水准和最低限度的健康需求。"[③] 罗斯福在去卡萨布兰卡参加会议的途中顺道经过英国殖民地冈比亚首都巴瑟斯特时，看到的情景加强了他对殖民主义是战争根源的看法："一个劳动力每天的报酬是50美分。这是我一生见到的最恐怖的情景。"[④] 他相信殖民体系导致战争，并坚持认为："殖

---

　　① Ernst B. Haas, "The Attempt to Terminate Colonialism: Acceptance of the United Nations Trusteeship System", *International Organization*, Vol. 7, No. 1 (Feb., 1953), p. 5.

　　② Morton J. Frisch, "Roosevelt on Peace and Freedom", *The Journal of Politics*, Vol. 29, No. 3 (Aug., 1967), p. 594.

　　③ Elliott Roosevelt, *As He Saw It*, New York, 1946, p. 74, 转引自 Morton J. Frisch, "Roosevelt on Peace and Freedom", *The Journal of Politics*, Vol. 29, No. 3 (Aug., 1967), p. 594。

　　④ William Roger Louis, *Imperialism at Bay: The United States and the De-colonization of the British Empire, 1941–1945*, New York: Oxford University Press, 1978, p. 225.

民主义而非共产主义是对战后和平与稳定的最大威胁的主义。"① 罗斯福
决心美国不会再帮助英国，如果仅仅为了它继续能够欺压殖民地人民。②
因而，罗斯福战时外交政策的一个重要方面便是对殖民主义强烈而持续的
反对。

　　战时罗斯福利用各种场合来宣扬和实践他的自由原则，致力于战后殖
民主义制度的解决。首先在印度支那问题上，罗斯福提出了国际托管的计
划。罗斯福对印度支那的政策很大程度上源于罗斯福对法国的态度。"法
国人 1940 年抵抗德国的失败使得罗斯福相信法国已经变成一个颓废的国
家，不能再担当一个大国的地位。"③ 他利用各种机会表达他强烈反殖民
主义的感情。在 1942 年 6 月同苏联外长莫洛托夫的谈话中，提及了对依
附地区民族的某种形式的托管，他提到了印度支那、泰国、马来亚国家、
荷属印度。并说上面提到的这些地区走向自治可能需要不同的时间，同时
走向独立也是不可避免的。白人国家不可能希望永远把这些地区作为殖民
地长期占有。这些地区走向自治的准备期可能需要 20 年，在这期间托管
者要努力完成美国在菲律宾用了 42 年完成的工作。罗斯福提到了中国的
蒋介石委员长希望这些地区独立的想法，同时表达了希望莫洛托夫同斯大
林讨论这些问题的愿望。莫洛托夫的回答是，总统有关托管的原则在莫斯
科会受到同样的接受。④

　　当英国外交大臣安东尼·艾登在 1943 年 3 月访问美国时，罗斯福更
加具体地提到了在战后可能被纳入战后国际托管地区的依附地区。这些地
区包括法属印度支那、葡属东帝汶、朝鲜、日本人控制下的太平洋岛屿以
及非洲的具有战略意义的达克尔，而台湾和满洲则归还中国。罗斯福拒绝
了艾登提出的把日本控制的岛屿交由美国直接占有的建议，说他不想做出
一个战后所有殖民地重归殖民列强的承诺。⑤ 在德黑兰会议上，罗斯福跟

---

　　①　Warren F. Kimball's, *The Juggler: Franklin Roosevelt as World Statesman*, Princeton, 1991,
p. 64.

　　②　Elliott Roosevelt, *As He Saw It*, New York, 1946, p. 25.

　　③　Gary R. Hess, "Franklin Roosevelt and Indochina", *The Journal of American History*, Vol. 59,
No. 2（Sep., 1972）, pp. 353 - 354.

　　④　"Memorandum of Conference Held at the White House, June 1, 1942", *FRUS*, 1942, III,
pp. 580 - 81.

　　⑤　U. S. Department of States, "Foreign Relations of the United States", *FRUS*, 1943, III, pp.
24 - 39.

斯大林探讨了朝鲜和印度支那的托管问题，就托管者由中美苏组成和斯大林进行协商，并接受斯大林让英国参加托管的建议。还认为："印度支那是个落后国家，在法国的控制下，印度支那没有任何进步，并表达了托管的愿望。"①

在从克里米亚回国的船上，罗斯福明确告诉记者"尊敬的老温斯顿永远不会学着理解殖民地人民的政治愿望"。他曾向他最亲密的殖民问题顾问之一查理斯讲，独立而非自治或自治领地位应该是所有依附民族的最终目标。② 当然，我们也应该看到罗斯福对帝国的反对，不仅仅是因为利他的人道主义的原因，最主要的在于美国的国家利益：殖民大国在他们帝国范围的贸易和原材料方面排斥美国，因而美国在战争期间就殖民解放问题，尤其是印度，持续向英国施压。但"不管怎么说，在客观上美国的反殖民态度给欧洲帝国的非殖民化提供了强大动力"③。

（二）战时英国对殖民主义的态度

战时英国对殖民制度的态度是明确的但有选择的反对。反对的是德日法西斯企图对欧亚确立殖民控制的努力，而对自己庞大的殖民帝国则顽固坚持，反对任何可能解散帝国的建议。在战时，面对国际社会，当然主要是来自美国和中国反殖民主义的压力，英国一直试图尽可能避免做出任何有关意图对英国殖民地进行国际托管和使其走向独立的承诺。战时丘吉尔关于殖民政策立场的著名表达反映了英国对殖民地前途的观念："我不想变成国王的第一个主持大英帝国解体的首相。"④

在《大西洋宪章》公布以后，英国政府就担心宪章在鼓舞士气的同时，会导致殖民地和印度自治甚至独立的要求。《大西洋宪章》加强了殖民宣传中的一个重要主题——战争不仅仅是为英国和盟国而战，而且是为所有民族的自由和权利而斗争。殖民宣传者反复提到《大西洋宪章》作为英国战争目标的正当性和利他主义。尽管殖民战争宣传部分成功地获得了非洲对战争的支持并提高了殖民权威，但它在弱化非洲的民族主义方面

---

① 《苏联历史档案选编》第 18 卷，社会科学文献出版社 2002 年版，第 487—489 页。

② John J. Sebrega, "The Anticolonial Policies of Franklin D. Roosevelt: A Reappraisal", *Political Science Quarterly*, Vol. 101, No. 1 (1986), p. 77.

③ William Roger Louis, *Imperialism at Bay: The United States and the Decolonization of the British Empire, 1941 - 1945*, New York: Oxford University Press, 1978, p. 3.

④ *New York Times*, November 11, 1942.

却很失败。事实上恰恰相反，殖民战争宣传服务于英国的同时也同样服务于西非的民族独立事业，因为在战时，"西非国家有效地利用了反德宣传，把它用来支持民族主义的斗争。他们借鉴了盟国反对纳粹的战略，来攻击殖民主义"①。战时大国的战争宣传之于殖民地的意义在于激发出了全球公民的意识。英国的战争宣传本意旨在加强非洲是帝国子民的意识，但同时也助推了反殖民的民族主义运动。该运动把非洲人不仅视为帝国的一个臣民，也视为世界自主的公民。为了压制这样一个观念，1941 年 9 月 9 日，丘吉尔在议会公开宣称《大西洋宪章》仅适用于欧洲。② 但殖民地人民并不认可丘吉尔的宣示，在整个战争期间经常提到宪章。一个最典型的例子是 1943 年，尼日利亚的民族主义者那穆迪在《大西洋宪章》第三款的激励下，向英国殖民办公室提交了《大西洋宪章与英属西非》，该备忘录确认所有民族有选择自己生活下的政府形式的权利。备忘录要求结束英国在西非的皇家殖民体系，代之以代议制政府，并最终走向自治。整个战争期间英国都面临着这样一个两难处境，一方面要和盟国一起宣示战后世界建设的原则，便不可避免地提到民主、自由和平等这些与纳粹相对立的主张，另一方面又担心这些主张会动摇自己的帝国根基。

在开罗会议上，正是丘吉尔的顽固坚持和反对，除了规定满洲、台湾和澎湖列岛归还中国外，有关任何帝国未来命运的词语都没有出现在《开罗宣言》中。丘吉尔向他焦急的战时内阁报告时说："宣言的措辞尽管很让人反感，但比美国的草案要强许多。"③ 在雅尔塔苏美英三国首脑第六次会议上，美国国务卿斯退丁纽斯谈到了即将召开的联合国家代表会议。他说美国代表团提议，在代表会议之前，未来的安理会常任理事国之间将通过外交渠道，就殖民地和附属国托管事宜进行协商。丘吉尔极为愤怒地坚决反对讨论这个问题，他认为数百年来，英国为保全英联邦和英帝国进行了艰苦的斗争。他相信，这场斗争将以完全的胜利而告终。当英国

① Bonny Ibhawoh, "Second World War Propaganda, Imperial Idealism and Anti-Colonial Nationalism in British West Africa", *Nordic Journal of African Studies*, 2007, 16 (2), pp. 239 - 243.

② 参见 Roger Louis, *Imperialism at Bay*, pp. 121 - 130, 该书考察了 1941—1945 年间大国会议上有关殖民地问题的讨论。

③ "Churchill to DeputyPrime Minister Clement Attlee, 30 November 1943", PREM 4 - 74/2, pt. 2, PRO; John J. Sebrega, "The Anticolonial Policies of Franklin D. Roosevelt: A Reappraisal", *Political Science Quarterly*, Vol. 101, No. 1 (1986), p. 73.

的旗帜在有英国王冠的上空飘扬的时候，它不允许任何一块土地在 40 个国家的参加下进行拍卖。英帝国永远也不会因对未成熟民族进行托管的问题而坐上国际法庭的被告席。当斯退丁纽斯解释说，这里不是指英帝国，指的是从敌人手里夺取的领土时，丘吉尔才表示没有异议，但坚持在决议正文中加上一个说明，即对托管问题的讨论无论如何不能涉及英帝国领土。[①]

（三）　苏联的反殖民主义

苏联在战时有关殖民地前途问题的考虑，较美国而言，相对消极。从已公开的档案资料中，较难发现苏联战时有关该问题的声明和立场。根本原因在于苏联战时国家战略的重心在于关系自己生死存亡的卫国战争，即使有关于东欧战后民族独立问题的考虑，更多的也是缘于对自身西部边界安全的关注。苏联对殖民地问题的态度，目前只能从苏联和美国领导人的会晤以及对一些盟国共同宣言、声明的认可中探究。

例如在德黑兰会议上，罗斯福向斯大林建议对朝鲜和印度支那进行为期 20—30 年的托管时，也提到了英国的态度，即建议战后印度支那还归法国。在问及斯大林的态度时，他答道，法国没有确保印度支那的防卫，因此，英国人丢失了缅甸，他们不希望第二次失去缅甸吧。他认为，这是一个重要问题，值得加以研究，总统的想法也许是正确的。[②]

（四）　中国的反殖民主义

近代以来，中国作为西方殖民列强的欺辱对象，在一系列不平等条约的束缚下，沦为半殖民地，台湾、香港和澳门仍在西方列强的殖民奴役之下，殖民主义之于中国有切肤之痛，因而在反殖民主义方面有着切身利益。战时中国政府在不同的场合，以各种方式表达了对殖民主义在战后继续存在的反对立场。

在太平洋战争爆发的前一年，中国官方关于战后规划的专门组织就已经成立，王宠惠（时任国防委员会的总秘书长）担任负责人。该组织研究的内容主要分为三个部分：一是国际安全组织问题；二是经济调整，包括中国的战后重建问题、国际商务和经济关系问题；三是中国与战后日本的关系以及与远东总的政治关系等。关于后者，中国的战后规

---

① 参见《苏联历史档案选编》第 18 卷，社会科学文献出版社 2002 年版，第 523 页。
② 同上书，第 487—489 页。

划基本立场是朝鲜应该独立；印度支那地位取决于战争结束时法国的地位；泰国应该独立，赞成由一个战后的国际组织实施托管。托管组织应该本着训练托管地人民承担自治的责任、为托管地人民的利益开发托管地区的经济资源和维持对这些地区的原材料机会均等的获得权这三个目的。① 外交部修正拟定解决中日问题之基本原则的主旨第一条就是对于既往之清算，以恢复甲午以前状态为标准，期领土之真正完整，并维持太平洋之和平。②

1942 年 2 月 4 日，蒋介石偕同宋美龄和国防最高委员会秘书长王宠惠等访问印度。在告印度国民书中，蒋介石说："无论中国与印度，其中任何一民族不能得到自由，则世界即无真正和平之言。"同时委婉提醒英国："余对盟邦英国政府特致诚挚之期待，余深信我盟邦之英国将不待人民有任何之要求，而能从速赋予印度国民以政治上之实权，能发挥精神与物质无限之伟力。"③ 1942 年 10 月，中国为了制订长远政策目标而设立的一个机构，即特别研究处，建议美国应该发布一个"太平洋宪章"，一个受美国各种自由主义者和中国政府领导人支持的思想，太平洋宪章是为了确认《大西洋宪章》的普遍性。④

1942 年 11 月 17 日，蒋介石在《纽约先锋论坛时报》时事讨论会上宣读了他的文章《中国对自由世界之信条》，表达了中国的反殖民主义观和对《大西洋宪章》普遍适用性的看法："中山先生之三民主义，最终目的在求得全世界人类真正之平等，关于民族被压迫之痛苦，我们中国过去的经验为最深。所以我们对于战后，不仅要求得中国之完全独立，也主张世界上再没有被压迫受痛苦的民族。为着人类的永久福利，大西洋宪章及罗斯福总统所提倡的四个自由，要普遍的为任何人类所共

---

① Telegram："The Ambassador in China（Gauss）to the Secretary of State"，August 3，1942，*FRUS*，1942，pp. 736－737.

② 《外交部修正拟定解决中日问题之基本原则》，1942 年 1 月 29 日，载中国历史第二档案馆编《中华民国史资料汇编》第五辑第二编外交，江苏古籍出版社 1997 年版，第 101 页。

③ 《国民政府公布蒋介石告印度国民书》，1942 年 3 月 23 日，载中国历史第二档案馆编《中华民国史资料汇编》第五辑第二编外交，江苏古籍出版社 1997 年版，第 140—141 页。

④ "General Wartime Relations between the United States and China，with Emphasis on China's Military Position and United States Efforts to Give Military Assistance to China"，*FRUS*，1942，pp. 2－3.

同享受。我们相信在战后绝没有变相的帝国主义思想残留于世界。"①
该文表达了中国政府希望三民主义之民族主义在世界范围内实现的愿望。
开罗会议上，在和罗斯福的一个聚餐会上，蒋介石提出中美应该协力帮助
印度支那在战后取得独立，同时泰国也应该重新获得独立地位，罗斯福表
示同意。

　　战时中国的国际问题研究者也为战后世界的和平规划积极献言献策。
在如何建构世界持久和平的思想主张中，他们很多提到了国际政治中的民
族平等、民族独立问题，反映了中国学者的反殖民主义观念。如汪叔棣认
为，"帝国主义制度是战争的根源，欲建设持久和平，必须加以废除"。
"这次空前的人类大浩劫清楚地替我们锤炼出几个原则，一是彻底的种族
平等原则；二是政治上民族自决的办法；三是经济资源上各地区各民族必
须有完全平等机会；四是相同程度的安全。"② 其中有三者把矛头指向了
殖民制度。

　　随着战争形势的发展，殖民列强也开始考虑战后和平到来后的殖民地
走向问题。他们开始尝试提出一些殖民改革方案以避免某种外在的干涉或
国际化，如英国提出的殖民发展和福利法案、法国提出的把殖民地与宗主
国以联邦形式联系在一起的建议、荷兰的建设联邦国家的建议等，所有这
些似乎和战争早期反帝国的趋势相关。③

　　在雅尔塔之后，美国对战后太平洋军事安全的关注导致了美国强烈反
殖民主义立场的弱化，尤其是在罗斯福总统 1945 年 4 月突然逝世之后，
美国采取了对英国妥协的立场。其结果就是旧金山会议上的一系列决定，
这些决定保持了托管体系的必要原则（美国的战略领土除外），但不再提
托管地的独立目标。

三　战后规划中殖民主义的命运安排

战时关于殖民地前途的讨论和安排，多为国家领导人在一些会议上的

---

　　①　《蒋介石在纽约先锋论坛时报时事讨论会上宣布〈中国对自由世界之信条〉论文》，
1942 年 11 月 17 日，载中国历史第二档案馆编《中华民国史资料汇编》第五辑第二编外交，江
苏古籍出版社 1997 年版，第 150 页。

　　②　汪叔棣：《战后帝国主义之制度问题》，《东方杂志》第 39 卷第 5 期，1943 年，第 17 页。

　　③　Huntington Gilchrist, "Colonial Questions at the San Francisco Conference", *The American Political Science Review*, Vol. 39, No. 5 (Oct., 1945), p. 982.

非正式意见交流和一些原则性的声明。正式的规划制定则是在第二次世界大战末期的 1945 年 4—6 月召开的旧金山制宪会议上。

有关殖民地命运的安排体现在旧金山会议制定的《联合国宪章》第十一章"关于非自治领土之宣言"的第七十三至七十四条①的规定中，把非自治领土授予联合国相关会员国管理。所谓非自治领土采纳了雅尔塔会议上达成的协议：国际托管体系仅适用于以下三类领土：（1）原委托管理下的领土；（2）作为第二次世界大战的结果，从敌国解放出来的国家；（3）自愿将自己所管辖的交于托管的领土。② 第七十三条主要内容即规定，经联合国授权的管理国对这些非自治领土，负有承认以领土居民之福利为至上之原则，并接受在本宪章所建立之国际和平及安全制度下，以增进领土居民福利之义务。第七十四条规定的是联合国授权的管理国对这些非自治领土进行管理时，对人类整体福利所负有的义务，规定必须以善邻之道奉为圭臬；并于社会、经济及商业上，对世界各国之利益及幸福，予以充分之注意。

《联合国宪章》第七十四条和第七十五条的规定，作为战后建设和平的努力之一，有其积极性的一面。如前者要求以非自治领土居民的利益为优先，旨在排除管理国滥用权力对非自治领土居民进行似殖民控制状态下的经济上的压榨剥削，损害当地居民的福利。后者要求管理国不得像对待殖民地一样，把非自治领土的资源和市场进行垄断，以致损害世

---

① 见《联合国宪章》第七十三条：联合国各会员国，于其所负有或担承管理责任之领土，其人民尚未臻自治之充分程度者，承认以领土居民之福利为至上之原则，并接受在本宪章所建立之国际和平及安全制度下，以充量增进领土居民福利之义务为神圣之信托，且为此目的：（子）于充分尊重关系人民之文化下，保证其政治、经济、社会及教育之进展，予以公平待遇，且保障其不受虐待。（丑）按各领土及其人民特殊之环境及其进化之阶段，发展自治；对各该人民之政治愿望，予以适当之注意；并助其自由政治制度之逐渐发展。（寅）促进国际和平及安全。（卯）提倡建设计划，以求进步；奖励研究；各国彼此合作，并于适当之时间及场合与专门国际团体合作，以求本条所载社会、经济及科学目的之实现。（辰）在不违背安全及宪法之限制下，按时将关于各会员国分别负责管理领土内之经济、社会及教育情形之统计及具有专门性质之情报，递送秘书长，以供参考。本宪章第十二章及第十三章所规定之领土，不在此限。

第七十四条：联合国各会员国共同承诺对于本章规定之领土，一如对于本国区域，其政策必须以善邻之道奉为圭臬；并于社会、经济及商业上，对世界各国之利益及幸福，予以充分之注意。

② 《关于三国外长会议情况——给三国首脑的报告》，载《苏联历史档案选编》第 18 卷，社会科学文献出版社 2002 年版，第 533 页。

界各国之利益和幸福。但很遗憾的是《联合国宪章》的这些规定并没有提出给予所有被压迫民族，包括这些有限的非自治领土以独立地位，甚至没有提到对这些非自治领土的管理朝独立的方向发展和制定一个时间表问题，根本不能反映被托管的非自治领土居民要求独立、自由、和平的愿望。

当然我们在评价这一新的国际托管体系时，应该坚持历史的全面的原则，在谈到其积极价值时，其时美国政论家约翰斯通就提醒我们道，我们应该注意以下两点：第一，它是国家间第一次在一个国际文献里认为附属国人民的政治、经济和社会福利进步是一个国际关注和讨论的事情；第二，一个非常重要需再强调的是，托管理事会是一个新的国际组织的主要机构之一，地位要远高于国联的托管委员会，这加强了对附属国人们的管理是一个国际事情的观念。[1]

那么，我们又该怎样看待战时大国非殖民化规划的影响呢？1945年后民族解放运动的广泛兴起淡化了战时规划对于战后殖民制度消亡的意义，但盟国战时的讨论对战后民族解放运动的兴起和民族国家体系的普遍确立有着直接的和长期的意义。

一方面，国际责任原则的确立对战后的非殖民化运动贡献巨大，它为战后被压迫民族在寻求解放和独立以及能够获取国际支持方面打下了思想舆论基础，意味着战后被压迫民族的命运问题再也不仅仅是宗主国与其殖民地双方的关系问题，还是国际社会共同关注的问题。

另一方面，战时大国有关自由、平等的宣传，尽管在英国法国看来主要是用来反对纳粹法西斯统治的，但被全体的被压迫民族所接受和认可。并认为这是他们理所当然的权利。他们在战时和战后把这些反对法西斯的宣传武器也用来反对任何欧洲大国对他们的殖民统治，寻求他们的完全独立。可以说战时的战争动员宣传，在鼓舞世界各国为民主自由而坚决与纳粹法西斯做斗争并赢取反法西斯战争胜利的同时，也激发了殖民地的民族意识，这一点是欧洲殖民列强所不想看到的。

再者，战时的大国有关反对殖民制度的原则声明，尤其是战争末期

---

[1]   William C. Johnstone, "The San Francisco Conference", *Pacific Affairs*, Vol. 18, No. 3 (Sep., 1945), p. 223.

《联合国宪章》中关于非自治领土托管的条款规定，在思想观念上和法律上宣示了殖民制度的非法性和不合理性，这一点也许是最为深远的影响。观念的变革对于历史的发展意义重大，在美国学者戈尔茨坦的眼中："历史的变革常常以原则化的信念和体现他们的制度的变革为标志。在正常时期，制度理所当然地被视为是社会的既成事实，每一个人都会继续呵护他或她的利益。此时的变革可能是渐进性的，只有足够多的反对者对制度产生疑虑，并决议用其他原则化的观念取代它时，制度才成了问题。"[①] 战时殖民主义观念的变化与战后殖民主义制度的废止之间的关系就反映了这一点。战争期间的反殖民宣传以及把其制度化的努力，既是国际社会中的多数成员反殖民观念的反映，反过来又加强了国际社会的反殖民意识。战后独立的民族国家体系的兴起，一方面，当然也是最主要的是被压迫民族力量的增强和反抗的结果，另一方面也是殖民国家观念变化后采取主动撤退的结果。[②] 毕竟战后民族独立国家独立地位的获取更多的是以和平的方式实现的。

　　总之，在第二次世界大战进行正酣时，盟国领导人便已开始了对如何建设一个更美好的世界的筹划。殖民主义作为一个充满暴力和不公的世界发展模式不可避免地提上了议程。因为德国、意大利和日本的扩张都是以殖民控制和建立帝国为目标，并且在事实上已经奴役了欧亚非的广大民族和国家。因而，反对殖民扩张、提倡民族平等和民族自决的宣传和声明便出现在有关战后建设和平的规划中。从《大西洋宪章》到《联合国家宣言》，再到《开罗宣言》和《联合国宪章》，这些体现盟国有关战后安排的历史性文献中皆充斥着对殖民主义的反对。战时盟国的这些声明和制度安排对战后正式的殖民主义体系的崩溃产生了深远影响。战时的努力改变了国际社会与第三世界交往的方式，至少在政治上和法律上，以往的弱小和落后的民族国家取得了与昔日殖民国家平等的地位，正是这种平等的基

---

　　① ［美］戈尔茨坦主编：《观念与外交政策：信念、制度与政治变迁》，刘东国、于军译，北京大学出版社 2005 年版，第 113 页。

　　② 关于对战后民族独立国家的兴起这一历史运动起因的解释，西方学者强调的是欧洲大国主观上撤退的意愿，即独立是授予的，因而多称为非殖民化（Decolonization）。第三世界的学者称之为民族解放运动（National Liberation Movement），强调独立的结果是被压迫民族通过流血牺牲夺得的。事实上，战后民族独立运动的兴起是一个很复杂的历史现象，这两种解释范式的综合也许更有说服力些。

础构成了战后世界向和平发展的重要政治前提。

第三节　建设和平发展的国际经济机制

作为国际社会最重要组成单元和行为体的国家，不管是采取领土征服与掠夺的侵略求发展的模式，还是采取合作求发展的和平发展模式，其实质都是国家寻求繁荣与发展时的一种路径选择，国家对外发展模式的选择受到国内秩序和国际秩序的双重制约。本节主要阐述的是盟国基于第二次世界大战爆发的国际经济根源的思考，在战时对战后国际经济秩序框架的构建。盟国从第二次世界大战的爆发中得出的教训以及在这些教训下建构起来的战后经济新秩序，为战后国家和平发展道路的选择创造了相对稳定、开放和公正的经济环境，而 20 世纪 30 年代失序、封闭的国际经贸环境正是推动德日走向帝国扩张的动因之一。

一　国际社会对第二次世界大战起源的经济反思

中外著述中有关第二次世界大战起源的解释，无不追溯到 1929—1933 年的大萧条造成的直接或间接的影响。有学者甚至认为："没有任何单一因素在解释 20 世纪 30 年代外交体系崩溃的原因方面比世界经济危机更重要。"[1] 至于经济危机和第二次世界大战爆发的关系，在此不拟做专门论述。我们主要探讨战时盟国的政治家和精英们从中得到的关于如何从经济着眼建设一个美好世界的教训：稳定、公正和开放的国际经济秩序是战后和平建设之基。

（一）贸易保护主义的废除

当时西方普遍的观点认为，大萧条中各国采取提高关税、恶性贬值本国货币以邻为壑的做法，是导致国家间敌意产生的重要原因之一。个别国家对市场和原材料资源的垄断性占有与使用，是 20 世纪 30 年代"无"的国家论调兴起的根源所在。德意日正是在意图改变这种发展资源不平等的分配结构的口号下发动战争的。

大萧条的一个直接影响就是经济民族主义在国际政治经济中的兴起。

---

① R. J. Overy, *The Origins of the Second World War*, New York：Longman, 1998, p. 31.

在总崩溃的大潮流中，各国的自卫措施都采取了诸如较高的关税、更严格的进口限额、结算协定、货币管制条例和双边贸易协定之类的形式。这些措施必然引起各国间的经济摩擦和政治上的紧张关系。为转变这一趋势人们做了各种尝试，但都没有成功。随之，"经济上的独立即经济上的自给自足逐渐成为通常公认的民族目标"①。

有学者认为，在缺乏有效的国际机制进行调节管理经济秩序的情况下，取得经济安全的方法有两种："一是减少对国际经济关系的依赖；二是通过征服，拓展对更多领土及资源的政治支配。前者意味着经济自给自足，而后者则是推行军事民族主义——帝国主义。而两者的关系就像德国展示出的那样，是相互补充的。要想减少对世界经济的依赖，就必须占有或拥有广阔的市场和丰富的资源，这一点必然导致征服。反过来通过征服而来的市场和资源的占有则可减少对世界经济的依赖。恢复和谐的国际经济关系的问题就是把经济民族主义最小化的问题。"② 基于此，美国学者斯宾德勒在解释20世纪30年代日本决策者为什么越来越依靠侵略性的帝国主义作为实现自给自足的方式时，认为众多原因中，"首先是国际贸易的华盛顿体系的崩溃，演化为众多的保护贸易集团，对日本进出口不利"③。因而，日本选择了军事民族主义范畴的第二种方法，即通过征服，建立日本高压控制下的大东亚共荣圈。可以说，战时盟国普遍持有的一个强烈信念是，30年代的贸易保护主义政策极大地促成了战争的爆发。

（二）原材料资源获取路径的开放性

战时的观察者认为对资源占有的争夺一直是国家间战争的重要原因之一，而它也正是当时世界冲突的主要原因之一。关于第二次世界大战的根源，在美国学者乔治·莱纳看来，"它多被描述为一场意识形态战争、种族战争、宗教战争、疯狂的领导人的战争和一场阶级革命。表面上看以上原因都是，但对导致敌意的原因仔细审视，会发现它源于对自然资源的占

---

① ［美］L. S. 斯塔夫里阿诺斯：《全球通史——1500年以后的世界》，吴象婴、梁赤民译，上海社会科学院出版社1999年版，第639页。

② Allen T. Bonnell, "The Post-War International Economic Order", *Southern Economic Journal*, Vol. 9, No. 1 (Jul., 1942), p. 50.

③ Zane Spindler & Brian Dollery, "War as Rent - Seeking: A Public Choice Perspective on the Pacific War", *Public Organization Review*, 2007, 7, p. 26.

有的长期压力和紧张状态"①。

当时西方世界很多政治经济学家强调了建立一个公正合理的资源分配机制对于确保持久和平的重要性。如战时美国经济学家路易斯·平克在阐述战后构建一个合理的国际组织的必要性时，论道："在一个帝国主义的世界中，大国和强国试图在他们自己的疆域内、殖民地或势力范围获取用于和平或战争目的基本的材料。这样的世界在宣布和平之后，只能导致经济战的延续，这正是上一次战争之后发生的事情。同样它还会再次在更大更危险的范围发生，除非我们愿意把这个世界作为一个经济体，并确保每个民族都有途径和权利过上一个和平繁荣和舒适的生活。"② 并认为，"公众或许不能充分认识到对地区资源的公正分配承诺不仅是一个虔诚的愿望，而且是一个和平文明生存的必须。一小撮不团结的国家用高关税和对自然资源自私控制的时代已经过去了。如果我们回到经济民族主义，我们将面临这次战争之前时代梦想不到的竞争，如果不能履行我们的承诺，受损的不仅是我们的名誉，还有我们的繁荣、生活的高标准、和平和我们伟大国家的福利"③。美国学者斯坦福·克里普斯也持此观点："如果我们继续回到旧的国家间或公司间对试图垄断世界资源的竞争性争夺斗争中的话，任何战后规划都不会取得成功。"④ 因而，一个共识是："在战争末期，联合国家必须做的一个事情就是承担对国际生产必要的原材料的国际管理和分配的责任，无论是为了饱受战争蹂躏的国家的直接重建或是为了取得生活标准稳定提高的目标。"⑤

（三）相对稳定的货币支付体系的建设

自由开放的国际贸易秩序的运行，离不开一个稳定的货币支付体系。一定意义上，正是各国为了增加出口而进行的货币竞相贬值的做法，加剧

---

① George T. Renner, "Natural Resources in the Post-War World", *The American Journal of Sociology*, Vol. 49, No. 5 (Mar., 1944), p. 430.

② Louis H. Pink, "Toward International Economic Organization", *Annals of the American Academy of Political and Social Science*, Vol. 234 (Jul., 1944), pp. 90 – 91.

③ Ibid., pp. 91 – 94.

④ "Making A Better World An End to Economic Rivalries, Sir S. CriPps on the Atlantic Charter", *The Times*, Jul. 27, 1942, p. 2.

⑤ Ibid.

了 20 世纪 30 年代国际经济秩序的混乱。有学者认为："世界贸易的成功开展必须有充足的货币和信贷。如果想要对稳定的就业和国家经济福利的实现有重大意义的市场得到稳定拓展的话，兑换率必须是稳定的，合理的信贷机制必须建立。"[①] 事实上，英国在 1931 年 9 月宣布放弃金本位制的做法，很快引发了连锁反应，西方国家纷纷禁止黄金出口，贬值本国货币，直接加剧了世界经济大萧条的力度并延长了其持续周期。

此外，第二次世界大战的爆发颠覆了西方盟国领导人如何在和平时期发展国家间关系的观念。我们从罗斯福对待美国经济福利与世界经济发展关系的态度转变上，可以看出第二次世界大战的爆发给相关国家发展观念的转变带来的影响。在 1933 年伦敦经济会议期间，罗斯福宣称："一国良性的国内经济体系是一个比货币价格更大的福利因素。"[②] 表达的信息是美国不拟承担世界经济发展的责任。然而，罗斯福在 1944 年布雷顿森林会议上的开场白中则提出这样的主张，"每个国家的经济健康对它的所有远近邻国来说都是一个应适当关注的问题"[③]。美国著名的经济学家和战后规划者雅各布·维纳在 1942 年强调了那时与第一次世界大战后和平规划的剧烈观念反差，"今天普遍认为大萧条、大范围的失业都是社会灾难，阻止它们是政府的义务"，而且普遍认为"对任何国家来说，独自处理繁荣和萧条的循环问题，即使不是完全不可能，也是极端困难的……如果国际合作的话，则前景良好，商业周期和大范围失业问题很大程度上可解决"[④]。以上言论表明了国际社会对世界政治经济相互依存的认知和国家间合作主义精神的凸显。

二　战时盟国对战后世界的经济规划

战时对国际经济秩序的规划思想和建议主要来自美国，因而我们在此

① Mabel Newcomer, "Bretton Woods and a Durable Peace", *Annals of the American Academy of Political and Social Science*, Vol. 240 (Jul., 1945), p. 37.

② Charles Kindleberger, *the World in Depression, 1929 – 1933*, Berkeley: University of California Press, 1973, p. 216.

③ [美] 戈尔茨坦主编：《观念与外交政策：信念、制度与政治变迁》，刘东国、于军译，北京大学出版社 2005 年版，第 73 页。

④ G. John Ikenberry, "A World Economy Restored: Expert Consensus and the Anglo-American Postwar Settlement", *International Organization*, Vol. 46, No. 1 (Winter, 1992), p. 300.

以美国对战后的设想为主线来探究盟国对战后世界的规划努力。在罗斯福政府内部，自由贸易和多边主义体系的最强烈支持来自国务卿科德尔·赫尔领导的国务院。

早在 1916 年，赫尔就呼吁召开国际经济会议，以促进公平和友好的贸易关系。① 但是他只获得了很少的支持。在 1929 年，他警告他的国会同事，"我们忽视发展国外市场以求得盈余是失业的最重要的原因"②。整个罗斯福政府期间，赫尔与国务院的官员毫不动摇地认为，开放性的贸易体系是美国经济与安全利益的核心，这样一个体系对世界和平的维护是十分重要的。这些观念在战争期间罗斯福和丘吉尔签署的《大西洋宪章》中得到了表达。赫尔认为高关税是一个让人讨厌的事情，他把贸易障碍和不公平的经济竞争和战争联系在一起，而无障碍的贸易则与和平密切相连。③ 他们所持的是古典经济理论，有学者认为，"开放的自由的竞争、多边贸易体系将会像有助于促进他们国家的增长和繁荣一样，促进他们的和平与安全"④。

以美英为首的盟国对战后世界的经济规划主要分为两个阶段，从 1941 年夏季到 1942 年 3 月《租借协定》的签订为第一个阶段，这一时期主要是围绕着建立自由贸易规则进行谈判。从 1943 年到布雷顿会议召开为第二阶段，这一阶段主要围绕建立稳定的国际金融体系而努力。

美国最初对战后自由贸易体系的追求体现在援助盟国的《租借协定》的第七款里。随着欧洲反法西斯战场形势的恶化。1941 年 3 月，尚未参战的美国国会就通过了《租借协定》。美国财政部设计的援助友好国家的租借协定方案，不仅仅出于援助友好国家物资以取得战争胜利的目的，它也体现了美国战后经济规划者的长远目标。"《租借协定》为友好国家提供了必要的物资，作为回报的是，支持自由的特别行动。"⑤ 当代美国学者苏珊认为："《租借协定》的第七条使得美国和租借协定对象就战后世界确立一个合理的经济秩序的战略和机制问题开始谈判，因而租界协定将

① Cordell Hull, *The Memoirs of Cordell Hull*, New York, 1948, pp. 81 – 85.

② Ibid., p. 133.

③ Ibid., pp. 81 – 85.

④ Orin Kirshner, *The Bretton Woods-Gatt System Retrospect and Prospect after Fifty Years*, New-york: Armonk, 1984, p. 82.

⑤ Cordell Hull, *The Memoirs of Cordell Hull*, New York, pp. 872 – 874.

要完成的是赢得战争的直接战略目标和赢得和平的长期经济目标。"①

　　美国试图通过租借法案的第七款努力消除世界经济中的贸易壁垒和保护性的贸易集团的存在，当然这一点主要针对英国的帝国特惠制的存在。事实上，盟国在战时规划战后经济秩序的最大障碍就是英国的帝国特惠制，战时规划过程很大程度上是奉行不同经济哲学的英美两国进行博弈的历程。

　　在 1941 年夏季英美华盛顿贸易问题谈判期间凯恩斯问艾奇逊，是否第七款提出了战后世界的帝国特惠体系、贸易和汇兑控制问题。② 艾奇逊回答，是这样的。但这一款不是为了施加单方面的义务，而是要求两个国家在最终的协定中审视这些问题，尽力制定出最好的条款，消除歧视性的民族主义惯例，带来合作性的行动以阻止这样的惯例。凯恩斯对这一款反应强烈，他说，对英国这几乎是不可能的，须召开帝国会议讨论。未来唯一的希望是进出口支付平衡的维持，而这一点只能通过第七款禁止的货币汇兑控制来实现。他继续说，第七款的语言已有很长的历史。它允许精巧设计的关税，事实上是歧视性的和禁止合理的货币控制。助理国务卿艾奇逊告诉凯恩斯，美国人想要的是：在紧急情况结束以后，在他们收到来自这个国家的大量援助之后，他们不会再自由地采取任何违反这个国家贸易的措施，而是制定出和这个国家合作的政策。这些措施将消除歧视，确保对双方而言公正有利的关系。凯恩斯告诉艾奇逊说，在伦敦关于未来，存在着三种观念分歧。有些人认为英国该回到自由贸易政策；中间组——他把自己列入这一组，认为应使用控制机制；第三种主张回到帝国政策。③

　　在随后的大西洋会议期间，副国务卿威勒斯和英国代表亚历山大·加多甘会谈时，谈到英美租借协定草案问题。威勒斯提到，他不幸有这样一

　　① Susan Aaronson，"How Cordell Hull and the Postwar Planners Designed a New Trade Policy"，*Business and EconomicHistory*，Vol. 20，No. 2，1991，p. 174.

　　② 艾奇逊呈交凯恩斯的草案，第七款：联合王国为回报将从美利坚合众国获取的防务援助，确定给予美国的最终的优惠项目和条件是促进相互间有利的经济关系和世界范围内经济关系的福祉，而不增加两国的贸易负担；他们将反对针对来自另一国产品的歧视；他们会确保这些目标实现的措施的制定。见"Draft Proposal for a Temporary Lend-lease Agreement Handed by Mr. Acheson to Mr. Keynes on July 28，1941"，*FRUS*，1941，Vol. 3，p. 15。

　　③ "Memorandum of Conversation，by the Assistant Secretary of State（Acheson）"，*FRUS*，1941，Vol. 3，pp. 12 - 13.

种感觉，凯恩斯教授代表了英国公众的一部分，他们寻求在战后继续维持英帝国在上一代已被证明是灾难性的那种体系。加多甘说，他也是一直反对《渥太华协定》，除非两个国家在尽可能早的时刻克服所有障碍，就自由贸易规则的恢复和歧视规则的废除达成共识，否则他看不到未来的希望。①

当丘吉尔问威勒斯这是否适用于《渥太华协定》时，威勒斯回答称，他寻求消除所有形式的贸易障碍，正是这些障碍在过去对世界经济创造了惨烈的破坏。他说，他理解这个修订可能对英国构成的问题，但是，这个条款的嵌入并不意味着直接的完全的义务。罗斯福补充道，作为一项德国和意大利人担保英美两国政府战后会给予他们公正和平等的经济机会的措施具有重要意义。② 丘吉尔说，他本人感觉现在措辞的建议会受到世界各地爱自由的人士的热情支持，于他个人而言赞成这个建议，就像大家知道的一样，他一直强烈地反对《渥太华协定》。然而，他又说，他能够以电报形式获取自治领就该问题意见的时间至少一周。霍普金斯建议重新措辞，威勒斯说，就他个人判断对该条款任何进一步的修改，都会完全破坏其价值。它不是一个措辞问题，而是关系到一个重大原则问题。如果英美两国政府在战后，在其权力范围内不能就自由的贸易政策达成共识，造成现在世界惨烈形势的最大的因素之一将会无约束地继续存在。③ 丘吉尔和加多甘口头上表示赞成，但仍坚持自治领的意见需要尊重。

由副国务卿萨姆纳·威勒斯修改的《大西洋宪章》第四点也反映了美国对自由贸易原则的追求。"力图使一切国家，不论大国或小国，战胜国或战败国，在不加歧视的平等条件下，进行贸易并在全世界范围内取得为其经济繁荣所必需的原料。"这一点构成了对英帝国特惠制的威胁，同样引起了英国的抵制。在大西洋宪章会议期间的一个非正式晚会上，罗斯福和丘吉尔就自由贸易展开讨论，据罗斯福的儿子回忆，是由罗斯福挑起该话题的。罗斯福告诉丘吉尔："任何持久的和平的前提条件必然是最大

---

① "Memorandum by the Under Secretary of State（Welles）of a Conversation with the British Permanent Under Secretary of State for Foreign Affairs（Cadogan）", *FRUS*, 1941, Vol. 1, pp. 353 - 354.

② "Memorandum of Conversation by Welles, August 10, 1941", *FRUS*, 1941, Vol. 1, p. 361.

③ "Memorandum of Conversation, by the under Secretary of State（Welles）", *FRUS*, 1941, Vol. 1, pp. 361 - 362.

可能的自由贸易。"当丘吉尔回答英国对失去在自治领间的优势地位不感
兴趣时，罗斯福说，"正是提到的这些贸易协定使得印度和非洲的人们、
所有殖民化的近东和远东地区的人们一直这样落后"。丘吉尔脸红脖子粗
地回应道，"英国伟大的贸易将会在英国的部长们制定的条件下继续"①。
丘吉尔在其回忆录中记载道："'不加歧视'这几个词，可能用作非难渥
太华协定的依据，所以我碍难接受。这项宣言的文本是一定要提交本国政
府的，而且，如果要维持现在的措辞的话，就一定要提交给各自治领政
府，我难以希望它会被接受。我随后说，如果能够插入'在适当地顾到
两国现有义务的条件下'，删除'不加歧视'，并以'贸易'代替'市
场'，那么，我当可把宣言文本提交英王陛下政府，并可有几分他们将能
够接受的希望。"②

　　1942 年 2 月 23 日，美英两国在都做出让步的情况下，签署了《相
互援助协定》，即《租借协定》，其中第七款规定，为回报美国根据
1941 年 3 月 11 日国会法案所提供的援助，英国政府最终向美国提供确
定的优惠条件，这些项目及条件不应由此增加两国间的贸易负担，而应
促进两国间彼此有益的经济关系，并改善全世界的经济关系。为达此效
果，他们必须包括为美英两国的一致行动做准备，对所有其他愿意加入
的国家开放，以适当的、满足所有人民自由富足为物质基础的方式，引
导扩大国际和国内的生产、就业、交换和消费，在国际贸易中消除一
切形式的歧视待遇，减少关税和其他的贸易障碍，两国政府必须在尽
早的方便日期开始谈判，从控制经济情况的角度，考虑确定达到上述
目的而一致行动的最佳方式，并寻求与其他赞同的国家一致行动的最
佳途径。③

　　美英协定签字后，苏联、中国等几十个"租借"国家都与美国签订
了同样的协定，均承担了第七款的按无歧视待遇原则开放国内市场、实行
多边自由贸易的条约义务。到第二次世界大战结束时，美国共计向 38 个
国家提供了 500 多亿美元的租借援助，这意味着所有 38 个受援国都程度

---

　　①　Elliott Roosevelt, *As He Saw It*, New York, 1946, pp. 35 – 37.

　　②　[英] 温斯顿·丘吉尔：《第二次世界大战回忆录》第 3 卷，北京编译社译，南方出版
社 2003 年版，第 166 页。

　　③　"Anglo-American Mutual Aid Agreement : February 28, 1942", http: //avalon. law.
yale. edu/wwii/angam42. asp#art7. 2012 – 10 – 16.

不同地承担了《租借协定》第七款的条约义务，美国由此为建立战后世界多边自由贸易体系奠定了基础。[①]

从 1943 年到布雷顿会议召开是盟国规划战后经济秩序的第二个阶段，目标就是建立稳定的货币支付体系和某种形式的国际信贷制度来确保国际贸易的稳定。早在 1943 年 5 月，美国财政部就开始取代国务院成为战后经济规划领域的主体，以摩根索为领导的财政部设计的货币机制开始成为战后规划的重心所在。1943 年 9 月 17 日，英美经济对话会谈在华盛顿召开。讨论议题主要有货币稳定、国际投资、商务政策、国际商品协定、卡特尔以及促进就业政策等。关于货币机制方面，凯恩斯正式提出了著名的"凯恩斯计划"，主张建立清算联盟，该联盟有权创建和管理一个能够用于管理国家间支付平衡的国际货币。凯恩斯对清算联盟的一个关键性规定是对亏空国和盈余国所施加的纠正支付失衡的压力。美国关于战后货币机制的规划，因由怀特领导制定，因而称"怀特计划"。该计划旨在消除汇兑控制和限制性的金融做法，并提供了改变汇率的规则。但两者却在恢复国际平衡的责任上产生分歧，凯恩斯主张债权国承担无限责任，而怀特坚持恢复平衡的责任主要由亏空国来承担。最后英国政府在增加会员国改变汇率权利的情况下让步，英美金融规划者的谈判出现突破性进展，为两国政府间的进一步的协议铺平了道路。[②] 这次会谈"为双方政府代表的进一步研究和进一步的非正式协商准备了有序的议程"[③]。

1944 年 7 月 1—22 日，来自 44 个盟国的政治经济专家在美国新罕布什尔州的布雷顿森林召开国际金融会议。鉴于英美两国就主要的问题已经于 1943 年 9 月至 1944 年 4 月达成共识，在 1944 年 4 月发表的《专家关于建立国际货币基金的联合声明》的理论基础上，与会国展开讨论，会议最终通过了《国际货币基金协定》，决定成立一个国际复兴开发银行（即世界银行）和国际货币基金组织，初步完成了对战后国际货币机制和信贷机制的建设。这两个组织和后来的关税贸易总协定一起构成了战后国

---

① 金卫星：《二战期间美国筹建战后世界多边自由贸易体系的历程》，《史学月刊》2003 年第 12 期，第 75 页。

② ［美］戈尔茨坦主编：《观念与外交政策：信念、制度与政治变迁》，刘东国、于军译，北京大学出版社 2005 年版，第 77—78 页。

③ Harley Notter, *Postwar Foreign Policy Preparation*, *1939 – 1945*, Westport, Connecticut: Greenwood Press, 1975, pp. 192 – 194.

际经济秩序的三根支柱，统称布雷顿森林体系。

英美战后经济秩序协定并不是简单地重新确立经济开放，而是创造了一个新型的开放体系。原因在于"布雷顿森林协定体现了放任自由与干预主义的独特混合，既允许相对开放的贸易与支付体系的运行，又提供了支持国内充分就业和社会福利的多种安排"[1]。这种指导盟国成功解决相关分歧，达成战后金融机制建设共识的新思维，被国际机制研究专家约翰·鲁杰称为"镶嵌的自由主义"（Embedded Liberalism）。其本质是："不像30年代的经济民族主义，其特征是多边的；不像黄金标准和自由贸易的自由主义，它的多边主义受到国内的干预主义的节制。[2] 布雷顿森林协议就像一块晶体，具有很多层面，它对不同的集团提供了不同的东西。凯恩斯主义规划者把协定看作把凯恩斯的管理推广到世界经济的尝试，自由贸易者看到了对扩大贸易的承诺。"[3] 英美经济外交专家理查德·戛纳认为，"权力与理想主义在经济事务上的如此结合在美国历史是绝无仅有的"，他把战后协定的达成视为一个彻底的"政治奇迹"。[4]

三 稳定开放的贸易体系与战后和平建设

盟国作出战后规划的时刻都是第二次世界大战进行正酣的时候，到底是什么原因使得有关国家的政治领袖和相关专家在对赢得战争胜利的军事战略关注已经应接不暇的时候，去关注战后的经济秩序建设呢？当然"最强烈的驱动力就是恐惧，两次世界大战间的毁灭性的记忆历历在目，30年代的大萧条和随后广泛的创伤源于那个时代的限制性的贸易和交换政策，经济战导致军事敌意的爆发和第二次世界大战的惨剧。一个普遍的

---

① ［美］戈尔茨坦主编：《观念与外交政策：信念、制度与政治变迁》，刘东国、于军译，北京大学出版社2005年版，第61页。

② John Gerard Ruggie, "International Regimes, Transactions, and Change: Embedded Liberalism in the Postwar Economic Order", *International Organization*, Vol. 36, No. 2 （Spring, 1982）, p. 393.

③ G. John Ikenberry, "A World Economy Restored: Expert Consensus and the Anglo-American Postwar Settlement", *International Organization*, Vol. 46, No. 1 （Winter, 1992）, pp. 317 – 318.

④ Richard N. Gardner, "Sterling-Dollar Diplomacy in Current Perspective", *International Affairs*, 62 （Winter, 1985 – 1986）, p. 129.

担心是战后经济合作的失败将会导致两次大战间破碎经历的重演"①。

他们普遍认为经济因素的缺失是国联维持世界和平失败的重要原因，就像一个观察家注意的那样，"国联维护和平失败的一个主要原因是它在管理经济事务方面权限的缺乏。现在，如果他们想避免大的萧条和战争再起的话，国家必须让渡出一部分经济主权，接受一些超国家的控制措施"②。可以说国际社会正是在对国际经济贸易的开放稳定与世界和平之间存在密切联系的认知下，才致力于建设一系列的国际规则，来确保国际贸易的健康运行。

战后经济秩序的规划者抱有这样一种观念，在世界经济日益连为一体的情况下，任何一国都不可能在经济上实现自给自足，必须在世界经济中寻求原材料、商品和资本市场。因而世界经济的健康运行就成为世界各国发展的重要前提，也是确保世界各国发展权的重要保证，尤其是对那些本国缺乏足够市场和原材料的国家。那么，什么样的国际经济秩序才算是一个健康的秩序呢？我们可以从1941年美国商务部的一个经济专家奥托·托德·马勒里设想的经济同盟中看出一些端倪。他设想的确保和平的未来经济同盟必须具有的特征是：在协定而非征服的基础上；由伙伴，而非由卫星国或依附国构成；贸易协定是相互的，以赫尔贸易协定为模式；所有的成员在行使行政权的一方的殖民地中都有相同的贸易机会；经济联盟的构成是经济有效性，而非权力政治；经济联盟意在调整规范卡特尔，经济帝国和关税同盟则不能；经济联盟制定和规定他们公平的贸易规则，并使成员能够有机会申诉违规行为；经济联盟促进、调整和管理生产国和消费国的商品协定；经济联盟不是一个封闭圈，不是他国的威胁。任何符合条件的非成员国申请加入的大门是敞开的。为了货币的稳定，一个国际银行是必要的；经济自给自足不是联盟的目标……③

我们可以看出马勒里设想的经济同盟虽然存在相当局限性，但仍和战

---

① Orin Kirshner, *the Bretton Woods-Gatt System Retrospect and Prospect after Fifty Years*, New York: Armonk, 1984, p. 82.

② Elizabeth Kopelman Borgwardt, "An Intellectual History of the Atlantic Charter: Ideas, Institutions, and Human Rights in American Diplomacy, 1941 – 1946", phd., Stanford University, 2002, p. 357.

③ Otto Tod Mallery, "Economic Union and Enduring Peace", *Annals of the American Academy of Political and Social Science*, Vol. 216 (Jul., 1941), pp. 126 – 127.

后盟国的经济秩序设想有着惊人的一致性，结合其有益的启示，本书认为一个能确保世界和平发展的经济秩序应该具备以下特征：（1）政治地位的平等。即非建立在军事征服的武力压迫基础上，也非表现为势力范围的卫星国控制的基础上。这一点既否定了德日纳粹法西斯试图通过武力征服建立的新秩序的正当性，也排斥了英法荷殖民帝国经济秩序的合理性，两者都不能确保世界的和平发展。（2）经济机会的均等性。这种经济机会包括商品、服务、资本和人员的流动机会。一定意义上说，第二次世界大战的爆发就是源于德日对英法荷各种形式的帝国经济集团的一种挑战，当然也是他们的追求，他们设想的新秩序是一种同样封闭的秩序。（3）开放性。是这种表现为各种国际组织和机制的经济秩序，应该允许符合条件的其他成员加入。如战后的关税贸易总协定、世界银行和国际货币基金组织以及区域性组织如欧盟等。（4）权威性。一方面指该秩序应有系统的管理和调整规则来维持；另一方面应具备一定的管理权限，即享有一定的国际社会中的成员共同让渡的经济主权，以实施有效管理。

可以说只有具备以上特征的国际经济秩序才能在最大程度上确保世界经济的健康运行。这样的国际经济秩序为国际社会中的国家发展提供了相对公正开放①的平台，也可以说提供了一种发展路径。"不论在国内社会还是国际社会，人类社会中出现的现象都是以价值或资源、利益、目标、地位的稀缺性为前提的。在任何一个层次的社会里，如果构成这一社会的个人或集团能够自由地满足自己追求的价值或资源、目标有可能处于并存状态，那么就没有发生暴力冲突的可能性，或者即使有也很小。"②

第二次世界大战时盟国对战后经济秩序的规划实质上是赢得战后永久和平的一种努力。罗斯福在1945年2月就布雷顿森林会议给国会的咨文中称："当我们决心全力以赴赢得战争时，我们不要忽视这个事实——胜利本身不是目标，很大意义上，胜利只是给我们提供了一个取得持久和平

---

①　一国经济秩序中的开放度是指这样的特性：禁止排他性集团和势力范围或者不利于经济关系行为的那些障碍。对作为制度的多边主义这一议题的深入剖析可参见约翰·鲁杰主编《多边主义》，苏长河等译，浙江人民出版社2003年版，第13页。

②　[日]星野昭吉：《全球社会和平学》，梁云祥等译，北京师范大学出版社2007年版，第124—125页。

和更好生活方式的一个手段。胜利并不能确保这些大的目标的实现，它仅仅提供了取得他们的机会。"① 战时同盟国努力通过一系列国际经济机制的构建来确保未来各国发展权的满足，让他们在国际社会中都能以和平的方式实现发展本国福利的愿望，从而消除通过侵略求发展的世界经济结构层面的根源。

尽管现实是，无论是从长期（1970 年后）还是短期来看，都没能完全反映他们的预期。"但是如果没有国际货币基金组织（IMF）和其他提到的制度的话，在 20 世纪的下半期无疑将经历一个低速增长。国际经济关系将会更不确定和不稳定，因而对国际商品服务和生产要素的流动产生负面影响。"② 就像罗斯福讲的那样："国际基金和银行一起代表着我们目前最为合理和有用的国际合作建议之一。一方面，我不想给你们留下这些有关银行和基金的建议在每个细节上都是十分完美的印象。或许未来一些年的经历会告诉我们该如何对其完善。然而，我的确希望讲清的是，这些协定的条款是 44 个国家所能够聚集的最聪明的思维的结果。"③ 美国参加布雷顿会议的一个代表也指出：所有这些仅表明布雷顿计划仅提供了一个国际合作的开始，但放弃它将意味着对其他领域的国际合作的一个严厉的打击，将会威胁战后年代的世界繁荣和持久和平的机会。④ 1944 年的布雷顿森林协定不仅建立了一个固定汇率，而且建立了一个多边贸易秩序的基础。盟国在战后建立起来的经济机制很大程度上确保了资本主义世界成功的战后重建和黄金时期的出现。鉴于国际政治经济的复杂性，我们不能苛求一时的制度安排成为万能的发展灵药。因而对集中表现为布雷顿森林体系的战后经济秩序安排的正当性与和构建和平的有效性应该予以充分的肯定。

---

① "Roosevelt's Message to Congress on the Bretton Woods Agreements", February 12, 1945, http: //presidency. ucsb. edu.

② Antonio Di Vittorio, *An Economic History of Europe, from Expansion to Development*, New York: Routledge, 2006, p. 309.

③ "Roosevelt's Message to Congress on the Breton Woods Agreements February 12, 1945", http: //presidency. ucsb. edu.

④ Mabel Newcomer, "Bretton Woods and a Durable Peace", *Annals of the American Academy of Political and Social Science*, Vol. 240 (Jul., 1945), p. 42.

第四节　消除侵略发展模式国内社会根源的努力

和平的维持，无论是在国内层面，还是国际层面，都需要强力机器的存在，前者如军警体系，后者如某种普遍的集体安全制度。但这种建立在暴力基础上的维持和平的机制，实质上只是对潜在暴力冲突的一种压制，而不可能从根源上杜绝暴力冲突的滋生和存在。一旦遇到某种机遇，只会导致范围更广和烈度更深的冲突。因而，这只能说是一种消极的建设和平、维持和平的机制，即虽在一定情势下能确保消极和平的存在——战争的缺乏，但无法实现积极的和平，消除战争存在的经济社会根源。

美国和平学研究专家大卫·巴拉什认为："寻求和平，必须相应地把寻求人类经济和社会的改良也包括进来。"①《国际劳工组织章程》开篇序言第一句便称，普遍的持久的和平只有在社会公正的基础上才能建立。②本节着重从社会公正方面，来探讨盟国战时对战争与和平根源的思考以及对战后和平的谋划。战后国际社会朝此方向的努力对于消除侵略战争国内社会根源、走和平发展的道路起到了积极的作用，体现了国际社会建设和平的新思维。

一　社会安全与和平建设的关系

什么是社会安全（Social Security）？可谓众说纷纭，有西方学者从罗斯福的"四个自由"的角度来理解"社会安全"一词。"意味着免于担忧的自由。'社会的'在政治的环境下，指的是政治社会。因而我们可以认为社会安全就是社会本身免于担忧的自由社会，可能担忧不公正、较少的财产、歧视、贫困和疾病等。"③

首先，从法律上来讲社会安全是一种经济社会权利，这种权利的实现

---

① ［美］大卫·巴拉什、查尔斯·韦伯：《积极和平——和平与冲突研究》，刘成等译，南京出版社2007年版，第492页。

② 《国际劳工组织章程》前言，见 http://www.ilo.org/ilolex/english/constq.htm. 2012 - 10 - 18。

③ Maurice Stack, "The Meaning of Social Security", *Journal of Comparative Legislation and International Law*, Vol. 23, No. 4 (1941), p. 113.

和满足有利于民众和平观念的树立和暴力倾向的消除。一个充满失业、饥荒、无房可居、无医疗保障和财富分配悬殊的社会不可能是一个充满和平意识与和平文化盛行的社会。而完善的社会保障体系则是和平文化心理得以产生的制度土壤。

和平意味着一种个人和群体的宁静、平静和满足的状态，但是当人们的饮食、穿衣、住房、教育和卫生保健等基本需要得不到满足的时候，人们很难有冷静和满意的心态。当人们的基本需要得不到保障时，道德的指针很难确立，就更不用说遵守这些道德指导方针了。贝尔托·布莱希特在他的戏剧《三便士歌剧》中说得很清楚："先吃饱了，然后才能辨别是非。绅士也会变成无赖，除非他们每天都有饭吃。此外，就算他的胃至少已经最低限度地吃饱了，许多人只要想到他们的经济状况要比别人差很多，他们很少会觉得平和。因此好不奇怪，在一个有着令人痛心的贫富之分、有产者和无产者之分，并以此为特色的世界里，几乎无和平可言。"①因而，真正的和平观念只有在人的基本需要都能满足的社会中存在。回顾历史，如比利时前劳工部长所言，"如果你注意全世界法西斯主义的起源的话，你会发现相同的因素：失业。在人们疯狂渴求工作的年代，他们倾向于倾听冒险者关于生存空间的神话。他们告诉人们，你不会有工作，除非你征服其他人的领土。那样你才可以取得世界其他部分人的工作。他认为，正是比利时的体面的社会安全体系粉碎了在比利时国内形成的法西斯力量"②。

《全球通史——1500年以后的世界》的作者斯塔夫里阿诺斯也提醒我们："生存空间的思想起到了使'穷'国的人民团结起来，去支持各自政府的扩张主义政策的作用。它还为那种公开宣布其目的是为穷人提供食物、为失业者提供工作的侵略，提供表面上看来合乎道义的正当理由。实际上，即使在'富'国中，也有某些人接受了这些理论解释，为随之而来的侵略进行辩护。甚至连一些不愿轻信这些似是而非的推理的西方政治家，有时候也不得不因国内的紧迫问题而对侵略行径视而不见。20世纪

① ［美］大卫·巴拉什、查尔斯·韦伯：《积极和平——和平与冲突研究》，刘成等译，南京出版社2007年版，第491页。

② Arthur Wauters, "Social Security and Collective Security", *Annals of the American Academy of Political and Social Science*, Vol. 234 (Jul., 1944), p. 75.

30 年代中，公然违犯《国联盟约》的做法之所以能一再取得成功，一定程度上就是因为西方领导人首先须予以注意的是那些压倒一切的国内问题。"① 战时美国社会学学者艾伦·伍德华德也评论说："我们必须消灭所有敌人，不仅仅是用加农炮和导弹可以毁灭的具体的敌人，也包括同样具有毁灭性的经济敌人，这样的敌人意指失业、疾病、养老和儿童的疾饿。"② 以上观点反映了一国国内社会问题情形与其对外行为和世界政治存在密切关联的事实。

其次，如果我们把社会安全看作一种财富的再分配和消除贫困的努力的话，那么，随之而来的是国内民众购买力的提高。这就意味着国内市场的扩大，从一定意义上削弱了国家通过领土扩张对他国和地区的市场确立政治、军事支配的内在经济动力，而这一点曾是近代以来诸多征服战争的重要经济根源。

霍布森关于帝国主义根源的思想主张也许能给我们些许启示。他认为帝国主义扩张的经济根源在于"错误的经济分配"和"过剩储蓄"。财富分配的不平等导致财富的过度集中。一方面是过度的储蓄，购买力的闲置；另一方面是"众口嗷嗷、衣衫褴褛、陋屋简舍"的大众。他们有物质需求，但无购买力。他的建议是"在经济上稍加调整，使富人过剩储蓄中涌出来的增高泛滥水流的产品，能转而提高贫乏人的收入和消费标准"。其主张实质就是对社会的收入进行再分配，实行社会改良。假如"收入的分配能国内各阶级把使他们的需要转为对商品的有效需求的话，就不会有产品过剩，不会有资本和劳动的使用不足，也不会有争夺国外市场的必要，就不需要推行帝国主义了"。③ 因而，在霍布森看来，国内有效需求不足是帝国扩张、角逐国外市场的根源之一。事实上，西方列强在工业革命之后，用坚船利炮打开亚非国家和地区大门的一个重要动机就是为国内剩余产品和资本寻求海外市场。

---

① ［美］L. S. 斯塔夫里阿诺斯：《全球通史——1500 年以后的世界》，吴象婴、梁赤民译，上海社会科学院出版社 1999 年版，第 640 页。

② Ellen S. Woodward, "Further Needs in Social Security", *Marriage and Family Living*, Vol. 5, No. 4（Nov., 1943），p. 73.

③ ［英］约·阿·霍布森：《帝国主义》，纪明译，上海人民出版社 1960 年版，第 68—75 页。

二　盟国关于如何赢得"人民的和平"的思考

社会保障问题之所以被提上战后规划的议程，是源于第二次世界大战在战争状态的性质上是第一场真正具有世界意义的总体战。前线和后方的区分，战士和平民的差异变得模糊化，它使得所有参战国的人民都不同程度地以不同的方式卷入进来。南斯拉夫前国务部长萨瓦称："这场战争不仅是一场前线战士的战争，而是作为一个整体的人民的战争。国家投入了所有人民的军事、经济、社会和道德能量，历史上从未有一场冲突像这场战争一样表现出国家努力的整体性。"① 这场战争对参战各国的社会和经济产生了深远影响，以至于美国战时副总统亨利·华莱士在一次演讲中称第二次世界大战结束后的时代为"普通人的世纪"（Century of the Common Man）②。如何实现普通人的和平便成为战时盟国赢得和平的思考的重要组成部分。

美国总统罗斯福在不同的场合表达了普通民众经济社会权利的实现，即社会安全与和平之间存在密切关系以及在战后规划中应占重要地位的观念。他在 1941 年年度国会咨文中讲道："经济和社会权利对于一个强大和健康的民主是必要的，美国人期望：年轻人和其他人机会的均等；有能力工作者的工作；那些需要保障者的保障；少数人特权的结束；所有人国内自由的维持；科学在宽广地提高生活水准方面的应用……我们政治经济体系的内在效率和力量取决于实现这些期待的程度。"③ 他还认为："对于和平来讲，另外一个同样基本的要素是各国一切男人、女人和儿童都能享有过得去的生活水平。免于恐惧的自由同免于匮乏的自由是永远联系在一起的。"④ 表达了罗斯福对社会安全与和平维持密切相关的认知。

同时，罗斯福也认识到了社会公正的实现对消除国家间的战争的积

---

① "Eastern Europe Awaits a Common Man's Peace", by Savan Kosa Novich, Former Minister of State, Representative of the United Nations, *The People's Peace*, New York: George W. Stewart, Publisher, 1942, p. 128.

② "The Century of the Common Man", http://www.winrock.org/wallace/wallacecenter/wallace/CCM.htm.

③ Franklin D. Roosevelt, The Annual Message to Congress, January 6, 1941, in Public Papers Su And Addresses of Franklin D. Roosevelt, 672 (1941).

④ ［美］富兰克林·罗斯福：《罗斯福选集》，关在汉译，商务印书馆 1982 年版，第 460 页。

极作用。1941 年 3 月 5 日，罗斯福在白宫记者协会年度聚餐会上发表讲话时指出："我们相信这种民族国家不论大小，其男女公民都能够通过和平的进程，保障普通人的安全，提高有益于身心的生活水平，为制造业、农业提供市场，从而对世界、对自己尽到其职责。通过这种和平的贡献，一切国家都可以增进自己的幸福，排除战争的恐怖，抛弃人对人的野蛮行为。"① 此处，罗斯福总统富有远见地表达了和平发展的观点，他认为无论是国家的进步，还是个人的发展，都能以和平的方式来实现。

1942 年 7 月 23 日，美国国务卿赫尔在广播讲说中强调了普通人的利益在战后规划中的利害关系："自由不仅仅是政治权利的事情。在我们的国家，从艰辛的经历中得知，人们真正的自由，还必须包括经济自由和经济保障——保障一个自由的人完全同等的工作机会；保障通过工作获得生活的物质和精神方式的机会；保障通过能力、创造性和实干的实践取得进步的机会，我们都知道这在任何地方都正确，我们知道在所有国家里已经有，将来会有更多加强社会正义的要求。我们决心，一旦战争结束，这些要求将会迅速得到尽可能的实施。"②

英国的决策者在战时也强调了实现"人民的和平"的重要性。1942年 5 月，英国外交大臣艾登在一次演讲时讲："和平不仅仅是边界与和平条约，也必须有武力和意志，但仅仅有武力，你不会得到和平。除非存在一个经济体系，男人、女人愿意工作、能够工作并得到和他们劳动相当的报酬，没有社会的发展，不可能得到和平。如果在欧洲、亚洲和美洲有数百万人失业，不可能有和平。如果失业、营养不良、生活的低标准和贫困能够得到救济而不予救济的话，在世界上任何一部分，你将会损害和平。"③ 1942 年 10 月，英国工党公布其"赢得和平的计划"，其中提到："随这场战争结束而来的和平一定不同于之前的由和平条约带来的战后的

---

① ［美］富兰克林·罗斯福：《罗斯福选集》，关在汉译，商务印书馆 1982 年版，第 288—289 页。

② Cordell Hull, *the War and Human Freedom*, Washington: Office of War Information, 1942, p. 13.

③ "Sacrifices for Peace", extract from Mr. Eden's speech at Usher Hall, Edinburgh, May 8, 1942, Representative of the United Nations, *The People's Peace*, New York: George W. Stewart, 1942, pp. 71 - 72.

和平。这场战争之后的和平就像战争本身一样，是属于大众的和平，它将使得世界上尽可能大的一部分人过上较之前更好的更和谐的日子。这场战争之后的和平，不可能像过去那样是属于一部分人的和平，它一定是像这场战争一样，人民的战争，人民的和平。"① 中国国民政府及相关学者也表达了建设一个公正的战后社会的观点。宋美龄在美国的一次演讲中提到了建立公正社会的观点：我们决心，在中国消灭剥削。不仅不再容忍来自外国的剥削，我们也同样决心，消灭社会一部分对其他部分的剥削，甚至是来自国家本身的剥削。② 中国革命的先行者孙中山先生提出的"三民主义"之民生主义在目标上和罗斯福总统的"四个自由"中的"免于匮乏的自由"异曲同工，其目的都在于"改进群众生活，使人民普遍满足其生活"，"民生主义之目的，决不仅为一个阶级或一个国家谋利益，而要使全国人民和全世界人民都能增进其生活"③。

战时中国学者吴泽炎表达了同国内秩序和国际秩序密切相关的和平观以及对盟国的最终战争目标的期待。他认为："一种希望长治久安的国际新秩序，毕竟有赖于构成国际社会的各国本身能有完善、合理的发展，包括民族的独立、民权的扩大，和民生的满足。换言之，国际新秩序是以各国本身先实现一种新秩序为前提的。""这次的战争，诚如英国当代第一流的思想家赫胥黎所指出的那样，不仅是寻常意义战争，而且也是一种革命，战争直接目的固然是打败以暴力侵略为基础的轴心势力，但同时也要求改造现状，以社会全体福利的基本概念来代替专为个人打算的利润动机。社会全体福利中，最重要的前提，便是每一个人在经济上有绝对安全的保障。"④

---

① "Eastern Europe Awaits a Common Man's Peace", by Savan Kosa Novich, former Minister of State, Represenive of the United Nations, *The People's Peace*, New York: George W. Stewart, Publisher, 1942, p. 129.

② Reprehensive of the United Nations, *The People's* Peace, New York: George W. Stewart, Publisher, 1942, p. 25.

③ 蒋介石在纽约先锋论坛时报时事讨论会上宣布《中国对自由世界之信条》论文，中国第二历史档案馆编《中华民国史资料汇编》第五辑第二编外交，江苏古籍出版社1997年版，第149—152页。

④ 吴泽炎：《英国的战后社会建设规划——介绍比维里琪社会保险计划》，《东方杂志》第39卷第8期，1943年，第10页。

　　新西兰驻美国大使沃尔特也表达了通过国内制度改革来赢得"人民的和平"的观念。他曾公开发表演说："我们必须接受这是一场人民战争的事实，我们战斗是为了获取一种人民的和平。因而我们战时的努力中积极的目标不能少于消极的目标。因而，我们未来的任务，并不仅是恢复破坏的过去，而且要在废墟中建立新的制度，使得世界各地的普通人过上比过去任何时候更好更富足的生活"①，并且认为："随战争而来的是一个人民的世纪，未来的和平给人民的不仅是必要的而且是消极的免于未来战争和战争威胁的自由。除此之外，同样重要的且是积极的是免于匮乏的自由，只有建立在这个基础上的和平，我们才能够避免上次战争后留下的错误和惨剧。"②

　　从上述盟国政治家以及学者的言论中我们可以看出，在战后秩序的规划者心中，产生了不同于上一次大战之后的规划和平的思想，那就是普通民众的福利与和平的维持密切相关，战后的和平建设想要持久，必须确保随这场"人民的战争结束"而来的是"人民的和平"。就像民国学者吴泽炎认为的那样："社会安全的实现是这次战争的积极目标之一，也是这次大战之所以被称为革命的战争之一个重要理由。"③

三　战时盟国战后规划中的社会安全

　　战时以英美为首的盟国把战后普通的民众经济和社会权利的保障，置于战后国内和国际秩序建设进程的重要议程之上。在第二次世界大战期间，在国内和国际两个层面，以英美为首的盟国都进行了一系列的实践和制度建设，来确保美国总统罗斯福倡导的"四个自由"中免于匮乏的自由在世界范围内的实现。

　　早在1941年6月，英国、英联邦国家以及在伦敦的欧洲流亡政府代

---

　　① "A Peace with Security and Adventure", by The HoNorable Walter Nash, New Zealand Minister to the United States, and Deputy Prime Minister and a Member of the War Cabinet in his Country, Representative of the United Nations, *The People's Peace*, New York: George W. Stewart, Publisher, 1942, p. 153.

　　② Ibid. , p. 154.

　　③ 吴泽炎：《英国的战后社会建设规划——介绍比维里琪社会保险计划》，《东方杂志》第39卷第8期，1943年，第10页。

表就召开了第一次盟国间会议，发表宣言称："他们认为持久和平的基础
是世界上爱好和平的自由的民族，愿意合作解除侵略威胁，所有人都可享
受经济和社会安全，这是他们在战时和最终的和平到来时，决心一起和其
他自由民族努力的方向。"① 这是反法西斯盟国把社会安全作为战争目标
最早的公开宣示。

　　1941 年 8 月 14 日，在作为战后世界秩序建设蓝图的《大西洋宪章》
的第五条和第六条中，罗斯福和丘吉尔把确保实现"人民的和平"列为
建设更加美好的世界的重要目标之一，表明了英美两国领导人的共同愿
望——"缔造各国在经济上充分协作的新的世界秩序，以实现不断提高
劳工标准，促进经济发展、实现社会的保障目标"，"在最终摧毁纳粹
暴政以后，两国希望见到建立这样一种和平，以使一切民族得以在自己
的疆界内安居乐业，保证一切地方的所有居民都可以过无所恐惧、不虞
匮乏的生活"②。1941 年 10 月 29 日，艾德礼在关于《大西洋宪章》的
一次演讲中称："我们不仅决心赢得战争，而且还要赢得和平。这是一
场为了文明的前途而进行的战斗，其结局将影响所有男人和女人的生
活，而不只是影响那些正在进行斗争的人们。"作为战后世界一部分的
《大西洋宪章》的要求改善所有劳工标准、经济进步和社会安全的条
款，在他看来具有至高无上的重要性。③ 宪章的意义如此之大，以至于
有学者认为"1941 年《大西洋宪章》的发布，象征着社会保障运动的国
际化的开始"④。

　　从 1942 年 8 月末到 12 月初，美国战后规划咨询委员会下属的特别法
律问题委员坚持认为，国际社会和国内社会对人的基本权利的认可和保
障，有助于对维持国际和平有利的条件的形成、发展。委员会的目标应是
制定一个能广泛受到尊重的个人权利法案，即使不被所有国家正式签署，

---

　　① "Inter-Allied Meeting, Held in London at St. James's Palace on June 12, 1941 Resolution",
The Royal Institute of International Affairs, *United Nations Documents*, *1941 – 1945*, New York: Oxford
University Press, 1946, p. 9.

　　② "Joint Statement by President Roosevelt and Prime Minister Churchill", August 14, 1941,
FRUS, 1941, Vol. 1, pp. 367 – 368.

　　③ "Social Security For All Mr. Attlee On Post War World, German Terrorists To Be Punished",
The Times, Oct. 16, 1941, p. 2.

　　④ "Historical Background and Development of Social Security", http: //www. ssa. gov/history/
briefhistory3. html.

也可以以有力而简短的原则声明方式发布，该声明既包括传统的政治权利，也包括社会权利，社会和经济正义的基本原则。12 月 3 日，最终公布了"权利法案"。① 该草案第一款：政府的存在是为了人民的利益和在一个相互依赖的世界里促进他们的一般福利；第二款：所有愿意工作的人和所有非自己之错不能工作的人，都有权利享受最低程度的经济、社会和文化福利。②

（一）战时盟国为"人民的和平"进行的国际层面的制度建设

为确保战时和战后民众的基本福利，盟国在战时就进行了积极的合作和努力。联合国家在战时进行的第一次大的战后规划的努力是筹建联合国粮农组织。1943 年 1 月，罗斯福总统认为："以战后规划为方向，改善一般福利的努力的第一步应该从一系列的关于粮食农业、货币关系和其他社会经济问题入手。"③ 在"食物创造和平和制造和平"的信念下，为了使战时被解放的地区或国家免于食物匮乏的自由，1943 年 3 月，美国代理国务卿电令驻各国大使向所在国政府发出邀请函。美国认为，联合国家及其他这次战争中的附属国已经到了开始共同考虑彻底的军事胜利取得后，将要面对的一些基本经济问题的时候，主要探讨战后食物及其他必要的粮食作物的生产、贸易以及达成相关国际协定以促进他们发展的问题。④ 1943 年 5 月 18 日到 6 月 3 日，共计 40 个盟国参加了这次会议。可以说这次会议是对《大西洋宪章》有关合作促发展条款的第一次实践。对联合国家而言，这是第一次就战后特定问题进行协商的努力，并取得了成功。

另外一个大的尝试则是联合国善后救济总署（UNRRA）的建立。早在法国沦陷后，丘吉尔提议盟国间成立一个专门委员会，来解决战后救济问题，并得到美国与其他国家的响应。⑤ 这一组织同样是作为战后和平规

---

① Harley Notter, *Postwar Foreign Policy Preparation*, Greenwood Press, 1975, pp. 115 – 116.

② Ibid. , p. 483.

③ Ruth B. Russell, *A History of the United Nations Charter：the Role of the United States*, *1940 – 1945*, Washington：Brooking Intitution, 1958, p. 66.

④ "The Acting Secretary of State to the Charge in the United Kingdom（Matthews）", *FRUS*, 1943, Vol. 1, pp. 820 – 821.

⑤ Grace Fox, "The Origins of UNRRA", *Political Science Quarterly*, Vol. 65, No. 4（Dec. , 1950）, pp. 561 – 584.

划制度体系中确保民众福利举措的一个组成部分。英国外交大臣艾登在1941 年 9 月的一次演讲中说:"我们已经宣称社会安全必须是我们战后国内政策的首要目标,在国外也同样如此。我们希望和他国一道努力阻止战后带来的饥荒。"① 1943 年 11 月 9 日,44 国代表在白宫正式签署《联合国善后救济总署协定》。其宗旨为:"计划、统筹、执行或设法执行若干办法,以救济在联合国控制之下之任何地区内之战争受难者,济以粮食、燃料、衣着、房屋及其它基本必需品,供以衣物及其它重要服务,并在上述区域内促进上述服务与各种必需品之生产及运输。"② 其后,罗斯福在其广播演说中称:这项机构将使 1942 年 1 月 1 日联合国家宣言中所宣布的崇高目标得到实现。这项协定表明我们在战争中对政治与人道的关注不亚于军事,这个协定也是使联合国在应付彼此需要和利益时,互相合作的又一坚实的一环。③

从间接的意义上来讲,1944 年的布雷顿森林体系建设,也可算作盟国改善世界人民福利,致力于建设和平的一种努力,是对《大西洋宪章》第五条(两国愿意在经济领域内促成一切国家之间的最充分的合作,目的在于使所有国家改善劳动标准,发展经济,享有社会安全)的实践。布雷顿森林体系促进国家间合作的最终目的仍然是"使所有国家改善劳动标准,发展经济,享有社会安全"。罗斯福在致国会的信中写道:"在现代世界上,几乎没有什么人自己生产吃穿住的东西,只有通过人民之间以及不同地理区域之间的分工,通过专业化全面提高生产,任何现代国家才能养活自己的居民。只有通过交换和贸易,大规模的生产才有可能。扩大贸易因素,使之更丰富、更有竞争性、更多样化,就可以对每一个人的财富和幸福作出根本的贡献。"④

在 1945 年旧金山制宪会议上,盟国把促进保障民众的经济社会权利

---

① "Future Depends on the Restoration to the Four Freedoms", Representative of the United Nations, *The People's Peace*, New York: George W. Stewart, Publisher, 1942, p. 56.

② 《国民政府公布中国与联合国善后救济总署签订之基本协定(1943 年 11 月 19 日)》,载中国第二历史档案馆编《中华民国史资料汇编》第五辑第二编外交,江苏古籍出版社 1997 年版,第 168 页。

③ 史明编:《罗斯福、丘吉尔和斯大林战时言论集》,新华日报图书课,1944 年,第 169页。

④ 《总统要求国会立即通过布雷顿森林协议》,1945 年 2 月 12 日,载〔美〕富兰克林·罗斯福《罗斯福选集》,关在汉译,商务印书馆 1982 年版,第 503 页。

写入了宪章。《联合国宪章》国际经济及社会合作第五十五条规定，为造成国际间以尊重人民平等权利及自决原则为根据之和平友好关系所必要之安定及福利条件起见，联合国应促进较高之生活程度，全民就业，以及经济与社会进展。

（二）战时盟国有关社会安全在国内层面的规划

我们在此以英国和美国为主要探究对象。英国在这一时期进行了广泛的社会立法，成为战后欧美福利国家建设的典型。早在 1940 年秋天，英国就有媒体开始思考一个"经济权利法案"的必要，"通过确立最低限度的住房标准、食物、教育和医疗护理，再加上言论和宗教自由，在世界上永远击败希特勒主义"[1]。1941 年 6 月 10 日，英国战后重建问题委员会主席格林伍德任命威廉姆·贝弗里奇为部际协调委员会主席，负责对英国的现行社会保险方案和相关服务进行一次全面调查，并提出建议。1942 年《贝弗里奇报告》（社会保险及相关服务方案）出台，这份报告发表之后，立刻在英国引起了轰动，在很短时间内发行量竟达 63.5 万份之多。该报告提出了三条指导性原则：在规划未来的时候，要充分利用过去积累的丰富经验，同时又不要被这些经验积累过程中形成的部门利益所限制；应当把社会保险看成是促进社会进步的系列政策之一，成熟的社会保险制度可以提供收入保障，有助于消灭贫困；国家和个人的合作。[2] 该报告还就消除贫困问题提出独特建议，结论是："只有通过社会保险并根据家庭需要进行双重收入再分配才能摆脱贫困。具体如改进国家保险，为中断或丧失谋生能力者提供生活保障；根据需求提供补助；通过保险和子女补贴来进行双重收入再分配。"[3]

《贝弗里奇报告》的出台可以认为是英国在国内对《大西洋宪章》有关增进人民福利条款的践行，是在《大西洋宪章》"免于匮乏的自由"思想指导下制定的。就像贝弗里奇本人讲的一样："本报告提出的一系列建议，正是用详尽的语言对人类实现社会安全目标做出实实在在的贡献。这些建议涵盖了社会安全的所有项目，以这样或那样的形式把《大西洋宪

---

① Daniel J. Whelan, Jack Donnelly, "The West Economic and Social Rights, and the Global Human Rights Regime: Setting the Record Straight", *Human Rights Quarterly*, 29, 2007, p. 911.

② ［英］贝弗里奇编：《贝弗里奇报告——社会保险及其相关服务》，中国劳动社会安全部社会保险研究所组织译，中国劳动社会保障出版社 2004 年版，第 3 页。

③ 同上书，第 4—5 页。

章》的文字变成了人们实际的行动。"① 英国政府从总体上接受了该计划，并在其影响下发布了社会保险白皮书，并制定了《国民保险法》《国家卫生服务法》《家庭津贴法》和《国民救助法》等一系列法律。在美国也出台了所谓的"美国的贝弗里奇计划"。1943 年 3 月，罗斯福向国会提交了这个由国家资源规划委员会用三年多时间起草的《社会安全、工作和救济政策》的报告。相对于贝弗里奇报告，它是一个更加雄心勃勃的设计，它涉及"整个对所有人的最低保障的实现问题。社会保险只是实现这个目的六个必要措施之一"②。

这两个报告作为战后规划的一部分，在战后分别对各自国家甚至世界各国的福利国家建设产生了深远的影响。尤其是贝弗里奇计划被称为社会政策领域中的"圣经"。有当代学者认为："这两个文献的意义无论怎样评价都不过分。他们是战时该领域最重要的文献。大西洋宪章只是个模糊的承诺，而这两个文献却为之后的立法铺平了道路，同时也把大西洋宪章的相应内容付诸了实践。"③

"普遍的、持久的和平只有在社会公正的基础上才能建立"，国际劳工组织章程宣言就是以这一句开篇，可见"国际劳工组织创建者对一国国内社会正义与国际和平之间存在必然性的坚定认识"④。第二次世界大战进行正酣时，盟国在谋划如何打败法西斯赢得战争的同时，也对如何建设一个更加美好的世界进行了方方面面的规划。和战争的原因繁杂一样，和平的条件也不可能只有一个。而对有关保障人民基本经济和社会权利的思考和实践则是国际社会进行和平建设的一种积极的尝试。在创建实现消极和平的条件的同时，也致力于积极和平的建设，表现在普通民众福利领域，致力于消除一国国内战争倾向的经济社会根源，这些举措对确保战后的国家走向和平发展的道路起到了明显的积极作用。

---

① ［英］贝弗里奇编：《贝弗里奇报告——社会保险及其相关服务》，中国劳动社会安全部社会保险研究所组织译，中国劳动社会保障出版社 2004 年版，第 193—194 页。

② Edwin E. Witte, "American Post-War Social Security Proposals", *The American Economic Review*, Vol. 33, No. 4 (Dec., 1943), p. 827.

③ Henry E. Sigerist, "From Bismarck to Beverage: Developments and Trends in Social Security Legislation", *Journal of Public Health Policy*, Vol. 20, No. 4 (1999), p. 475.

④ Nobel Lecture, December 11, 1969, "ILO and the Social Infrastructure of Peace", http://Nobelprize. org/Nobel_ prizes/Peace/laureates/1969/labour-lecture. html. 2012 – 12 – 12.

第五节　构建有效遏制侵略的集体安全机制

战时盟国进行的战后和平规划，就其内容上而言，主要可以分为两类：一类是着眼于从国内、国际两个层面，消除作为战争主要根源的不平等的政治、经济和社会结构的努力，如消除殖民主义，建立相对公正、稳定和开放的国际经济秩序以及确保社会公正的国内改革等；另一类则是从国际层面制止可能的潜在侵略的努力，如建立、完善普遍安全制度，以维持世界持久和平。

由于国际社会的无政府状态性质，使得各个国家倾向于靠自助的方式取得财富与安全，这就必然导致竞争性的发展和安全上的困境，以致引发战争和冲突。因为"由于存在许多主权国家，由于缺乏能约束这些主权国家的法律体系，加上每个国家都在自己的理智和愿望支配下看待本国的不幸和抱负。所以冲突（有时会导致战争）必然发生的"[①]。本节主要阐述的是盟国在战时对建立集体安全制度的思考、酝酿和建立的过程，这一过程可以看作使无政府状态的国际社会有序化，以确保遏制、消除战争的努力，虽然这种努力因现实政治制约对和平维持效用有限，但却是确保世界和平发展的诸多条件中不可或缺的。

一　对国联集体安全制度失败的反思

第一次世界大战后，为了创造一个没有战争的世界，本着"促进国际合作和维护国际和平与安全"的宗旨，国际社会建立了国际联盟。根据《国联盟约》第十六条，条约国宣示如下：

> 若国联成员国不顾盟约的第12、13或15款而发动战争，据此事实视为对所有其他成员国的战争。其他会员国应立即与之中断所有贸易和金融关系，禁止其人民与破坏盟约国人民的各种往来。并阻止其它任何一国，不论是否为联盟会员国的人民与该国人民在金融上、商业是或个人的往来。理事会有义务召集若干相关政府，建议成员国应

---

①　[美] 肯尼思·华尔兹：《人、国家与战争——一种理论分析》，倪世雄等译，上海译文出版社 1991 年版，第 137 页。

贡献何种有效的陆军、海军和空军力量以组成被用来保护国联盟约的
武装力量。

然而，人们对之寄予厚望的国联并未能达到维持战后持久和平的预
期。在成立后的初期，由于没有发生什么大的危机，的确成功处理了一些
地区性争端，如它成功结束了 1925 年希腊和保加利亚以及 1927 年立陶宛
与波兰间的战争，并对 1932 年玻利维亚和巴拉圭之间爆发的查科战争的
解决起到了积极的作用。但是当争端涉及大国时，国联就显得无所作为。
30 年代区域大国对确保第一次世界大战后和平稳定的凡尔赛—华盛顿体
系的挑战最终使得致力于维护和平与安全的国联陷入瘫痪状态。首先是
1931 年，由日本侵略东北引发的满洲危机，国联以日本没有正式宣战为
由，只是在派出一个调查团认定日本为非正义的侵略后，予以道义上的谴
责和法律上的不承认。其次就是 1935 年意大利公然入侵埃塞俄比亚，国
联在进行谴责后，只是进行了有限的经济制裁。而其后的希特勒进驻莱茵
非军事区、占领苏台德和捷克斯洛伐克后，国联的无所作为则标志着它的
彻底失败。

集体安全制度承载着人们维护国际和平与安全的希望，但国联的失败
并未使人们否定该制度维护和平的效用。盟国的战后规划者仍然对集体安
全之于和平维持的价值充满期待，如罗斯福就认为："我相信其它三个大
国也完全同意，我们必须随时准备以武力来维持和平。如果德国和日本那
些人彻底认识到全世界不会让他们再度横行，他们就有可能，我认为，他
们大概就会放弃侵略思想——放弃那种丧失自己的灵魂而夺取整个世界的
念头。"① 因而，战时盟国更多的是反思导致国联维护和平失败的结构和
程序上的缺陷，以为战后建立新的更加有效的普遍安全组织做准备。

1942 年，国民政府前外交部部长、时任最高国务委员会秘书长的王
宠惠在中国政治学年会上致辞时谈到战后国际集体安全问题，他认为国联
失败的原因有：一是融进《凡尔赛和约》；二是国联内在的缺陷，如没有
严格宣布战争非法、未界定侵略和一致决策等；三是美国未参与凡尔赛会

---

① 《坚定我们是为人类美好的日子二战的信念——圣诞前夜关于德黑兰和开罗会议的炉边
谈话》，1943 年 12 月 14 日，载［美］富兰克林·罗斯福《罗斯福选集》，关在汉译，商务印书
馆 1982 年版，第 455 页。

议以及早期对德国、俄国的排斥；四是世界对集体安全体系缺乏信念。总之，他认为，政府和公众，尤其是会员国对集体安全制度缺乏诚意和信心是根本原因。此外，他还概括了五个基本的国际安全条件：国际争端和平解决；严格禁止国家间武力的使用；准确定义侵略；经济、外交和军事制裁常设执行机构的存在；视国际情势对条约进行审查，凡不具有适用性以及其继续存在会对世界和平构成危害的应予废止或修订。①

当时中国一些学者也对此作了反思，如张冀枢认为国联之所以失败缺陷在于：议而不决、缺乏制裁力、容忍战争等。他提出的建议是国联应该按以下原则改革："赋以普及性，使所有国家皆可参加；新国联之主持暂以美英中苏四国为限，以便进行工作。将来视情势要它国加入，并不立意排斥任一国；新国联取消全体同意制，改采多数表决制；新国联主要职责仍是制止战争；一切国际争议当提付仲裁，事后并得提付实议；规定侵略国定义；现行委任统治应改为集体委任制；大西洋宪章之精神宜在世界各处见诸实施。"②

第二次世界大战期间盟国反法西斯的团结合作精神，再度激起世界各国在战后继续合作维持世界和平的信心。哪怕在战争进行正酣时，盟国在忙于规划如何"赢得胜利"的同时，也从未疏忽对如何"赢得和平"的规划。因为战后规划者坚信："国际和平和安定，就像国内和平与安定一样，只有通过有生命力的和不断发展的组织才能得到保障。"③

二　盟国对战后集体安全制度的设想与规划

在第二次世界大战期间，美国是最早着手进行战后规划的国家。在美国的官员中，副国务卿萨姆纳·威勒斯对战后问题的规划思考得最早。他认为正是因为在上一次世界大战期间缺少早期的规划，才导致巴黎和会的混乱。在 1939 年战争爆发后，他立即着手战后世界的规划，并于 1939 年

---

① "Press Report on Address by Dr. Wang Chung-hui Before the Chinese Political Science Association"，*FRUS*，1942，pp. 743 - 744.

② 张冀枢：《战后和平机构之我见》，《东方杂志》第 39 卷第 1 期，1943 年，第 16—18 页。关于国联缺陷的此类论述也可见于史国纲《从国际联盟公约到战后国际机构》，《东方杂志》第 39 卷第 1 期，1943 年，第 7—10 页。

③ 《持久和平赖以为基础的国际合作并不是单行道》，1945 年 1 月 6 日，致国会的咨文，载[美] 富兰克林·罗斯福《罗斯福选集》，关在汉译，商务印书馆 1982 年版，第 494 页。

底在国务院成立了进行战后规划的对外关系问题顾问委员会。1941 年 7 月 22 日，他通过广播致辞，呼吁建立一个能在敌意结束时，恢复法律和秩序，确保和平的世界组织，即建立一个新的国联："我认为有着良好愿望的人们会努力再次实现国家联盟的伟大理想，只有通过它，各个民族的自由、幸福和安全才可取得。努力找到实现它的方式，就是我们今天的目标。"①

战时盟国关于建立战后集体安全机制的公开的正式表达，起源于1941 年 8 月罗斯福和丘吉尔共同起草的《大西洋宪章》。这个被视为盟国战争与和平目标的重要文献的第八款，明确了盟国战后欲确立一个普遍安全制度的设想："两国相信，世界上一切国家，基于实际的和精神上的原因，必须放弃使用武力。如果在自己的国界以外进行侵略威胁或可能进行侵略威胁的国家继续使用陆海空军备，就不能保持未来的和平。两国相信，必须在建立更广泛和更持久的普遍安全体系以前，解除这类国家的武装。两国也将赞助和提倡一切其他实际可行的方法，以减轻爱好和平的各国人民在军备方面的沉重负担。"②

随后，在伦敦召开的盟国政府间会议上，苏联及其他参会国（欧洲在伦敦的流亡政府）也表示了对宪章原则的认可："已知悉罗斯福总统和丘吉尔首相分别代表各自政府起草的宣言，在此对宪章中提出的政策原则予以遵守，并决心使之付诸实施。"③ 在 1942 年 1 月 1 日，由 26 个国家联合签署的《联合国家宣言》宣誓认可《大西洋宪章》的基本原则，表明建立集体安全制度的设想受到广泛的认可。有的学者甚至认为，1942 年《联合国家宣言》的发布标志着联合国的诞生④。

1942 年 4 月，美国战后规划委员会下属安全委员会开始讨论战后组织国际警察力量的条件、可行性以及安全机制的一般性质等。安全委员会

---

① Sumner Welles, *Postwar Planning, and the Quest for New World Order*, Chapter 3, http：// www. gutenberg-e. org/osc01/print/osc03. html. 2012 - 12 - 26.

② "Joint Statement by President Roosevelt and Prime Minister Churchill", August 14, 1941, *FRUS*, 1941, Vol. 1, pp. 367 - 368.

③ "Inter-Allied Council Statement on the Principles of the Atlantic Charter", St. James's Palace, September 24, 1941, The Royal Institute of International Affair, *United Nations Documents*, *1941 - 1945*, New York：Oxford University Press, 1946, pp. 9 - 10.

④ Dan plesch. "How the United Nations Beat Hitler and Prepared the Peace", *Global Society*, Vol. 22, No. 1 (Jan. , 2008), pp. 137 - 158.

认为，有必要在联合国家协定的基础上，组织国际力量来维持安全。它认为，应该确立解决争议的必要的国际政治和司法机制，在需要维护世界任何一处的和平时，这样的国际组织应该具有执行决定的手段。它也认为普遍的持久的安全组织中，四大国应该承担主要责任。[①]

1943 年 10 月 30 日，美、英、苏三国外长和中国驻苏大使共同签署了《四国关于普遍安全问题的宣言》，其中第四点规定：他们认为，必须在尽可能短的时期内，根据所有爱好和平的国家主权平等原则，建立一个普遍性的国际组织以维护国际和平与安全，所有这样的国家，无论大小，都将成为该组织的成员。[②] 中国学者史国刚认为，"此宣言不啻规定了在他国国土上使用武力的一切行为均为非法，另一方面也照顾到为制裁可能的侵略，而不得不使用武力的条件。为确保战后国际和平安全计，战争的非法、侵略的定义以及制裁的运用，于胜利后都应有明显切实的规定，否则在上一次集体安全制度的失败里，我们并没有得到任何有益的教训，关于这一点，此宣言给我们一个依照着可以详细制订的原则"[③]。四国关于普遍安全问题的宣言的公布，预示着盟国开始把建立战后维护国际和平与安全的组织正式提上日程。

在四国宣言之前，除美国政府外，中国政府也已开始了关于战后国际组织的规划和设想。早在 1941 年 12 月 12 日，中华民国外交部就拟订了《关于修正侵略与制裁之原则方案》，其中就提到战后国际组织建设的问题：战后国际组织应设立一制裁机关，其负责人员定为若干人，由各国推选之，或一部分制定若干国之代表，余由各国推选之。为有效实施制裁起见，战后国际组织中须成立军事参谋团、国际经济参谋团及国际警察。[④] 1942 年 2 月中国外交部开始拟定战后国际组织之章程，主要内容：创始会员国加入问题；战后国际机构的组成机构（国际经济委员会、秘书厅、理事会、国际警察委员会、军缩委员会、国际法庭、国际劳工局以及常设

---

① Harley Notter, *Postwar Foreign Policy Preparation*, *1939 - 1945*, Westport, Connecticut: Greenwood Press, 1975, p. 126.

② 《四国关于普遍安全问题的宣言》，载《苏联历史档案选编》第 18 卷，社会科学文献出版社 2002 年版，第 331 页。

③ 史国刚：《四国宣言之检讨》，《东方杂志》第 39 卷第 18 期，1943 年，第 2 页。

④ 中国第二历史档案馆编：《中华民国史资料汇编》第五辑第二编外交，江苏古籍出版社 1997 年版，第 98 页。

公断院）和它们的一般章程原则等。

中国国民政府委员长蒋介石在抗战六周年致联合国民书中讲："自九一八以来，深切感觉与一个军阀政治的国家为邻的痛苦，遭受它不断侵略的威胁，使我们三民主义的建国纲领因之不能如期实现。由于这种实际经验，更切望国际间必须建立强有力的国际机构，使战后各国都获得和平建设的良好环境。"1944 年 6 月，蒋介石在接见美国副总统华莱士时谈到了关于未来国际组织的若干设想：（1）中国认为联合国家应该迅速成立此种组织，不可迟至整个战事或欧战结束以后。（2）联合国组织之内，姑称之为联合国委员会，应仅以四强为组织分子，令若干小国参加，此等参加国之总数不宜太多，否则行动不宜灵活。（3）联合国组织必须是一个能充分实施武力制裁的组织，中国主张空军国际化。（4）关于敌人安置问题以及联合国之争执，均应暂由联合国组织处理。（5）中国必须参加联合国组织中核心机构。中国此举不是为荣誉，也不是徒为自己利益打算，盖中国如不参加此类核心机构，则使世界上多数民众，尤其亚洲人与有色人种对于此种国际安全组织，将不免疑忌失望而反对。（6）中国赞成于国际安全组织之下，成立远东区域组织。以上说明中国关于国际组织的构想愈加成熟。①

在 1943 年召开的德黑兰会议上，罗斯福在他与斯大林的第二次秘密谈话（11 月 29 日）中，向斯大林提及了他关于四国宣言中提到的战后国际组织的一些设想。他认为战后安全组织应具有以下三方面的内容②：（1）一个由 40 个或更多的来自世界各个地区的国家团体，该团体被授权自由讨论所有问题。（2）该团体向两个更小的有决策和行动权的机构建议，这两个机构是由莫斯科宣言四个签字国和六个从全球其他地区选择的国家组成一个执行委员会，有资格做出解决争议的建议，但无强制力。（3）由总统称之为四警察的美、苏、英中组成一个机构，有权处理任何对和平的威胁和任何需要处理的突发事件。斯大林指出这样一个组织，尤

---

① 《国民政府军事委员会参事室主任奉命拟具的蒋介石与美国副总统华莱士谈话要旨（1944 年 6 月 10 日）》，《中国外交史资料选辑》第 3 册（1937—1945），外交学院，1958 年，第 210—211 页。

② Herbert Feis, *Churchill, Roosevelt, and Stalin: The Way They Waged and the Peace They Sought*, Princeton, New Jersey: Princeton University Press; London: Oxford University Press, 1957, pp. 269 - 271.

其是四大国警察，需要在欧洲有常驻军。罗斯福说，他设想仅派飞机和军舰，英国和苏联掌握陆军应对对和平的威胁。

对战后国际维护和平与安全的组织的筹建工作，正式开始于 1944 年 8 月至 10 月的敦巴顿橡树园会议。会议对以下问题达成共识：维护和平与安全的国际组织的一般组成机构及其名称、大国应承担主要责任、取消一致表决程序、制裁规则等，这些共识体现在 10 月 7 日公布的《一般国际组织建立建议》中。敦巴顿橡树园会议做出的这一建议"对于总的国际和平与安全筹备工作进程而言，是一个转折点。大国间的共同利益和将要解决的困难都较以前更加明确，建立国际组织的很多方面的必要基础已经奠定"①。1944 年 10 月 9 日，在召开的记者发布会上，罗斯福在回答一个记者的提问时，说已解决了问题的百分之九十。因为在会议期间出现的三个大的分歧仍然没有解决，如安理会常任理事国表决时的大国否决权问题，主要是安理会常任理事国对牵涉到自己的决定能够行使的否决权的程度问题；苏联提出 16 个加盟共和国的代表权问题以及建立新的托管体系问题。

1945 年 2 月份召开的雅尔塔会议对敦巴顿橡树园遗留的问题，做出了基本原则上的解决。安理会表决程序上，美苏英三国达成了所谓的"雅尔塔程式"的表决机制共识。并一致同意苏联的两个加盟共和国加入联合国，同时就托管领土的范围达成一致意见。至此，建立维护和平与安全的国际组织大的障碍已经清除，为旧金山制宪会议的成功召开铺平了道路。

1945 年 4 月 25 日，来自 50 个国家的代表在美国旧金山召开"联合国家国际组织会议"，6 月 16 日，50 个国家的代表签署了《联合国宪章》。同年 10 月 24 日，中华民国、法兰西、苏维埃社会主义共和国联盟、大不列颠及北爱尔兰联合王国、美利坚合众国和其他多数签字国递交批准书后，宪章开始生效，联合国正式成立。联合国的建立，尤其是其核心机构安理会的建立标志着战时盟国维护和平与安全的国际组织的成功筹建。

---

① Harley Notter, *Postwar Foreign Policy Preparation*, *1939 – 1945*, Westport, Connecticut: Greenwood Press, 1975, pp. 337 – 338.

三　集体安全机制的确立与战后世界的和平发展

战后集体安全机制的确立，在一定意义上促进了战后世界和平发展模式的形成和普及。和平发展模式的本意就是一国采取和平的对外政策来实现自己国家的繁荣进步，其相反面则是通过侵略他国进行的领土征服和掠夺的对外政策。表现在对外交往中，世界发展模式的实质就是一种外交政策的选择路径。

国家外交政策的选择，不可能是在真空中进行的，它受到内外因素的制约。例如，当作为外因的国际环境中存在着一种鼓励或不反对奴役征服弱小的情势时，那么侵略征服就会受到鼓励，近代以来西方世界对非西方世界的征服就是此类情形。列强对亚非拉的征服和掠夺就是在传播福音、担负"白人的负担"等所谓合法合理的神圣旗帜口号下进行的。列强对非洲的瓜分是根据柏林会议规定的先占所得的原则进行的，可以说是依"法"进行的掠夺，当然这个"法"是西方列强为自己利益指定的恶法。但是可以看出第一次世界大战前的国际政治、法律伦理环境，在法律和道义上，是怂恿鼓励，至少是不禁止征服和扩张的。在这样的国际环境外因影响下，领土征服的侵略发展模式自然泛滥横行。

在完善第一次世界大战后建立的脆弱的国联维护集体安全的机制基础上，第二次世界大战后期确立的集体安全机制，在法律和道义上对一国采取侵略的政策施加了禁止，从而形成了一种外在的威慑。如果不顾国际社会的反对，贸然发动侵略的话，安理会就会援用相关条款，对其实施集体制裁以至军事行动，当然鉴于集体安全机制的诸多固有缺陷[①]，这一安排只能对非常任理事国产生实质上的效力，当争端涉及安理会常任理事国时，集体安全机制就会因相关国家的否决而陷入瘫痪。因而我们只能说在不牵涉到安理会常任理事国的意义上，战后的集体安全机制才会对世界的和平发展起到实质性的积极的作用。

集体安全机制虽然存在诸多缺陷，但至少是国际社会克服无政府状态

[①]　关于集体安全的局限性及维护和平的效用问题，可参见 Howard C. Johnson and Gerhart Niemeyer，"Collective Security: The Validity of an Ideal"，*International Organization*，Vol. 8，No. 1（Feb.，1954）；Roland N. Stromberg，"The Idea of Collective Security"，*Journal of the History of Ideas*，Vol. 17，No. 2（Apr.，1956）；William E. Rappard，"Collective Security"，*The Journal of Modern History*，Vol. 18，No. 3（Sep.，1946）。

的一种努力，聊胜于无。战后国际政治的事实表明，它的存在至少对安理会常任理事国以外的以及没有安理会常任理事国卷入的争端的解决还是能起到相应作用的，它对潜在的侵略国形成了一种外在的威慑，使其考虑到国际集体制裁的高成本以及国际道义的丧失而放弃侵略的政策，进而寻求以合作的方式来解决本国遇到的发展或安全问题。

小　结

第二次世界大战期间，尤其是苏联正式参战之后，有着不同意识形态、种族和制度文明的国家为了生存、自由和独立走到了一起。为了打败纳粹法西斯征服、奴役世界的企图，战时盟国间进行了频繁的交流互动，在战时他们除了进行军事战略上的互助谋划和整合以赢得战争外，以美英苏中为代表的盟国在吸取第一次世界大战的教训基础上，为赢得持久和平和繁荣进行了一系列有深远和战略意义的战后规划。

当然，盟国心目中的和平前景，不再仅仅是满足于不存在战争状态的消极和平，而是要消除战争存在的经济、社会、法制和观念根源的积极意义上的和平。英国代表亚历山大·加多甘在敦巴顿橡树园会议致开幕词时讲道："和平，不存在战争的消极意义的和平是不够的，整合经济社会领域的各功能性组织的建议措施必须得到安排。"[1] 美国副国务卿萨姆纳·威勒斯 1942 年在阿灵顿国家公墓前发表讲话时指出：国际社会在第一次世界大战后的秩序建设的失误是导致战争再度爆发的主要原因。"第一次世界大战后的世界，很多人失业、生活水准低下。它是一个被分为'有的国家'、'无的国家'的世界，所有这些话语暗含的是不平等和仇恨"。关于第二次世界大战结束后的世界和平维持的建议问题，他认为："这事实上是一场人民战争，除非地球上人民的基本权利得到保障，否则就不能认为取得胜利。要想取得真正的和平，没有其他的方式。"[2]

和第一次世界大战相比，盟国战后规划者中形成了一种赢得和平的新

---

[1]　Harley Notter, *Postwar Foreign Policy Preparation*, *1939 - 1945*, Westport, Connecticut: Greenwood Press, 1975, p. 305.

[2]　"Toward New Horizons—the World beyond the War", Washington: Office of War Information, 1942, pp. 9 - 10.

思维。不仅仅强调现实主义思维的裁军和制止侵略的集体安全制度，而且也开始注意到历来多数战争的真正根源所在——发展机会的不平等。在国内表现为社会公平公正的缺失，如财富分配不均导致的贫困、失业等，这些为独裁、暴力和扩张主义等极端思想的滋生提供了土壤。在国际社会表现为一些大国对自己的殖民地、势力范围内的资源、市场排他性的开发、利用，引起其他"无的国家"的不满、愤恨，再加上国际社会缺乏相对稳定开放的国际经济协调机制，使得以上两点更是成为战争、冲突的根源。战时国际社会在消除殖民主义制度、建设社会安全、建立国际经济新秩序以及集体安全制度的努力都是盟国战后和平规划新思维的产物。

战时盟国的这些志在"赢得和平"的规划努力对战后世界和平发展模式的形成起到了积极的作用。战时规划、筹建的联合国家体系在政治、经济、社会、安全、教育、卫生等领域的一系列机制安排，尤其是布雷顿森林体系对于西方世界战后的重建和 20 世纪 50—70 年代的黄金发展期的出现功不可没，当然我们在研究第二次世界大战对战后世界发展模式的影响时，仅从战时盟国的"主观"规划的努力角度上，考察其对战后世界影响，是不全面的，下文将从第二次世界大战留给战后世界的众多遗产的角度探讨第二次世界大战对战后世界和平发展模式形成所起到的客观作用机理。

第四章

第二次世界大战遗产与战后世界和平
发展模式的形成

第二次世界大战给人类社会留下了丰厚的历史遗产。战争本身的社会改造功能以及战后人们对战争进行反思的结果，引起了战后国际社会、地区以及国家等多层次的全方位变革。美国学者威廉姆森在谈到第二次世界大战留下的具有深远意义的遗产时指出："尽管第二次世界大战的影响因国家而异，但生活在 20 世纪 30 年代和 40 年代的人，很少有人会否认战争限定了他们的生活，并塑造了他们未来的世界。第二次世界大战已属于过去，但它继续塑造着现在和未来。"[1]

那么我们该怎么理解第二次世界大战的遗产呢？从广义上讲，我们可以认为，凡是由第二次世界大战这场战争带来的战后世界各个层面和领域的变革，都可算作第二次世界大战的遗产。它可以是战争本身带来的客观结果，也可以是人们在反思教训基础上进行的制度规划。据章百家教授所言，"所谓遗产，主要是指战争的后果以及它对战后世界的影响，如战争的过程造成的物质毁灭、生灵涂炭。但战争的后果和影响远不止这一点，其影响所及包括战后世界的政治、经济、外交、军事、文化各方面发展，也包括人类思想和心灵的改变"[2]。由此我们可以得知，第二次世界大战留给战后世界的遗产极为广泛，从国际和国内两个层面的硬权力的变动到软权力范畴的意识形态、文化、观念的革新，可以说战后世界历史进程的

---

[1] Williamson Murray, *A War to Be Won*: *Fighting the Second World War*, Cambridge, Mass.: Belknap Press of Harvard University Press, 2000, pp. 573 – 574.

[2] 章百家：《对二战遗产的若干断想》,《世界经济与政治》2005 年第 8 期，第 11 页。

方方面面无不带有第二次世界大战遗产的印记。

　　由于在一个章节里对第二次世界大战留给战后世界的遗产进行完整考察是不可能的，所以在此择取对战后世界产生深远影响且对战后世界和平发展产生积极作用的四个主要方面来做一个一般分析，这四个方面分别是：战后多边国际政治经济制度的建立、战后福利国家的建设、战争作为国家政策工具的观念的变化和战后科学技术的进步。其中，战后多边国际政治经济制度的建立一方面为国际社会中的国家提供了相对稳定的国际发展环境，另一方面也为其在国际社会中寻求财富和权力建构了一个平台和发展机制。作为"人民的战争，人民的和平"结果的战后福利国家建设，一方面提高了大众购买力，扩展了国内市场需求，从而一定程度上削减了过去通过对外扩张寻求海外市场的动因，另一方面对民众社会经济权利的满足，对国内社会秩序而言，起到了"安全阀"式的稳定社会的作用，避免了像法西斯主义之类的极端主义思想的滋生。在战争刺激下得到发展的战后科技进步和科技政策的演变，为战后的科技发展、创新打下了技术和制度基础，科技成为第一生产力的论断得到公众认可。一方面科技作为一种高效发展手段，极大地取代了征服掠夺的发展方式；另一方面科技进步带来的军事武器的杀伤力和毁灭性，增加了潜在的征服战争的成本。总之，国际政治经济中这些特征的出现深深地影响了一国发展道路的选择考量。

　　需要注意的是，通往和平的道路不是单行道，世界和平的保障不可能只归于一方面或几方面的因素。对于一国和平发展道路的选择而言，既受到国内领导人的特性、政治结构、经济社会发展状况的影响，也受到国际政治、经济和法治环境的制约。因而在分析第二次世界大战遗产对战后世界和平发展模式形成的影响时，应该尽量避免单一因素决定论。

第一节　多边政治经济机制的建立与和平发展模式

　　第二次世界大战的爆发在一定意义上是世界政治经济的整体发展要求与一些国家试图通过建立殖民地、保护国和势力范围来建立排他性控制的"生存空间"的追求之间相矛盾的产物。世界政治经济整体发展的结果，势必要求打破民族国家或地区的封闭空间，需要各国进行全球政策上的整合，进行各种资源的合理流动和配置，确保世界各国普遍繁荣的实现。

如果说希特勒德国在中欧、东欧建立生存空间的努力是违反世界政治经济整体发展要求的努力的话，那么英国、法国等欧洲国家近代以来，通过领土征服建立起来的帝国，同样也是阻碍世界整体发展的因素。这种建立支配性、排他性控制的生存空间的政策制造了一种冲突性的国际政治经济构架，使得国家间为了确保建立一种有利于自己发展的政治经济构架而斗争不已。就像日本学者星野昭吉关于帝国主义之所以好战所做出的解释那样："这样的现实，实际上应该说反映了当时的国际环境处在一种帝国主义性的冲突结构中，在这种结构中，即使不是帝国主义国家，也常常会诉诸战争。"① 可以说，正是这种作为侵略发展模式结果和表现形式的"帝国主义性的冲突结构"的存在，导致了近代世界战争、冲突的不断。

第二次世界大战给国际社会改变这种封闭性的且常常引起国家间战争的国际政治架构提供了动力和契机。20 世纪 30 年代的大萧条和一些国家国内秩序的失调以及第二次世界大战的最终爆发之间的联系，使得国际社会认识到：国家的福利不可能再以经济孤立的方式取得，就像政治孤立不能完全取得安全一样。对于这两件事，基本的问题都一样，即寻找和设计实现国家利益的最好方式。② 人们基于对第二次世界大战的这种反思，为了确保战后世界的和平发展，在战时和战后进行了全方位、多层面的国际制度的建构，既有全球层面的联合国体系，也有地区层面的欧洲一体化机制安排。罗伯特·基欧汉认为战后的机制安排是："由于相互依赖的事实而导致的对政策协调需求的产物"③，这些机制安排为战后世界或地区的发展提供了一个相对平等开放、稳定的平台，从而为世界和平发展模式的形成和发展打下了制度基础。

在谈到战后多边制度的建立之于战后世界和平发展的意义时，我们有必要对国际制度是如何通过影响一国的国际行为来促进国际社会合作、发展与和平做一探讨。毕竟正是两次毁灭性的世界大战历史和爆发使用核武

---

① ［日］星野昭吉：《全球社会和平学》，梁云祥等译，北京师范大学出版社 2007 年版，第 133 页。

② James T. Shotwell, *The Great Decision*, New York: Macmillan, 1944, p. 153.

③ ［美］罗伯特·基欧汉：《霸权之后——世界政治中的合作与纷争》，苏长河等译，上海人民出版社 2001 年版，第 7 页。

器的大战的可能，使得大国领导人寻求避开自助体系的致命后果。他们设计和发展了超国家的制度、规范和规则，削弱了无政府状态，促进了国家间的合作。①

一 国际制度对和平发展模式的促进

首先我们要先明确本节的一个主要概念——国际制度的内涵，然后再对国际制度促进合作的机制做一简要分析。国际政治研究中的制度理论源于自由主义学派中的新自由主义，也即新自由制度主义学派，代表人物是罗伯特·基欧汉、约瑟夫·耐和克拉斯纳等。本书对制度促进合作与和平的分析正是借鉴了他们的理论观点。

提到国际制度，必须提及该理论学派的奠基人罗伯特·基欧汉，他系统地建构了以国际制度为核心的理论框架。更重要的是在他的国际制度的概念中融合了国际机制②、国际组织的概念。他认为国际制度（International Institutions）是"规定行为的职责、限制行动以及影响行为者期望的持久的相互联系的一组正式的或非正式的规则"。它包含三种表现形式：第一是有着明确规定的规则和章程的国际组织，包括政府间国际组织（IGOs）和非政府间国际组织（NGOs），前者如联合国，后者如国际红十字会；第二是国际机制（International Regimes），它是各国政府为了管理国际关系中的特定问题领域而制定的明确规则，如国际贸易体系、国际金融体系；第三是国际惯例（International Conventions），指具有隐含规则与理解的非正式制度，具有塑造行为体的预期的功能，如国际法等。③ 这三种形式是相互作用的整体，国际机制是国际制度的规范

---

① Richard Ned Lebow, "The Long Peace, the End of the Cold War, and the Failure of Realism", *International Organization*, Vol. 48, No. 2 (Spring, 1994), p. 275.

② 国际机制最为权威的定义是由美国的斯蒂芬·克拉斯纳提出，后经 1981 年在美国召开的以国际机制为主题的国际会议通过，并取得广泛认同。该定义明确了国际机制是指在国际关系特定问题领域里行为体愿望汇聚而成的一整套明示或默示的原则、规范、规则和决策程序。所谓原则，是对事实、因果关系和诚实的信仰；所谓规范，是指以权利和义务方式确立的行为标准；所谓规则，是指对行动的专门规定和禁止；所谓决策程序，是指流行的决定和执行集体选择政策的习惯。Stephan D. Krasner, "Structural Causes and Regime Consequences: Regimes as Intervening Variables", *International Organization*, Vol. 36, 1982, p. 186.

③ Robert Keohane, *International Institutions and State Power: Essays in International Relations Theory*, Boulder, Colo.: Westview Press, 1989, p. 5.

层面，而国际组织则为规范层面服务，是国际制度的实施载体。因而三者都是同一事物（国际规范）的不同表现形式而已。由于本书并非纯粹的国际政治的研究，无意于具体概念的精确辨析，因而在本书中，为叙述方便，把国际组织、国际机制以及国际法律规范统一称之为国际制度。

当今的主流国际关系理论学派都认可的一个理论前提是国际社会处于无政府状态中。但是无政府状态不见得就是无秩序的状态。实现和平最理想的条件，当然是建立超国家的世界政府，但是这一点的现实性却很渺茫。由于"在无政府状态中不存在自动的和谐"①，国际制度的创设作为一个使国际社会各项合作制度化的努力，很大程度上使国际社会呈现一种秩序化状态，从而促进了合作与和平的实现。基欧汉认为，在无政府的状态下，"由于世界政治受制于国家权力和多元的利益，而且不可能组织有效的等级管理，因此，在互惠基础上运行的国际制度自然将成为构成任何持久和平的因素"②。

那么国际制度又是如何促进和平的合作成为国家的现实选择的呢？如果说战争是政治的延续，是国家政策的一种重要工具的话，国际制度则有利于促使国家选择合作而非战争作为发展的政策工具。国际制度的功能性价值在于其对国家间合作形成的促进作用。制度主义者认为制度通过降低交易成本、削弱不确定性和增加成员国的信息来促进合作。管理性国际制度同样也是适应世界秩序需求，为"管理国际社会中的所有或大部分成员在许多特定问题上的行动"而创设的一系列"广泛的框架性安排"③。正如秦亚青教授所言："国际制度促进合作的主要手段是通过制裁惩罚主动的不合作为违规行为和通过服务纠正违心的不合作行为，奖励采取合作行为的国家，所以使得国家逐渐学会在制度框架中定义或重新定义自己的

---

① ［美］肯尼斯·华尔兹：《人、国家与战争——一种理论分析》，倪世雄等译，上海译文出版社 1991 年版，第 138 页。

② Robert O. Keohane and Lisa Martin, "The Promise of International Institutions", *International Security*, Summer, 1995, p. 50.

③ Oran Young, *International Cooperation: Constructing Regimes for Protection of Natural Resources and the Environment*, Cornell University Publishing Press, 1989, p. 13.

国家利益，放弃短的、较小的国际利益，获取长期的、较大的国际利益。"①

战后世界受第二次世界大战影响而建立的各个领域和层次的国际制度名目繁多，本节只择取和第二次世界大战直接相关的，即作为第二次世界大战产物的联合国家体系范围内的国际制度建构及其与战后和平发展的关系做一简要探讨。

二 作为第二次世界大战遗产的国际制度建构

国际社会在第二次世界大战末期以及战后初期建立了一系列的全球范围的或地区性的多边国际制度，代表性的如联合国家体系（广义上包括布雷顿森林体系）和欧洲煤钢联营（后发展成欧共体及至今天的欧盟）。由于前面一章对联合国体系中的集体安全机制以及布雷顿森林体系下的货币金融机制建立的思考以及规划过程已做论述，在此不做具体解释。关于第二次世界大战与战后国际制度的建构这一点，本节试图首先揭示第二次世界大战对战后出现的国际制度安排的一般的影响机制，即第二次世界大战在其建立过程中所起的共同作用机理。

战时盟国关于战后国际制度规划蓝图的思考源于两个方面的考虑，其一是怎么才能够避免战争再起，其二是现代工业化战争的残酷性以及纳粹法西斯的残暴，造成了第二次世界大战时期大范围的人权灾难，对人的权利的关注开始提上日程。国际社会对这两者的思考导致了战后时期相关国际制度安排的建立，国际社会基于对战争原因的不同思考做出了相应的制度安排。

首先，20 世纪 30 年代的大萧条与随后的相关国家内部政治社会秩序的失调及第二次世界大战爆发之间的密切关联，使人们认识到了一个事实，那就是世界已经发展为一个密切的整体，世界事务存在一个全球治理的客观需求。在金融贸易领域需要一个相对稳定、开放的多边协调机制。从长期来看，极端的经济民族主义损害的是人类的和平与繁荣的福利。两次世界大战之间的经历使人们认识到："在一个越来越相互依存的全球经济中，协调各国商业政策显得特别重要。人们希望建立更加开放的贸易体

---

① 秦亚青：《国际制度与国际合作——反思新自由制度主义》，《外交学院学报》1998 年第 1 期，第 44 页。

系以确立一个经济相互依存的模式，因此通过国际共同繁荣来保障和平。自由贸易将使各国根据自己的比较优势，进行专业化生产，从而提高经济增长率。人们一直认为经济的繁荣将是形成一个更加稳定的世界秩序的基础。"① 美国国务卿赫尔就认为，在过去阻碍人类进步的所有因素中最大的和滋生独裁者的是极端民族主义，所有人都认为民族主义及其精神对于一个民族的健康和正常的政治经济生活是必要的，但是当民族主义政策，政治的、经济的、社会的和道德的达到极端以致排斥和阻碍必要的国际合作政策时，他们就变得危险和致命。民族主义在上一次大战和这次大战之间的猖獗，挫败了所有进行必要的国际经济政治合作行动的尝试措施，此外还鼓励和方便了独裁者的崛起，使这个世界处于战火的蹂躏之中。②

世界的整体发展要求使得各国的经济主权在平等基础上的适度让与成为一种历史必然。因而，在战时和战后，如何超越狭隘的民族主义进行全球政策的协调便成了战后国际金融贸易制度规划的指导原则。世界的繁荣与和平需要各国政策的整合和协调，美国和许多别的国家认识到第一次世界大战后未能建立有活力的世界经济和 20 世纪 30 年代经济大萧条的巨大成本是第二次世界大战爆发的主要原因，所以它们试图使国际经济正常运行，避免回到以前灾难深重的经济环境中。美国重要的经济利益集团（工业、金融业和农业）意识到它们与世界经济的繁荣息息相关。美国人的这种思想转变表现在他们创立布雷顿森林体系时所起的决定性作用上，布雷顿森林体系代表了一种理念：国际经济的运行必须有章可循，而且管理这些运行规则的国际机构必不可少。③ 可以说正是对这种国际管理规则的需求，才催生了战后布雷顿森林体系（国际货币基金组织、世界银行和关税贸易总协定）的建立。

其次，罗斯福"免于恐惧的自由和免于匮乏的自由"密切相关的观点深入人心。普遍的观点认为 20 世纪 30 年代的纳粹主义、法西斯主义在相关

---

① ［英］马克·威廉姆斯：《国际经济组织与第三世界》，张汉林等译，经济科学出版社 2001 年版，第 27 页。

② Cordell Hull, The *War and Human Freedom*, Washington：Office of War Information, July 23, 1942, p.17.

③ ［美］罗伯特·吉尔平：《全球资本主义的挑战：21 世纪的世界经济》，杨宇光等译，上海人民出版社 2001 年版，第 54 页。

国内的崛起源于国内民众的失业、贫困，正是国内政治的混乱造就了极端主义思想和运动的土壤。因而，在考虑战后和平的维持时，怎样尽可能确保民众的经济社会权利的实现问题，开始进入战后规划者的视野。在国际层面，国际劳工组织的保留和发展，国际粮农组织、联合国善后救济总署和世界卫生组织等国际机构的建立反映了战后规划者一种建设和平的新思维。

再次，人们对维持第一次世界大战后的和平的失败原因的探讨，无一例外地提到国际联盟，但人们批判的是国联本身存在的种种制度设计缺陷，却并未归罪于国联体现的维持和平的机制集体安全制度本身。人们仍然坚信如果能克服国联维持和平的设计缺陷，还是能够建立一个有效的普遍安全制度来维持和平的。可以说从罗斯福和丘吉尔大西洋会晤到旧金山会议召开，战时每一次有关战后安排的会议都毫无例外地提及集体安全制度建设。战后和平的维持计划中，集体安全占据了相当的地位。美国国务卿斯退丁纽斯认为："这次战争的胜利和拟议中的国际组织的建立，将在整个人类史上提供在最近几年中为这种和平创造最重要的条件的重大机会。"[1] 因而就有了经过多方博弈修订后的联合国安全理事会制度的建立。

最后，战争本身的残酷性造成的严重的人道主义灾难和纳粹法西斯对人权的肆无忌惮的践踏，震惊了世界。除了在《联合国宪章》中笼统地体现了人权保护的精神外，1948 年 12 月，联合国第三次大会通过了具有相当进步性的《普遍人权宣言》，该宣言在代表们看来纯粹是第二次世界大战经历的产物。一个起草宣言的关键人物黎巴嫩代表马利克认为，"它是由对残暴的纳粹和法西斯主义的反对而激发的"；印度代表迈农认为宣言的诞生源于"重申在战争中被违反的人权的需要"；丹麦代表称，他们是为了"避免新战争的恐怖"；智利代表称，在第二次世界大战的毁灭带来的废墟中，人类再次点燃了文明、自由和法律的不朽火焰[2]。总之，几乎所有的代表都认为人权宣言起草的冲动来自第二次世界大战的毁灭性经历。

---

① 美国国务卿斯退丁纽斯提交的《关于克里木会议成果向报界发表的联合声明建议稿》，见《苏联历史档案选编》第 18 卷，社会科学文献出版社 2002 年版，第 584 页。

② Johannes Morsink, "World War Two and the Universal Declaration", *Human Rights Quarterly*, Vol. 15, No. 2（May, 1993）, p. 357.

三　战后国际制度与世界的和平发展

战后国际制度的建设源于国际社会在认可世界相互依存的现实基础上，希望对战后世界各领域的政策进行协调的需求。英国外交大臣艾登在一次演说中说："没有一国能够寄望于独自生存，从第二次世界大战的悲剧中我们就已经明白这一点。科技的进步已把所有的国家更紧密地联系在一起，不管它愿意与否，这个世界会变得更小。我们必须要么建设每个国家都可以无恐惧地生活和工作的有序的守法的国际社会，要么在肆无忌惮的倾轧中全被摧毁。"① "有序的守法的国际社会"表达了艾登对战后国际社会的政治、经济、文化等各领域的交往制度化的期望以及国际社会的秩序化对世界和平发展重要意义的肯定。

作为第二次世界大战遗产的各种类型和领域的战后国际制度为战后世界的国家政治经济交往提供了一种框架，一个可以和平地实现国家发展目标的政策工具。"各国赞同国际机制的规则和原则，不是因为他们希望出现一个超越民族国家界限的世界，而是因为这些机制提供了一个框架，进而促使有限合作（无论是不是自由主义的性质的），为国家利益服务。"② 英国学者威廉姆斯也提醒我们道："体制分析使我们看到国际关系中的服从，不是只能通过压制或以制裁相威胁来实现，而可能通过遵守或认同一套国际公认的价值标准来实现。"③

（一）　布雷顿森林体系与战后的和平发展

布雷顿森林体系的制度设计源于战时盟国的战后规划者对第二次世界大战社会经济根源的反思，是国际社会从体的经济结构层面来消除战争根源的一种努力。布雷顿森林体系承载的是稳定汇率、足额信贷和开放国际贸易的责任，通过提供一个相对稳定开放的国际贸易金融环境，确保各

---

①　"Future Depends on the Restoration to the Four Freedoms", extracts from Mr. Eden's address at Albert Hall, Nottingham, July 23, 1942, reprinted with permission from Bulletins from Britain#101, Representative of the United Nations, *The People's Peace*, New York: George W. Stewart, Publisher, 1942, p. 62.

②　[美] 罗伯特·基欧汉：《霸权之后——世界政治中的合作与纷争》，苏长河等译，上海人民出版社 2001 年版，第 256 页。

③　[英] 马克·威廉姆斯：《国际经济组织与第三世界》，张汉林等译，经济科学出版社2001 年版，第 27 页。

国乃至世界的繁荣进步。其对国际社会中的国家选择和平发展的道路贡献
有二：

　　首先，布雷顿森林体系致力于开放国际贸易的努力，使得侵略性的领
土征服在很大程度上丧失了经济意义。近代以来的西方殖民扩张或殖民列
强间殖民地的争夺，都是为了垄断在该殖民地的资源或市场或者占据优势
地位。总之，都是通过确立政治军事的支配地位来谋求自己在世界经济贸
易中相对他国的垄断或优势地位。如战后各国在关税贸易总协定制度框架
下，进行了八轮的多边国际贸易谈判，达成了一系列规范国际贸易行为的
协议、规则。在前六轮谈判中，各缔约国集中地围绕着关税减少问题达成
双边和多边关税减让协议数百项。在第六轮的"肯尼迪回合"谈判中，
还达成了"反倾销协议"，并在总协定中增加了关于发展中国家成员国的
特殊要求和发达国家应当承诺的义务的有关条款。这些条款构成总协定的
第四部分内容，使总协定的内容更加完整。这些条款的重要补充，使国际
贸易行为朝合理化方向迈出了重大步伐。在第七轮"东京回合"谈判中，
除了签订一系列关税减让协议外，还签订了六项反对非关税壁垒的协议。
此外，还通过了给广大发展中国家更多贸易优惠待遇的"保障条款"。在
第八轮"乌拉圭回合"谈判中，还包括过去历次谈判中从未涉及的议题，
如农产品贸易，知识产权，与贸易有关的投资问题等，最突出的是关于
"服务贸易"的协议。这一协议确定了服务贸易的基本框架，清除服务贸
易领域中的各种障碍，逐步实现服务贸易的多边自由化，奠定了国际自由
贸易的基础。

　　此外，国际货币基金组织和国际复兴开发银行在世界经济发展所需的
货币和信贷领域的作用，也对战后世界国际贸易的健康发展和运行起到了
积极作用。

　　第二次世界大战的结束标志着世界经济一个新时代的开始。战后的决
策者越来越抛弃两次世界大战间经济民族主义的政策，开始把国际贸易而
非自给自足视为经济增长的必需。在新的制度合作框架内，国际贸易在战
后 30 年代突飞猛进，按出口值计算，世界贸易额在 1950—1982 年从 603
亿美元增至 18539 亿美元，增长近 30 倍，年平均增长率高达 11.2%。
1948—1981 年，世界出口贸易量增长了 7.7 倍，年平均增长率达 6.8%。
而在 1900—1938 年的 38 年间，世界出口量只增长了一倍，年平均增长率
仅为 1.8%。19 世纪黄金时代的高峰在 1860—1870 年，世界出口量年平

均增长率达到 5.6% 的创纪录水平，而战后"黄金年代"1960—1970 年的年平均增长率已达 8.1% 的水平。[①]

其次，国际制度在战后日益成为一个国家在国际社会中谋求财富和权力的工具性机制，多边的国际制度逐渐取代军事征服成为财富和权力的源泉。如果说战争是一种政策工具的话，那么在战后通过参与和建设国际制度，融入国际社会则成为战后国家发展的必需。"对政策制定者来说，合作与其说是一种目标，还不如说是一种达到各种各样目标的手段。"[②] 对发达国家而言，如美国，在战后世界经济支配地位的获取并非建立在对世界其他部分的占领和奴役上，而是通过国际制度实现，如布雷顿森林体系、经合组织、北美自由贸易区等。尽管这些制度的游戏规则大多由西方国家制定，存在着种种的不平等，但和过去的武力征服相比，无疑是一个大的进步。

（二）联合国体系与战后世界的和平发展选择

由于我们对战后和平发展模式的形成机理的研究主要着眼于一国制订发展战略时的考量，因而着重考察的是那些影响国家发展战略选择考量的以及在消除潜在的战争根源方面的积极因素。因而对联合国与战后世界和平发展关系的考察，主要关注的是联合国体系的存在对一国发展战略决策，也可以说是对一国的国际行为可能产生的影响。

联合国集体安全机制的存在是对潜在侵略国家的威慑。《联合国宪章》第七章关于对于和平之威胁、和平之破坏及侵略行为之应付办法的相关条款，规定了对威胁和平或有侵略行为的国家的制裁和应对办法。如第四十一条：安全理事会得决定所应采取武力以外之办法，以实施其决议，并得促请联合国会员国执行此项办法。此项办法得包括经济关系、铁路、海运、航空、邮电、无线电及其他交通工具之局部或全部停止，以及外交关系之断绝。第四十二条：安全理事会如认第四十一条所规定之办法为不足或已经证明为不足时，得采取必要之空海陆军行动，以维持或恢复国际和平及安全。此项行动得包括联合国会员国之空海陆军示威、封锁及其他军事举动。联合国维护和平的这些条款尽管只是一般性的规定，并常

---

① 宋则行、樊亢主编：《世界经济史》，经济科学出版社 1998 年版，第 277—279 页。

② ［美］罗伯特·基欧汉：《霸权之后——世界政治中的合作与纷争》，苏长河等译，上海人民出版社 2001 年版，第 10 页。

常因牵涉到安理会大国的利益而陷于瘫痪，但它本身具有的国际法性质使之成为国际舆论正义评判的旗帜。

联合国对一国的国际行为选择的影响，还体现在其作为国家间论坛的作用上。联合国大会作为一个国际讲坛，为有争议的相关国家提供了利于争端分歧解决的机制。汉斯摩根索认为，"冷战时期联合国对维持和平所能做出的贡献，就在于它利用两大集团共存于同一的国际组织所提供机会，不引人注目地利用传统的外交手腕。因此，可以说联合国为旧式外交手腕提供了新的环境"①。此外，联合国对争端国的分歧问题还能起到一定的调解和仲裁作用，对于缓解和化解冲突，减少不信任和误解有一定的积极意义。有的学者就认为"联合国对和平的作用近似于争议中的第三方，它的优势是它一直存在，在一些情况下，比起第三方具有更加独立的中立性"。②

《联合国宪章》之后联合国大会通过了一系列进步的宣言或声明，如《普遍人权宣言》《给予殖民地国家和人民以独立的宣言》《关于国家间友好合作的宣言》《关于确立国际新秩序的宣言》等。以《联合国宪章》为首的这些文献，从广义上讲都可归为当代国际法范畴。虽然这种国际法大多缺少强制力，属于弱法范畴，但仍具有一般法律规规范所具有的大多法律功能，如指引、评价、教育、预测，甚至强制作用。就连崇尚权力的现实主义大师汉斯·摩根索也承认，"考虑到这方面普遍存在的错误认识，有必要指出，在国际法出现后的四百年中，在多数情况下得到了认真的遵守"，尽管并不总是有效，"但是，否认国际法作为一套有束缚力的国际法律规则的存在，则是不尊重事实"③。这些进步的宣言和声明所宣示的"和平、合作、发展和平等"的价值观在全球范围内更加深入人心，对国家的国际行为起到了潜移默化的规范作用。

当然本书在此无意把战后国际社会各领域的进步皆归于国际制度的存在，战后国际制度的创设和完善只能是众多促进和平发展因素中比较重要

---

① ［美］汉斯·摩根索：《国家间的政治——争夺权力斗争与和平》，徐昕等译，北京大学出版社 1991 年版，第 598—599 页。

② David W. Ziegler, *War, Peace, and International Politics*, New York: Addison-Wesley Educational Publishers Inc., 1997, p. 317.

③ ［美］汉斯·摩根索：《国家间的政治——争夺权力斗争与和平》，徐昕等译，北京大学出版社 1991 年版，第 352—352 页。

的一个而已。就像罗伯特·基欧汉认为的那样，制度的重要性并不意味着它一直是有很大价值，更非说明它超脱于权力与利益之外运作。如果对国际制度期待过多的话，它将的确是一个"不切实际的承诺"①。国际制度只能是国际社会推动世界走向和平发展的众多链条因素中的一环。

战后初期，在战争影响下建立起的一系列国际制度尽管存在着这样那样的不足，但为资本主义世界 20 世纪 50—70 年代的经济黄金时期的到来做好了铺垫。就像胡德坤、韩永利教授认为的那样，"二战后期和战后初期，依据对二战社会经济根源的反思，资本主义国家之间建立了较战前相对良性运转的开放型经济体系，如以关贸总协定为核心的贸易体系，以世界银行、国际货币基金组织等为代表的世界金融体系。这种体系虽然在战后一段时期内受到美国霸权目标取向的制约，但是比较二战前，战后经过改良的世界资本主义经济体系确实极大地协调了资本主义国家之间的矛盾、经济关系、政治关系，从而在半个多世纪里有效避免了资本主义国家因极端排他性的经济竞争演变为世界战争的恶性循环状况的再现"②。因而，战后作为第二次世界大战重要遗产的这些国际制度，经受住了冷战的考验，经历了半个多世纪依然在国际和平与发展事务中扮演着重要的角色，这种生命力本身就足以说明人们对它们的角色期待和它们本身具有的持久价值。

第二节　福利国家建设与战后世界的和平发展模式

第二次世界大战的经历及其结果，改变的不仅仅是战后世界的国际秩序，也为参战国国内秩序的改造创造了条件或提供了动力。战时有关战后规划的政策和思想奠基以及战争本身造就的一些客观结果，促使了战后各国"和平"的社会革命的开展。本节主要探讨的是作为第二次世界大战

---

① Robert O. Keohane and Lisa Martin，"The Promise of International Institutions"，*International Security*，Summer，1995，p. 50. "不切实际的承诺"源于米尔斯海默与自由制度主义者论战的一篇论文：John J. Mearsheimer，"The False Promise of International Institutions"，*International Security*，Vol. 19，No. 3（Winter，1994 - 1995），pp. 5 - 49.

② 胡德坤、韩永利：《第二次世界大战与战后世界和平》，《武汉大学学报》（哲学社会科学版）2004 年第 4 期，第 513 页。

遗产的战后广泛进行的福利国家①建设及其对战后世界和平发展的影响。也即从国内政治和国际政治互动的角度，对战后各国，尤其是过去奉行殖民扩张主义的欧美国家和日本的国内秩序的变革对战后和平发展模式形成和发展的影响做一般分析。作为一种克服资本主义内部弊端的内向型的自我完善和自我发展的制度，战后福利资本主义很大程度上消除了一国选择以战争作为国策求发展的内在动因。

一　国内政治与世界政治中的战争与和平

当代国际关系学界关于战争原因的探讨，受到主流的新现实主义学派关于战争根源的研究范式的影响。② 该学派强调战争爆发的体系层面的原因，即由国际政治的无政府状态性质引起。在新现实主义大师华尔兹看来，"由于存在许多主权国家，由于缺乏能约束这些主权国家的法律体系，加上每个国家都在自己的理智和愿望的支配下看待本国的不幸和抱负，所以冲突（有时会导致战争）是必然发生的"③。"如果单元间的组织形式对单元的行为和彼此间的互动具有影响，那么我们就不能只通过对单元的性质、目的及其互动的了解来预测和理解结果。"④

国家关系理论研究者们对战争原因中体系层面的重视，反映在他们探讨实现和平的方法时，把希望重点寄托在建立世界政府、国际法、均势、集体安全机制、安全共同体、裁军、恐怖平衡、军控、第三方调解、联合国等方法上。这些建议都是致力于通过减弱甚至消除国际体系的无政府状

---

① "福利"（Welfare）一词早在 19 世纪晚期就被英国学者和政治家频频使用，但直到 1937 年，牛津大学教授齐默恩（A. Zimmern）才首次使用"福利国家"一词，用 Warfare-Welfare 对比纳粹的"枪—面包"的政策。第二次世界大战初期，英国大主教（Archibishop William Temple）在《公民与教徒》一书中发展了此观念，用以对比独裁的"权力国家"（power state）。在 1942 年著名的贝弗里奇报告发表以后，逐渐成为"社会福利"的代名词。

② 参见肯尼思·华尔兹的《人、国家与战争——一种理论分析》（倪世雄等译，上海译文出版社 1991 年版）和《国际政治理论》（信强译，上海人民出版社 2003 年版）两部著作及 Patrick James, "Structural Realism and the Causes of War", *International Studies Review*, Vol. 39, No. 2 (Oct. , 1995), pp. 181 – 208.

③ ［美］肯尼斯·华尔兹：《人、国家与战争——一种理论分析》，倪世雄等译，上海译文出版社 1991 年版，第 137 页。

④ ［美］肯尼斯·华尔兹：《国际政治理论》，信强译，上海人民出版社 2003 年版，第 53 页。

态以及因此而导致的安全困境来实现、维持世界和平。[①]　当然，新现实主义强调战争体系层面的根源同时，并未完全忽视国内政治方面的原因。华尔兹就认为"国家的内部机制是理解战争与和平的关键"[②]，同时他又抱有体系的运作超越单元特征的看法，即体系大于部分之和，作为战争根源之一的国际内部弊端从属于体系的性质。

国内政治状况在世界战争与和平研究中受重视，在自由主义国际关系理论那儿得到了充分的体现。如20世纪80年代兴起的"民主和平论"在西方盛极一时。该理论的核心论断认为，民主国家之间很少发生或不发生战争。[③]根据这一理论，杰克·斯奈德在其《帝国的迷思》一书中，对19世纪以来大国的过度扩张做出了国内政治的解释。他认为国际环境促成侵略，但仅仅体系内的因素不能说明这些扩张为什么会发生，还需理解国内政策形成机制，尤其是竞争性的利益集团的作用。他认为过度扩张和帝国的迷思之所以只能在大国间广泛传播，是因为帝国主义集团国内政治中的卡特尔体制，而在民主体制中，选举投票和自由辩论的规范导致权力分散，但对扩张的分散的利益集团拥有更大的发言权，也就更有能力制衡集中的帝国主义利益集团的互助行为和迷思制造。[④]

总的来讲，目前学界有关战争与和平原因的思考中存在着重体系层次而轻国内政治层次的现象。在美国学者阿诺·迈耶尔看来，常见的和平建

---

①　此类探讨可见 David W. Ziegler, *War, Peace, and International Politics*, New York: Addison-Wesley Educational Publishers Inc. , 1997, pp. 131 – 338; John King, *One World. the Approach to Permanent Peace on Earth and the General Happiness of Mankind*, One World Publishing, 1992, pp. 347 –183; Emanuel Adler, "Condition (s) of Peace", British International Studies Association, 1998, pp. 165 – 191.

②　[美]肯尼斯·华尔兹：《人、国家与战争——一种理论分析》，倪世雄等译，上海译文出版社1991年版，第69页。

③　民主国家之间能够维持和平的原因在于它们国内民主体制中的制度约束（Institutional Constraints）形式，如三权分立和舆论监督等以及民主国家间共享的民主规范、民主文化和民主的价值观念。代表性的研究可见：Zeev Maoz and Bruce Russett, "Normative and Structural Causes of Democratic Peace, 1946 – 1986", *The American Political Science Review*, Vol. 87, No. 3, (Sep. , 1993), pp. 624 –638; Bruce Russett, Christopher Layne, David E. Spiro, Michael W. Doyle, "The Democratic Peace", *International Security*, Vol. 19, No. 4 (Spring, 1995), pp. 164 – 184; Zeev Maoz and Bruce Russett, "Normative and Structural Causes of Democratic Peace, 1946 –1986", *The American Political Science Review*, Vol. 87, No. 3 (Sep. , 1993), pp. 624 –638.

④　[美]杰克·斯奈德：《帝国的迷思——国内政治与对外扩张》，于铁军译，北京大学出版社2007年版，第34页。

议都具有其价值，但也有着共同的缺陷：忽略了或错判了决定走向战争的重要的政治核心。[①] 而在对国内政治层次与战争和平关联的研究中，又存在着几乎"一边倒"的片面强调国内政治结构的"民主"体制的因素，而忽略了对一国国内社会经济层面的因素和其对外行为之间的互动分析。

美国国际问题学者迈克尔·哈斯也认为，从柏拉图到列宁，很多著名的社会理论家通常把国家内部的社会条件同外交事务中的侵略行为相联系，然而在今天社会因素比过去被给予了更少的注意，更时髦的是思考战争的精神基础，或者认为是国际体系结构的副产品。[②] 比如柏拉图从社会经济的角度，建议为了避免战争，应该有具备凝聚力的人民和中等程度的繁荣。前者意味着有忠诚的人民遏制攻击，后者意味着国家不会从战争中经济上获利，同时战利品不再构成一个诱惑。[③] 列宁和英国的霍布森在分析帝国主义的根源时，都注意到了帝国主义发生的国内社会经济的根源。霍布森就认为财富分配的不公导致的过度储蓄和大众购买力的低下，是导致国内市场狭窄和资本回报率低的主要原因，而正是这一原因推动着帝国的扩张。[④]

总之，国际上学界关于第二次世界大战史的研究著述存在着对第二次世界大战社会史研究忽视的不足，学者们对 20 世纪的工业化战争与国内社会政治结构之间的关系的看法分歧较大。[⑤] 本节则从国内政治中经济社会根源的角度，来探析第二次世界大战的经历与战后大范围的福利国家建设现象的关联，以及其作为第二次世界大战遗产之一对战后相关国家对外行为中的和平倾向所产生的积极影响。

---

① Arno J. Mayer, "Internal Causes and Purposes of War in Europe, 1870 – 1956: A Research Assignment", *The Journal of Modern History*, Vol. 41, No. 3 (Sep., 1969), p. 291.

② Michael Haas, "Societal Approaches to the Study of War", *Journal of Peace Research*, Vol. 2, No. 4 (1965), p. 307.

③ Michael Haas, "Societal Approaches to the Study of War", *Journal of Peace Research*, Vol. 2, No. 4 (1965), p. 308.

④ ［英］约·阿·霍布森：《帝国主义》，纪明译，上海人民出版社 1960 年版，第 58—75 页。

⑤ Loyd E. Lee, *World War II in Europe, Africa, and the Americas, with General Sources: a Handbook of Literature and Research*, 1997.

二　作为第二次世界大战遗产的战后福利国家建设

第二次世界大战后，在西欧、美国和日本等资本主义国家出现了"福利国家"[①] 建设的高潮，有的学者称其为和平的社会革命。虽然各国福利国家建设的促进因素因国家而异，但都与第二次世界大战的经历有着直接的联系。一般学者很谨慎地把战争和福利政策联系在一起，因为福利主义者"不能接受把他们视为人类进步标志的福利制度竟然部分源于可恶的战争"[②]。学者们通常把战争视为一个临时救济措施，或最多是一个加速器的作用，因而把战争排除在福利国家的一般理论之外。学界一般认为福利国家主要有三个起源：一是工业化的发展；二是工会的影响；三是决策者的价值观。[③]

从历史的经验和逻辑看，将第二次世界大战和战后福利国家建设联系在一起的观点并不否认学界关于福利国家起源的一般理论，而是补充和完善了该理论。第二次世界大战对战后各国福利国家建设的影响机制存在着诸多的共性。但由于各国历史、政治的因素，第二次世界大战对战后各国福利国家建设的促进机制也表现出一定的差异性。由于涉及国家面广，我们不可能一一论述，只能做一般的分析。

（一）第二次世界大战影响机制的共性

首先，第二次世界大战的"总体战"[④] 性质决定着国家存在对社会的

---

① 1945 年 4 月，英国工党提出《让我们面向未来》的竞选纲领，正式提出"福利国家"计划。1948 年，第一届工党政府首相艾德礼宣布英国建成"福利国家"。此后，"福利国家"论便传播于资本主义世界。特别是 20 世纪 60 年代，欧洲许多国家，如英国、法国、西德、意大利、荷兰、比利时、瑞士、瑞典、挪威、芬兰、丹麦、冰岛等国，都相继宣称本国是"福利国家"。战后，在广大发展中国家，随着工业化的开展，开始出现所谓"发展型社会福利"。有些学者认为，福利国家已成为现代社会的主要标志与特征之一。福利问题是任何一个国家在现代化的过程中必然遇到且无法回避的一个社会政治问题。

② Bruce D. Porter, *War and Rise of the State: the Military Foundations of Modern Politics*, New York: The Free Press, 1994, p. 193.

③ Gregory J. Kasza, "War and Welfare Policy in Japan", *The Journal of Asian Studies*, Vol. 61, No. 2 (May, 2002), p. 419.

④ 关于总体战的特征，在德国军事家鲁登道夫看来，有"军队和人民融为一体"，"总体战不单是军队的事，它直接涉及参战国每个人的生活和精神"，总体战需要民族的总体力量，因为总体战的目标是针对整个民族。参见［德］鲁登道夫《总体战》，戴耀先译，解放军出版社1988 年版，第 1—12 页。

人力物力总动员的客观要求，国家为动员民众不得不做出战后给予回报的承诺。以英国为例，到 1945 年，英国征募了它的 2100 万男性公民中的 469.3 万。此外，英国的从事战争辅助服务的妇女，达 50 万之多。[①] 因而为了动员的需要，国家在战时不得不做出一些回报民众的承诺和实践，用建设战后美好社会的前景激励民众，凝聚人心。《泰晤士报》曾发表评论："第二次世界大战不可能取得胜利，除非数百万的普通人相信我们能给予比他们国家的敌人能给予的更好的东西，不仅仅在战时，而且在战后。"[②]

英国 1942 年底的《贝弗里奇报告》以及美国 1943 年 6 月的《华格纳法案》向人们展示的都是建设一个公正社会的前景。社会保障和充分就业，在很多盟国和中立国内被视为战后年代经济福利的关键。"改善劳工条件、经济发展和社会保障"都是《大西洋宪章》的经济目标。"所有这些在含义上虽然模糊，但是表达数千万人的希望，并是所有战后规划的关键。"[③] 英国历史学家摩尔甘在《人民的和平——1945—1989 年的英国史》一书的开篇中就讲到，1943 年贝弗里奇所称的国家团结（National Unity）是第二次世界大战精神上的最大成就。它既不是建立在政党交易，也非正式联盟的基础上，而是深深扎根于"政府和人民的谅解"，它源于英国的民主用胜利超越胜利的决心，用人民的和平伴随人民的战争的决心。[④]

其次，由于军事技术的进步，武器投射能力的增强，战争给双方带来的毁灭性也随之增加。第二次世界大战给轴心国和盟国带来了较第一次世界大战更为严重的战斗人员和非战斗人员的伤亡与后方房屋等基础设施的毁损。如英国在 1940—1941 年的闪电战中及 1944 年德国 V1 和 V2 导弹的空袭中，有 6 万平民伤亡，在 1300 万平民房屋中，有 25 万被完全摧毁，100 万受损。[⑤] 1945 年 2 月至 7 月的美军 B29 轰炸机对日本各大城市的空

---

① Bradley F. Smith, *The War's Long Shadow: the Second World War and Its Aftermath: China, Russia, Britain, and America*, New York: Simon and Schuster, 1986, p. 55.

② *The Times*, July 1, 1940.

③ Edwin E. Witte, "1944 – 1945 Programs for Postwar Social Security and Medical Care", *The Review of Economics and Statistics*, Vol. 27, No. 4 (Nov., 1945), p. 171.

④ Kenneth O. Morgan, The *People's Peace. British History 1945 – 1989*, Oxford: Oxford University Press, 1990, p. 3.

⑤ Bradley F. Smith, *The War's Long Shadow: the Second World War and Its Aftermath: China, Russia, Britain, and America*, New York: Simon and Schuster, 1986, p. 64.

袭共造成 20 多万人丧生，估计有 220 万栋住宅被毁。日本的主要城市名古屋被毁 40%、横滨 58%、神户 56%、大阪 35%。[①] 这种伤亡毁损使各国政府深刻地认识到，为安抚民众以及为确保稳定合格的兵员供应，必须重视弱势群体的福利和国民的身体健康，很多国家政府在战时通过了与医疗保障、老弱妇幼补助相关的法案或机构。英国政府战争末期和战后先后通过《家庭津贴法案》（1945）、《国民健康服务法案》（1946）、《国民保险法案》（1946）、《儿童法案》（1946），以及《国民救助法案》（1948）等。日本政府在 1938 年 1 月成立了福利部，并在战时先后通过了《国家健康保险法》《国家医疗管理法》《福利救助法》《社会工作法》等。对于日本而言，"太平洋战争"时期是日本公共福利发展史上最具创造性的时期，可以和 19 世纪 80 年代德国、1908—1914 年的英国和 20 世纪 30 年代的美国相比。战时的福利政策确立了很多影响战后日本至今的多方面的制度先例。[②] 在 1947 年，日本福利部通过了日本版的"贝弗里奇计划"[③]，覆盖每一个日本人的疾病、伤害、死亡、出生、育婴、养老和失业的整合体系。

当然我们也应该看到，日本政府在这一时期的社会政策的实施，最终目的主要还是为其扩张主义政策服务，只不过客观上出现了改善民众福利的结果，并为战后日本政府的社会政策制定提供了框架结构。

再次，第二次世界大战激发了民众的权利意识、平等意识，这种权利意识和平等意识的兴起，决定着他们对战后社会重建蓝图模式的期待。第二次世界大战是一个"人人都是战士"的"人民的战争"，他们要赢的是自己的和平。第二次世界大战的经历使英国社会和民众的心理发生了巨大的变化。在西方各主要交战国中，英国为这场战争曾最彻底地动员了它的人民和经济。战争期间它首次尝试用西方民主大国"从未实行的经济平等来表现全国的团结"。[④] 如战时的食物资源的配给制，使英国人民感受到了平等的对待。"由政府提供的抵消战争危害的救助很少带有歧视，被

---

① ［日］井上清：《战后日本》，张廷铮译，世界知识出版社 1995 年版，第 1—2 页。

② Gregory J. Kasza, "War and Welfare Policy in Japan", *The Journal of Asian Studies*, Vol. 61, No. 2（May, 2002），p. 416.

③ Ibid. , p. 428.

④ ［美］H. 斯图尔特·休斯：《欧洲现代史（1914—1980 年）》，陈少衡等译，商务印书馆 1984 年版，第 516 页。

平等地分配给每一个人。国家资源的共用和风险的共担并非一直是可行的
或可以应用的，但是他们是指导原则。"①"在第二次世界大战中，充分就
业的经历和通过税收、配给与价格控制实施的均等分配的经历，导致民众
对战后社会免于失业和机会均等权利的强烈要求。"②

　　第二次世界大战期间，英国上下弥漫着一种对战后社会变革憧憬的情
绪，这种期待变革的情绪体现在 1940 年的《泰晤士报》的一篇报道里：
如果我们谈及民主，我们并非仅指选举的民主，而忘记工作和生活的权
利。如果我们谈及自由，我们不是指拒绝社会组织的艰难的个人主义和经
济特权。如果我们提到重建，想得更多的是分配上的平等而非大众生产
（尽管这一点是必要的）③，该言论体现了英国民众对自己经济社会权利的
关注和平等主义思想的兴起。

　　民众中这种平等主义、经济社会权利思想的泛滥决定了英国不可能再
回到战前 30 年代的社会中去，"人民的和平"不是恢复秩序，而是要创
建一个繁荣和平等的新社会。在严峻的战争年代，英国的贫苦人民确实看
到他们生活水平提高了。国家生产总数中的劳动工资部分和工人分享部
分增加了，婴儿死亡率降到历史上最低点。在英国每个儿童都有牛奶喝，
这成了战时平等最显著的象征，显然这一潮流在第二次世界大战后不可能
逆转过来。无论哪个政党执政，都必须继续执行平均主义的政策。因为在
战争期间存在着一项"政府和人民之间不言而喻的协定"，英国人民为了
赢得这次大战去做政府所要求的每一件事，他们确信他们的统治者必将在
战后继续执行进步的社会政策作为报偿。④ 事实就如英国外交大臣艾登讲
的那样，"我们在一起为胜利而努力，但也不只是为胜利，因为我们这些
年一直战斗，并非仅仅想回到饥饿、恐惧和希望受挫的世界"⑤。英国工

---

　　① Titmuss, *Problems of Social Policy*, London：H. M. S. O. , 1950, pp. 506 – 507.

　　② Sandra Halperin, *War and Social Change in Modern Europe. The Great Transformation Rrevisited*, New York：Cambridge University, 2004, p. 248.

　　③ Titmuss, *Problems of Social Policy*, London：H. M. S. O. , p. 508.

　　④ ［美］H. 斯图尔特·休斯：《欧洲现代史（1914—1980 年）》，陈少衡等译，商务印书馆
1984 年版，第 515 页。

　　⑤ "Future Depends on the Restoration to the Four Freedoms", extracts from Mr. Eden's address at Albert Hall, Nottingham, July 23, 1942, reprinted with permission from Bulletins from Britain#101, Representative of the United Nations, *The People's Peace*, New York：George W. Stewart, Publisher, 1942, p. 62.

党副主席格林伍德任命贝弗里奇起草有关社会政策的报告及该报告出台后受欢迎的程度就说明了这一点。战后的福利国家建设可以说正是应"运"而生。

最后，战后国际社会对第二次世界大战经济起源的反思和战时调控经济的经历，使得其对国家与社会的关系产生了再认识。1939 年之前的资本主义世界信奉的是"管得越少的政府就是越好的政府"的理念，因而自由放任的资本主义占据统治地位。然而，20 世纪 30 年代的大萧条的发生，使得人们对自由放任的资本主义的有效性产生怀疑。30 年代的政治和社会混乱一直被认为是大萧条所致，而大萧条则一直被认为是对市场不加以调节的结果。"不加约束的自由放任主义导致动荡和不平等，这一点摧毁了民主所赖以生存的社会同质性。管得少的政府带来的是它想要保障的民主的毁灭。"① 在谈到英国战后大选丘吉尔败选的原因时，有学者就认为，"尽管选民们看重丘吉尔作为战时领导的贡献，英国的选民们认为，他和他的保守党的自由放任的哲学使得他们不适合掌管和平时期的事务"②。

战争本身改变了很多人关于国家和市场关系的观念。所有的欧洲政府在战争期间都承担了管理经济和控制社会的责任，战后它们并没有像第一次世界大战之后那样，从社会和经济生活中撤退，战争的经历表明中央政府能够很好地调控经济高效发展。③ 1947 年德国基督教民主联盟的规划宣称：德国经济的新结构必须从私人资本主义经济不加控制时期结束的实现开始。④

第二次世界大战战时的动员对国家与市场关系的影响，就如一位观察者注意的那样，"如果战争粉碎了什么东西的话，它就是已经受损的观念：资本主义，如果任其发展的话，能带来一个'好的'社会"⑤。也就

---

① Mark Bonham-Carter, "Economic Democracy", *Ethics*, Vol. 58, No. 4 (Jul., 1948), p. 296.

② Randall B. Woods, "The Trials of Multilateralism: America, Britain, and the New Economic Order, 1941 – 1947", in Paul Kennedy, *From War to Peace-Altered Strategic Landscapes in the Twentieth Century*, Yale University Press, 2000, p. 131.

③ Frank Tipton and Robert Aldrich, *An Economic and Social History of Europe from 1939 to the Present*, Baltimore: Johns Hopkins University Press, 1987, pp. 6, 48.

④ Donald Sassoon, *One Hundred Years of Socialism*, N. Y. : The Free Press, 1996, p. 140.

⑤ Ibid. , p. 84.

是说自由放任的资本主义能带来稳定繁荣的社会的观念在第二次世界大战的冲击下破碎了。1945 年以后，西欧国家开始建设一个新秩序，在能确保经济增长的同时保护社会免于资本主义毁灭性后果。就像约翰·鲁杰讲的那样，战后的决策者运用政权对市场施加更广泛和更直接的控制①，鲁杰所称道的战后秩序中的"镶嵌的自由主义"体现在盟国关于战后国际金融贸易机制的安排当中，国家干预经济的凯恩斯主义在战后被广泛采纳。

第二次世界大战改变了人们对国家与社会关系的认识，也即国家应该在经济中起到调控作用的观念，为国家推行社会政策埋下了伏笔。就像克劳斯兰德讲的那样，在 1945 年之后，"确保不仅仅穷人而且几乎所有社会阶级的免于贫困和压力被认为是政府正当的功能和确定的义务"②。总之战后的资本主义社会秩序发生了不同寻常的变革，"不同于经典的资本主义……在一个人能够想象的每一个方面"③。

以上四个原因基本上对战后各国，包括西欧、东欧、日本、澳大利亚和北美等地区和国家战后进行福利国家建设的动因都具有普遍解释力，是第二次世界大战对这些国家的战后社会变革所给予的共同遗产。但在西欧和西北欧却存在着另外一种日本、北美国家不具备或虽具备但不明显的动力，那就是左派在国家政治生活中的崛起。

（二）西欧特殊性——左派政党在战后欧洲政治中的崛起

欧洲的左派（社会党、基督教民主党以及共产党）在反对法西斯侵略和后期解放祖国的斗争中做出了巨大的牺牲和努力，在全民团结对外的条件下，其政治地位得到了各国政府和人民的正式认可。"在战争期间民主的欧洲国家，反法西斯的战争和斗争促进了跨阶级的团结，表现为战时的大同盟，甚至在中立的瑞典和瑞士也是如此。"④ 事实上，"第二次世界大战对于左派的影响而言，是一个独特的国际和国内原因的融合，反法西斯抵抗运动使得欧洲共产党，在广泛抱有的大众民主希望和民族独特性的

---

① John Gerard Ruggie, "International Regimes, Transactions, and Change: Embedded Liberalism in the Postwar Economic Order", *International Organization*, Vol. 36, No. 2 (Spring, 1982).

② C. A. R. Crosland, *the Future of Socialism*, London: Fletcher and Son, 1967, p. 98.

③ Ibid., p. 34.

④ John D. Stephens, *Democratization and Social Policy Development in Advanced Capitalist Societies*, United Nations Research Institute for Social Development, 2005, p. 25.

基础上，恢复了他们的政治作用"①。欧洲左派政党在欧洲政治中的崛起使其以社会变革为本位的政治理念的实践具备了政治基础，为福利资本主义的建设又添了一股动力。

第二次世界大战的总体战性质要求是全民的动员和参与，一国内部的人民不分阶级和地位，都要参与到赢得战争胜利的努力中来。这种总体动员的结果对欧洲国家的社会结构产生了深远影响。"1914 年的大众动员，自拿破仑战争以来，第一次极大地增加了工人阶级有组织的力量和权力。20 世纪 40 年代的大众的再次动员在增加工人阶级对资产阶级的相对权力方面是决定性的。"② 事实的确如此，由于英国工党在动员工人方面有得天独厚的优势和号召力，在战时联合政府中，工党领导人在众多部门中任要职。由于丘吉尔专注于外交和军事，担任副首相的工党领袖艾德礼在国内政务方面是英国事实上的首相。贝文任劳工大臣，他把领导工会的广泛经验用于指挥劳动部，掌管人力分派。格林伍德任不管部大臣、英国战后重建委员会主席，他委托经济学家贝弗里奇出任社会保险和相关服务部协调委员会主席，促生了影响极大、深受英国人民欢迎的《贝弗里奇报告》。道尔顿担任贸易大臣，莫里森是内政大臣兼治安大臣。至战争结束时，国内许多部门几乎都是由工党大臣负责。③ 由此，英国工党的执政能力和影响力得到提高，为其赢得大选成为执政党打下了基础。

战后西欧的左派政党之所以能在欧洲政治中崛起，最根本的原因在于其宣传的社会变革理念切合了大众要求变革的心态。如果说第一次世界大战之后，欧洲人视重新恢复战前美好生活为当然选择的话，那么第二次世界大战之后，已很少有人再抱同样的想法。因为"此时人们对形势的看法与 1918 年不同了，问题已不是简单地把战前的生活方式照旧延续下去。首要的问题在于，应该在何种程度上实行政治、经济和社会的变革"④。英国

---

① Geoff Eley, "Legacies of Antifascism: Constructing Democracy in Postwar Europe", *New German Critique*, No. 67（Winter, 1996）, p. 75.

② Sandra Halperin, *War and Social Change in Modern Europe. The Great Transformation Rrevisite*, p. 248.

③ ［英］阿伦·斯克德等：《战后英国政治史》，王子珍等译，世界知识出版社 1985 年版，第 11 页。

④ ［英］德里克·界·厄尔温：《第二次世界大战后的西欧政治》，章定昭译，中国对外翻译出版公司 1985 年版，第 10 页。

保守党和工党在 1945 年大选中的结局就反映了这一点。

在 1945 年大选前，丘吉尔到全国各地演说，所到之处人们夹道欢迎，向他表达感激之情。丘吉尔认为他们的欢呼意味着选民会再次选他这个为赢得战争流下"血、泪、汗"的民族英雄，但是事实上并非如此。因为"建立在对过去的感激基础上的政治不能运转，它只能在满足未来的需求基础上才能运行"①。"在 1943 年早期未能理解公众对《贝弗里奇报告》的热情，很可能标志着丘吉尔开始失去这个国家对其的好感。随着德国面临失败，他的议会地位变得不可挑战，但他只想着战争，却忘记了人民为何而战。"② 1945 年 7 月大选的结果是工党以 394 票对 210 票的议会席位数，赢得了对保守党的压倒性胜利。工党 1945 年的胜利也是社会党在历史上第一次在一个主要的欧洲国家赢得议会多数。

工党取胜的新闻震惊了美国的观察家，他们认为，这一行动是对赢得战争无可匹敌的领袖的一种卑劣的忘恩负义的举动。在美国历史学家斯图尔特看来，"这种看法是对所发生的事情太感情用事了。事实上，工党的胜利正是英国维持战争努力办法的一个合乎逻辑的结果，它几乎不可避免地是战争本身的经济和社会的产物"③。

在欧洲其他国家，如在东欧，南斯拉夫、阿尔巴尼亚、希腊和捷克斯洛伐克的共产党"很突然地从战前很小很薄弱的力量发展成支配性的国家力量"。意大利的共产党也变成了一个大众党；法国共产党则成了"法国工人积极的毋庸置疑的领导组织"；甚至在共产党的力量较为弱小的英国，共产党的力量也得到增强。通过积极参加各种抵抗组织，在付出极大牺牲的情况下，共产党第一次获得了法律上的认可。不仅获得大众的认可，也开始为法西斯保守派、自由主义者以及左派中的非共产党人所认可，在战争最后阶段的 1944—1945 年，他们成为解放斗争的领导力量。④战争刚结束的 1945 年秋天至 1946 年夏天，在低地国家、意大利和法国的

---

① T. O. Lloyd, *Empire to Welfare State*, *English History 1906 – 1976*, Oxford University Press, 1979, p. 267.

② Ibid. , p. 257.

③ ［美］H. 斯图尔特·休斯：《欧洲现代史（1914—1980 年）》，陈少衡等译，商务印书馆 1984 年版，第 515 页。

④ Geoff Eley, "Legacies of Antifascism: Constructing Democracy in Postwar Europe", *New German Critique*, No. 67 (Winter, 1996), pp. 75 – 76.

大选中，左派力量（社会党、共产党、基督教民主党）控制了法国制宪会议票数的 74.9%（1945 年 10 月）、意大利的 74.6%、比利时的 86.8%（1946 年 6 月）和荷兰的 72%（1946 年 5 月）。[①]

战后欧洲各国左派政党的执政以及在国家政治中权力的加强，为战后大范围的社会变革提供了政治基础和可能。这些政党在战后初期的社会变革方案奠定了各国战后至今的社会政策领域的制度框架。比如 1946 年初的法国三党（社会党、人民共和党和共产党）联合政府，在一件事上建立了一个经久的纪念碑：三个统治党都同意建福利国家，恢复人民阵线政府早在 10 年以前停下来的工作，继续沿着戴高乐已有所建树的同一方向建设下去，三党内阁广泛扩大了国家在经济和社会生活中的作用。1946 年上半年他们奠定了福利国家的制度基础，这一基础为所有后继各届政府作为既定事实而接受下来。[②] 在英国，保守党和工党达成了战后福利国家建设的"共识政治"。在德国，社会民主党和基督教民主联盟国内政策的社会导向也保持了一致。1949 年，当联邦德国的社会保障计划在战后时期开始实行时，全年开支总数为 99 亿马克（23 亿美元），几年后这笔开支猛增，到 1977—1978 年，全年社会福利金的总额达到约 3000 亿马克（1250 亿美元），这个数字占国民生产的 30%，是其他任何国家，包括有名的福利国家英国和瑞典所望尘莫及的。[③]

三　福利国家建设对战后世界和平发展的积极作用

如前所述，学界关于战争原因的解释多限于现实主义范式，即主要从体系层面的国家之间的战略互动角度来解释国际冲突的原因。对于作为体系单元的一国国内政治，尤其是对国内经济结构状况对一国对外行为可能产生的影响欠缺关注。

我们对福利国家建设与世界和平关联的分析，也即福利国家建设对一国对外行为的影响主要采用了马列主义分析法。从社会层面对国际冲突研

① Geoff Eley, "Legacies of Antifascism: Constructing Democracy in Postwar Europe", *New German Critique*, No. 67（Winter, 1996）, p. 78.
② ［美］H. 斯图尔特·休斯：《欧洲现代史（1914—1980 年）》，陈绍衡译，商务印书馆 1984 年版，第 512 页。
③ ［美］埃德温·哈特里奇：《第四帝国的崛起》，范益世译，世界知识出版社 1982 年版，第 276 页。

究最为详尽的理论是马克思列宁主义理论，该理论把经济结构作为一个独立变量。① 该理论主要论点是资本主义社会不公平的财富分配导致大众购买力低下引发的生产过剩、国内投资机会不足和经济滞胀。为了追求较高的利润，导致资本主义国家在海外采取帝国主义和扩张主义政策以及帝国主义国家间对市场、原材料和投资机会的竞争，最终导致资本主义国家间的战争。②

列宁—霍布森帝国主义起源理论的共同逻辑主线就是财富分配不均→大众购买力低下→内需不足→产品过剩→国内资本回报率低→海外拓展市场（扩张主义）→恶性竞争→国际战争。霍布森不同于列宁的地方，在于他并不认为帝国主义扩张是资本主义发展所需的手段，而列宁则认为帝国主义扩张是资本主义发展的必然，并且是其最高阶段。如何消除帝国主义的扩张政策呢？列宁主张彻底的社会主义革命，他于 1917 年 10 月成功领导了俄国十月革命，建立了世界上第一个社会主义政权。而霍布森则提倡对资本主义的"社会改良"。他认为"市场的争夺、生产者的急于求售超过消费者的急于购买，是错误的分配经济的最好证明。帝国主义是这种错误经济的结果，而社会改良就是其救治方法"。"社会改良这个名词在经济上的意义，在于提高一国公私消费的健全标准，以使国民的生活提高到生产的最高标准。"③ 战后资本主义发达世界广泛推行的福利国家政策无疑是自我完善的"社会改良"，在提高大众消费能力、刺激内需方面起到了积极作用。资本主义生产关系的这些进步削弱或消除了近代以来主要殖民列强，通过领土扩张解决发展不足的内在经济社会动因。但同时也应看到社会改良并不是根治资本主义扩张的良方，它只是缓解、缓和经济社会问题，而不是从根本上消除了它们。

福利国家建设对战后世界和平的贡献还在于它在确保一国国内经济社会稳定方面的政治意义。国内稳定繁荣的经济和社会可以起到遏制极端思潮和运动的作用。而失业、贫困和萧条的经济则是酝酿极端主义思想的温床。极端主义运动有很多共性，他们对社会各个层次的心怀不满者、无心

---

① Jack S. Levy, "Domestic Politics and War", *Journal of Interdisciplinary History*, Vol. 18, No. 4 (Spring, 1988), p. 662.

② ［英］约·阿·霍布森：《帝国主义》，纪明译，上海人民出版社 1960 年版，第 58—75 页。

③ 同上书，第 70—71 页。

理归宿者、遭受个人失败者、脱离社会者、经济上无保障者、取法复杂感者、集权主义信奉者，都有吸引力。①

　　没有人能否认 20 世纪 30 年代的世界大萧条在促进国家社会主义运动的兴起以及希特勒上台方面的作用，混乱的社会经济力量是德国扩张政策和第二次世界大战起源的关键因素之一。战时美国驻英大使温安特在一次致辞中讲："反法西斯主义不是一个短期的军事工作，它滋生于贫困和失业。要从根源上粉碎法西斯主义，我们必须抑制萧条。在未来，我们决心不容忍经济问题产生贫困和战争。"② 在战后规划者的眼中，对人民社会福利的关怀是实现战后和平的必经之路。美国副国务卿威勒斯 1942 年在庆祝南北战争纪念日时，做了一个演讲。他回顾了第一次世界大战之后国际政治中出现的一系列重大的导致灾难的失误，并讲述了如何在战后世界得以弥补。他说："这事实上是一个真正的人民战争，直到世界上人民的基本权利得到实现，这场战争才能被认为结束，任何其他的方式都不可能实现和平。"③ 如果国家没有勇气当即就规划未来和做出适应工业社会需求的调整的话，人民将会用他们自己的手来决定他们的命运。④ 因而，战后福利国家规划的长远意义，并非在于重建恢复经济，而在于建立战后持久和平的国内条件。

　　就 20 世纪而言，欧洲在前半个世纪是地球上最为动荡的地区，饱受战争、经济危机和社会政治冲突的困扰。三个侵略国家——纳粹德国、法西斯意大利和日本发动第二次世界大战的原因在于："他们伪造的哲学——极权主义思想，不知道任何除了战争之外的改善国民条件的方式。对极权主义者来说，征服是唯一可行的达到经济目标的政治方式。"⑤ 然而，以第二次世界大战为分水岭的战后以来的时期，欧洲成了全球最为和平、和谐和繁荣的地区之一，究其根源，作为第二次世界大战重要政治社

---

　　① ［美］马丁李普塞特：《政治人：政治的社会基础》，张绍宗译，上海人民出版社 1997 年版，第 150—151 页。

　　② *To New Horizons*, *the World beyond the War*, Office of War Information, 1942, p. 11.

　　③ Ibid. , p. 9.

　　④ Henry E. Sigerist, "From Bismarck to Beveridge: Developments and Trends in Social Security Legislation", *Journal of Public Health Policy*, Vol. 20, No. 4 (1999), p. 475.

　　⑤ Ludwig Von Mises, "The Economic Causes of War", *The Freeman*: *Ideas on Liberty*, April, 2004, pp. 14 – 15.

会遗产的资本主义福利国家建设，在战后欧洲和平发展进程中扮演了积极的角色。

正是第二次世界大战的经历激起了人们对战后社会变革的期望和要求，并且为这种变革准备了阶级力量和执行者。"1789 年法国大革命及其后果所强调的政治权利的自由民主被抛弃了，而强调经济和社会权利的社会民主的必要性则得到了承认，这是战争和抵抗运动的经验带来的结果。"[1] 福利国家的理念，在政治层面体现的是国家对民众的经济社会权利的关注，它是建立在国际社会中的国家对战争起源和战争动员经历反思的基础上。一个充斥着失业、贫困以及资源分配上不均等的社会不可能是一个和平的社会，只能成为滋生暴力和冲突的温床。

可以说，战后发达世界大范围的福利国家建设对战后规划总蓝图《大西洋宪章》倡导的免于匮乏的自由的实践，是对过去侵略发展模式的反思。之前的殖民列强在战后不是通过征服、侵略（尽管战后初期殖民者在一些地区仍试图维持其殖民统治，但最后还是采取了明智的撤退政策），而是通过对国内体制的自我完善，从而走上自我发展与和平发展的道路。

第三节　战后国际社会战争观的嬗变与和平发展模式的形成

惨绝人寰的第二次世界大战，继第一次世界大战使战争变成一个"不合时宜"的事物之后[2]，即使不是从根本上，也在很大程度上改变了国际社会把战争作为国家政策工具的看法。无论是战后民间领域声势浩大的和平运动，还是标志国际社会共同意志的国际法，都对战争本身的正当性和作为国际政策的可取性做出了明确的否定。战后以侵略求发展的模式逐渐为国家社会中的国家所抛弃，一个明显的现象是，"对待赤裸裸的侵

---

① ［英］德里克・界・厄尔温：《第二次世界大战后的西欧政治》，章定昭译，中国对外翻译出版公司 1985 年版，第 24 页。

② 约翰・穆勒认为在对战争观念的影响上，第二次世界大战只是一个起强化作用的事件。见 John Mueller, *The Remnants of War*, Ithaca：Cornell University Press, 2004, p. 50。

略的态度，尤其是以获取领土为目标的侵略，渐渐不被认可。对任一现代政府来说，像两个世纪以前的弗雷德里希大帝那样公开表明想获取他国领土的愿望，或像半个世纪以前的墨索里尼那样公然表示对战争的期待，都变得更加不可接受"①。战后国际社会主流战争观的这种变化推动了世界发展模式由侵略发展向和平发展的转换。

一　战争观与国家发展道路的选择

在进一步探讨该主题之前，有必要对"战争观"一词进行初步界定。战争观作为在历史发展的长河中，战争实践在人们头脑中形成的理论观点，从广义上来理解的话，是人们对战争以及和战争相关的问题持有的总的一般观念。它包括对战争起源、战争根源、战争动因、战争本质、战争性质、战争目的、战争的历史作用、战争的社会作用、战争与其相关因素间的内在联系、消灭战争的途径等问题的基本观点。因而，凡是对和战争本身以及与其相关因素之间的联系所持有的观念，我们都可把其归为战争观的范畴。

由于本节主要探讨的是战争观的变化对一国世界发展模式选择的影响，因而为了和本书研究的主旨保持一致，在此把对战争观的理解置于一个和本书总体构思相适应的一个框架里。本节拟借鉴伊凡·鲁雅德对战争观的有关分析，他认为："战争由人类制造并试图通过武力获取他们的目标。这些决定最终由他们关于战争的观念所支配，如它的有效性、合法性或合道德性以及它对提升国家威望或荣耀、确认国家意志的价值效用的观念。"② 在他看来，一国采取的追求国家目标的决定受其持有的战争观的影响，这种战争观主要是指对战争持有的关于其作为国家政策工具的有效性和合法性的认识观念。

因而，一国的精英和大众持有的关于战争能否实现国家目标以及战争作为一种国家政策工具是否能被证明是可获利、合理、合法的和可行的观念就是本书理解的狭义上的战争观。当一国的公众或精英群体认为战争是合理地、合法地、可行地和有效地实现国家利益的工具时，国家的对外政策就会倾向于采取侵略求发展的模式；反之，则会致力于采取和平的发展

---

① Evan Luard, *War in International Society*, New Haven: Yale University Press, 1986, p. 376.

② Ibid., p. 329.

模式。战后资本主义世界由侵略发展模式向和平发展模式的转换，在一定意义上，作为一个主观选择的过程和结果，难以避免受到在其中占主导地位的战争观念的影响。美国学者鲁雅德认为在历史上国际社会的每个阶段，都有一个占支配地位的意识形态，并且"每一社会的基本意识形态，都影响着这个社会每一个人的思考，包括那些行使权力决定战争与和平那个问题的人"[1]。本节尝试对作为第二次世界大战遗产的国际社会战争观的变化在世界发展模式转换中所起的作用做一探析。

二   两次大战之间的主流战争观念

第一次世界大战，作为历史上第一次大规模的总体战，很大程度上改变了战前国际社会普遍抱有的战争乐观主义、浪漫主义的观念。战争短暂、低成本且能够获利的观念受到冲击。战争作为国家政策的工具在道义上和法理上都受到挑战。[2] 然而，这个证明仍不充足，一些人仍然认为，"即使是总体战，如果攻击快速有效，也能带来回报"[3]。当然，此类过时的战争观，主要是在战败的国家或对现状不满的国家观念里表现得较为明显。

观念作为人类对某一问题相关特性所持的看法，是对直接经验现实的反映。第一次世界大战后的西方战争观是对第一次世界大战残酷现实的反映，而这种反映通过民众和精英们的活动、作品表达出来。"电影文学作品本身就是一个历史文献，因为它提供了一个机会，探讨关于战争、历史和电影关系的问题。"[4] 这一时期，此类作品中，最具代表性的是曾参加过第一次世界大战的德国作家雷马克于 1929 年写就的《西线无战事》。该书以主人公保罗及其同学在德语老师"爱国主义"鼓召下应征入伍，在前线绞肉机一般的阵地战中厮杀。在血淋淋的现实面前，他们的理想与信念崩溃了，对生活的热情崩塌了，对世界的观念颠覆了。他们眼中只有鲜血、残肢、碎肉和毒气，活生生的同学先后阵亡。关于该书的意旨，雷马

---

① Evan Luard, *War in International Society*, New Haven: Yale University Press, 1986, p. 388.
② 关于第一次世界大战对战争观念演变的影响可以参见本书第二章第二节的有关内容。
③ Evan Luard, *War in International Society*, New Haven: Yale University Press, 1986, p. 261.
④ Chambers II, John Whiteclay, "All Quiet on the Western Front (1930): the Antiwar Film and the Image of the First World War", *Historical Journal of Film*, *Radio and Television*, 14 (4), 1994, p. 37.

克在一次抗议据此改编的电影禁演的声明中写道："很久以来，我就一直在寻找一种解释：经历过战争的人们在十二年后的今天，对战争的情况怎么还会有如此完全不同的看法？毫无疑问，即便是最恐怖的经历，由于已被克服，多少也会带有点英勇历险的光泽。没有哪个人会而且想要贬低德国士兵的巨大成绩，但是必须坚决反对现在还片面地利用对这种成绩的回忆来美化战争，并因此缩小战争所造成的无限痛苦。死者的遗嘱不是说要报仇，而是说永远不再有！"[①] 有学者认为："与其说该书是重构壕沟经历的现实，不如说是关于战后观念的评论，是关于战争的战后看法。"[②] 该书一出版，便成为最畅销的书，一年内就被翻译成包括中文在内的 20 种文字。1930 年，在美国好莱坞被刘易斯拍成在世界至今享有盛誉的电影[③]，它对西方社会 20 世纪至今的和平、厌战和反战思潮产生了深远影响。

　　然而，该书一出版，在德国很快就被列为禁书，纳粹和法西斯主义把其视为"对战争神圣观念的攻击。军方把它视为破坏性的和平主义的宣传，并拒绝承认战争是无意义的"[④]。纳粹一家报纸呼吁"禁止此类的马克思主义式和平主义宣传"[⑤]，根据其改编的电影也被当局禁播。在奥地利、意大利、保加利亚和南斯拉夫也先后遭到禁播。雷马克本人也被列入纳粹黑名单，被迫流亡瑞士，后定居美国。

　　雷马克著书的目的和遭到封杀的命运，从反向说明了德国、意大利以及保加利亚等国对该小说反映出的战争观念的否定。至少说明了两个问题：一是德国社会一般民众当时没有对战争的泯灭人性做出反思，这种反思主要体现在知识分子阶层；二是这种反战的和平思维和统治者的意识形

---

①　［德］埃利希·玛利亚·雷马克：《西线无战事》，李清华译，译林出版社 1989 年版，第4—5 页。

②　Modris Eksteins, "All Quiet on the Western Front and the Fate of a War", *Journal of Contemporary History*, Vol. 15, No. 2（Apr., 1980）, p. 351.

③　该电影 1930 年在美国、法国和英国上映后，占据票房排行榜首位长达一年。1990 年，因为其显著的"历史性、文化性和审美性"，被美国国会图书馆"国家电影名录"收藏登记。2008 年被奥斯卡评审委员会评为百部经典影片之一，并居第七位。

④　Chambers II, John Whiteclay, "All Quiet on the Western Front（1930）: the Antiwar Film and the Image of the First World War", *Historical Journal of Film*, *Radio and Television*, 14（4）, 1994, p. 394.

⑤　Modris Eksteins, "All Quiet on the Western Front and the Fate of a War", *Journal of Contemporary History*, Vol. 15, No. 2（Apr., 1980）, p. 357.

态不相兼容。归结为一点就是，反战的和平观念并未成为一种占主导地位的战争观。当时在德国占据主导地位的则是纳粹的扩张有理、侵略有理，掠取"生存空间"的意识形态。这种侵略求发展的观念，在德国民众对惩罚性的凡尔赛和约的仇恨中找到了土壤，进而成为支配性的战争观念。

希特勒认为，德国应该集中自己的一切力量，转向在东欧乃至世界取得足够的"生存空间"的斗争，并决心"为德国民族指出最近 100 年的生存道路"①。而且，在他看来，"生存空间"不可能用和平手段获取。早在 1919 年 11 月，希特勒就宣称："德国的不幸必须通过德国的铁剑来粉碎。"20 世纪 20 年代，他已想象"一个未来的欧洲""在一个革命的德国（指法西斯德国——笔者）的领导下，以暴力强制形成大陆的新秩序"。至 20 世纪 30 年代，他毫不怀疑要以武装夺取土地，要锻造"这种剑"，并坚决拒绝目标仅仅在修改凡尔赛条约的小规模战争，要进行那种他"在上帝和后代面前"都能证明其目的合理的战争，取得许多许多平方公里的土地，在流血之后得到和平。希特勒除了承认武力之外，并不承认其他任何权利。他准备用暴力和战争解决"生存空间"问题，据说原因在于"没有一国人民根据更高的愿望和更高的权利，在这个世界上能够让出占有即使只有 1 平方米的土地"②，"但是，大自然并没有为任何民族或种族保留这片土地的未来占有权，相反，这片土地是为有力量占有它的人民而存在的"。"不能用和平的方法取得的东西，就用拳头来取得。"要"用德国的剑为德国的犁取得土地，为德国人民取得每天的面包"。③他极力鼓吹战争，说什么："在永恒的战争中，人类将变得伟大——在永恒的和平中，人类将会毁灭！"④

在 20 世纪 30 年代的意大利，墨索里尼的法西斯哲学仍然继续美化战争。我们可以从墨索里尼的以下言论中可看出："持久的和平，既不可能，也没有什么用"，并且认为"和平主义是胆小鬼的行为"⑤，"只有战争才能使人类的能量得到最大限度的发挥，只有有勇气面对它的人才会显

---

① 朱庭光主编：《法西斯新论》（中），重庆出版社 1991 年版，第 93 页。

② 同上书，第 12 页。

③ ［美］威廉·夏伊勒：《第三帝国的兴亡》上册，董乐山译，世界知识出版社 1979 年版，第 121 页。

④ 朱庭光主编：《法西斯新论》（中），重庆出版社 1991 年版，第 369 页。

⑤ John Mueller, *The Remnants of War*, Ithaca: Cornell University Press, 2004, p. 51.

得可敬"①。"墨索里尼号召意大利妇女多生孩子，以为意大利提供更多的
英雄，为意大利的未来而战。他宣称战争之于男人，就像母性之于女人。
除战争之外，没有什么能够展示意大利民族的基本优点。""他曾私下讲，
他更愿意通过战争获取埃塞俄比亚，而非通过谈判取得，因为战争的风险
而想要战争，法西斯需要胜利的荣耀。"并且认为"意大利想要保持健康
的话，每25年就要打一次仗"。② 意大利的法西斯主义理论家也辩称道：
"意大利人拥有和古罗马人一样的旺盛生命力。然而，统一后的数十年
来，他们被迫移民，并遭受富裕国家的剥削，拒绝意大利殖民扩张的权
利。帝国的再生将会结束这种非正义，最终找到解决过剩人口的途径。"③
可以说，正是在这样的战争观和"罗马神话"的相互作用下，墨索里尼
开始了对埃塞俄比亚的征服。

　　谈到日本，日本人未受到第一次世界大战的摧残，反而利用这个所谓
的"天佑"渔翁得利，在战争末期，向德国宣战，占领了德国在中国的
势力范围——胶州湾及在太平洋的岛屿，并在战后成为国联的五个常任理
事国之一，位列世界五强。由于战争在日本现代化中的特殊地位，以及从
第一次世界大战中的获利，战后军国主义在日本不但未削弱，反而得到加
强。在军国主义史专家阿尔弗里德看来，日本是唯一一个经历第一次世界
大战之后存留下来的旧式军国主义国家。④ 日本法西斯军国主义分子也在
1934 年颁布的陆军小册子中的"国防的本意及其强化"一章里公然鼓吹
"战争是创造之父，文化之母"，并将其作为陆军"新政"强行灌输给国
民大众。⑤ 此外，在 20 世纪 30 年代军国主义和极端民族主义思想还渗透
于日本生活，当时最流行的一个海军军官所写的一首歌《年轻的日本之
歌》便反映了日本军国主义思想的盛行，它歌颂英勇的武士"为正义团
结一致……千万个勇士好似樱花千万朵，随时准备随风飘零"，"我们的
利剑闪闪发光，我们的鲜血净化世界"。这首歌直接传达了这样一个信

---

①　John Mueller, *The Remnants of War*, Ithaca：Cornell University Press, 2004, pp. 51 – 52.

②　D. Mack Smith, *Mussolini*, London, 1981, pp. 184 – 191.

③　Andrea Giardina, "The Fascist Myth of Romanity", *Estudos Avançados*, 22（62）, 2008, p. 65.

④　Vagets Alfred, *A History of Millitarism*, New York：Norton, 1959, p. 451.

⑤　倉沢愛子：《岩波講座 3アジア太平洋戦争動員・抵抗・翼賛》，岩波書店 2006 年版，第 68 页。

息：军事才是拯救日本的道路，而不是民主；战争才是答案，而不是和平。① 针对此现象存在的原因，穆勒认为，"日本需要一次灾难性的战争来吸取欧洲已从第一次世界大战中得到的教训"②。

如果说第一次世界大战后，北美和西方的民众已基本放弃"白人负担"下诸种战争神话的话，那么，在中欧和东亚的日本这些过时的神话仍在延续，他们就像穆勒所讲的仍需要另外一次战争的洗礼。第二次世界大战的结果，使得日本和德国在付出极大的物力人力代价后，不仅没有拓展什么所谓的生存空间，反而沦落到自己国土被占领和分割的地步。战后的事实证明日本和德国，很好地吸取了第二次世界大战的教训，他们放弃了领土征服的侵略发展道路，用和平发展的方式，在全世界为自己国家开拓了更为广阔的生存空间。

三　战争观的变化对战后和平发展模式生成的推动

第二次世界大战对战后战争观的影响，主要是通过人类对战争造成的恐怖和灾难的记忆，这些记忆改变或强化了人们对战争以往所持的看法。在章百家教授看来，"战争的影响与战争的破坏作用是紧密联系在一起的，不了解战争的破坏作用，也就难以深刻理解战争的后果和战争的遗产"③。美国学者伊凡·鲁雅德认为，"由于伤亡超过二十年前，第二次世界大战的恐怖在公众观念中创造了一种更强烈的感情，战争不再可能被证明是正当合理的"④。第二次世界大战向人们展示的战争造成的灾难性后果以及战争发起者惨败的命运，使人们对战争作为国家政策工具的可行性、合理性产生了更大的质疑，战争作为一个国家政策工具在战后日益不受到欢迎。

第二次世界大战给人类文明带来了史无前例的破坏，无论是盟国（美国例外）还是轴心国都未能幸免。就人员伤亡来讲，战斗人员和非战斗人员都计算在内，估计有 2206 万人死亡和 3440 万人受伤。从物质上看，战争的成本包括战争造成的财产破坏，损失达到 3 万亿美元，至少是第一次世界大战成本的 7 倍。仅战争材料开支一项就占 11540 亿美元。此

---

① ［英］大卫·巴迪：《日本帝国的兴衰》，徐莉娜、岳玉庆译，青岛出版社 2005 年版，第 39 页。

② John Mueller, *The Remnants of War*, Ithaca: Cornell University Press, 2004, pp. 53 – 54.

③ 章百家：《对二战遗产的若干断想》，《世界经济与政治》2005 年第 8 期，第 11 页。

④ Evan Luard, *War in International Society*, New Haven: Yale University Press, 1986, p. 329.

外，在欧洲还有超过 3000 万人流离失所。[①] 这种惨痛的战争经历深化了欧洲对战争伦理的认知。"对于欧洲而言，二战的残酷无情宣告了他们原先所奉行的战争伦理与任何性质的沙文主义、帝国主义思想的破灭，证明了他们原先所奉行的战争伦理几乎让他们遭受灭顶之灾。"[②]

我们所说的战争观在战后的发展主要体现在两点：一是战争不能获利、战争非法的观念在更为宽广的范围内被认可，并且这种观念在国际社会得到深化和强化；二是国际社会对战争政策、战争行为从法律方面进行否定的力度加强。

首先是第二次世界大战的灾难性记忆，在第一次世界大战的基础上强化了反对把战争作为国家一个政策工具手段的观念，对战争的厌恶导致的是战争神话的破灭。在第二次世界大战中的不同经历使欧美各自的战争观产生了很大变化。这种变化是在很多因素的相互作用下促成的，但是在众多的因素中，历史的记忆居于核心地位。战争重塑了各国的政治架构，塑造着社会内部的伦理与道德认识，它无论对胜利国还是失败国都进行了一次民族精神与民族意识的整合。[③] 战后战争观念的转变，在直接发动第二次世界大战的法西斯国家里表现得尤其明显。在从历史的教训里学习和平文化的国家中，德国和日本可以说是落后者，第二次世界大战的经历则给它们上了一堂起到醍醐灌顶功效的和平教育课。

以日本为例，战后日本的和平主义扎根于由战争带来的废墟和苦难遭遇，战争导致的物质和生命的损失塑造了日本人对战争与和平问题的新理解。为了避免再遭受如此恐怖的灾难而支持和平主义，有关战争神圣、战争能够获利的神话在日本开始破灭。

作为太平洋战争的发起国，日本在第二次世界大战末期盟军 1945 年七八月的大轰炸中，像东京、大阪等大城市的街道一半被烧光，甚至连一个军事目标都没有的中小城市，也被烧掉了百分之九十以上。因这种残酷轰炸所烧掉的或因拆迁建筑而破坏的住宅，全国竟达 298 万户，以致迫使

---

① Shepard B. Clough, *European Economic History: the Economic Development of Western Civilization*, New York: McGraw-Hill Book, 1968, p. 471.

② 何忠义、赵景芳：《60 年前的战争记忆：二战对当今欧美战争观的塑造》，《世界政治与经济》2005 年第 9 期，第 29 页。

③ 何忠义、赵景芳：《60 年前的战争记忆：二战对当今欧美战争观的塑造》，《世界政治与经济》2005 年第 9 期，第 34 页。

900 万人流离失所，无家可归。财产损失按时价计算 95 万亿 6000 万日
元。从人员伤亡上来看，对日本人民的心理构成最大冲击的是美国于日本
投降前夕，在广岛、长崎投放的两颗原子弹，直接死亡人数达 16 万人，
受到原子辐射而相继死去的则更多。以至于伊恩·布鲁玛把日本战后的和
平主义归结为 "广岛情结"。① 战后日本关于和平主义的作品集中于日本
平民在原子弹、空袭中遭受的苦难和不幸。据广岛政府办公室收集的信
息，到 1971 年，仅仅写这个城市和原子弹经历的作品，就有超过 500 本
书和有关文章出版发表。②

关于历史经验对一国当下对外行为考量的影响，罗伯特·吉尔平有过
精辟的论断："在决定如何理解成本与收益的诸因素中，最重要的是该社
会的历史经验。具体地说，过去这个国家力求变革国际体系的行为产生过
什么后果？国家从战争、侵略以及绥靖等等当中吸取了什么教训？"③ 日
本从这些经历中吸取的主要教训是军事是一个必须加以约束和管制的危险
制度，以防其为威胁日本战后的民主秩序，削弱国家 1945 年以来的和平
与繁荣。④ 这种军事观已在日本的政治体系内制度化，不仅仅受到日本公
众的支持，而且在相当程度上为很多日本的政治家和知识分子所认可。

1946 年 6 月 26 日，日本首相吉田茂在众议院的答辩中，对宪法草案
第九条提案的宗旨曾做出如下的申明："本草案第九条第二项不承认一切
军备及国家交战权的终结意义就是放弃作为启动自卫权的战争及交战
权。"吉田茂对宪法草案所做的如此解释并非仅从法律角度出发，而且是
基于对日本发动对外侵略战争的反省而做出的解释。⑤ 战后 60 年代的佐
藤内阁引人注目之处在于其积极地运用 "和平国家" 一词来展示日本的
国家主体性（国家性质）。在 1968 年的一次演说中，佐藤明确表示，"战

---

① Ian Buruma, *Wages of Guilt: Memories of War in Germany and Japan*, Farrar Straus & Giroux, 1994, p. 92.

② "Committee for the Compilation of Materials on Damage Caused by the Atomic Bombs in Hiroshima and Nagasaki", p. 586.

③ ［美］罗伯特·吉尔平：《世界政治中的战争与变革》，武军等译，中国人民大学出版社 1994 年版，第 57 页。

④ Thomas U. Berger, "From Sword to Chrysanthemum: Japan's Culture of Anti-militarism", *International Security*, Vol. 17, No. 4 (Spring, 1993), p. 120.

⑤ ［日］中村政则、天川晃、伊健次、五十岚武士：《戦後日本占領と戦後改革》第 6 卷《戦後改革とその遺産》，岩波书店 1995 年版，第 257 页。

后，我们致力于建设和平国家，希望通过经济发展和文化进步在当今世界占有辉煌的一席之地"①。此外，鸠山、石桥、岸、池田四届内阁都通过强调"和平国家"一语明确表达了自己的治国理念以及施政方针。日本史学家井上清谈到战后世界的日本时指出："和平现在已经成为过去日本国民生存攸关的愿望。日本人经过了过去的一百年，即从单一的日本国民形成以来的整个时期，只有在第二次大战后的二十年间才开始和平的生活。在这期间和平主义在日本人的心中扎下了根。由于日本人在近代以前就是在和平的环境中生活，所以自明治时代以后的当权者所培植的好战性，也就因为在战争中空前惨败和以后二十年在和平宪法下的生活而显著地削弱了。"②

其次战后国际社会对战争的否定也体现在相关的国际法律观念和相关法制建设上。早在1941年8月，罗斯福、丘吉尔会晤发表的《大西洋宪章》中就声明"他们的国家不寻求领土和其他方面的扩张"。这一原则通过《联合国家宣言》为26个盟国所认可，意味着国际社会对战后世界武力征服和领土扩张政策在道义上和法律上的放弃。

战后盟国根据《非战公约》对德国和日本战犯进行的纽伦堡军事法庭和东京审判，使首要的纳粹分子和法西斯罪魁得到了应有的报应。在汤因比看来，"纽伦堡军事审判和东京审判象征并宣布人类实现了对战争和态度的一个历史转变。这两次审判的意义在于把明明是犯罪的战争，第一次作为犯罪行为明确下来。通过这些审判，战争失去了主权征服以之为合法特权的土壤。而在过去发动战争的这种特权被认为是神圣而不受法律制约的"③。纽伦堡审判所确立的法律原则不仅彻底否定了纳粹法西斯的奥斯威辛暴行，而且推动了战后国际社会关于限制战争和武力的使用、规范战争行为、保护并促进人权等一系列当代国际制度创设的进程。

作为战后维护和平与安全组织的总章程，《联合国宪章》第2（4）

① ［日］中村政则、天川晃、伊健次、五十嵐武士：《戰後日本占領と戰後改革》第6卷《戰後改革とその遺産》，岩波书店1995年版，第276页。

② ［日］井上清：《日本历史》下册，天津市历史研究所译，天津人民出版社1968年版，第965页。

③ ［日］池田大作、［英］阿·汤因比：《展望21世纪——汤因比与池田大作对话录》，荀春生等译，国际文化出版公司1985年版，第210页。

条规定，各会员国在其国际关系上不得使用威胁或武力，或以与联合国宗旨不符之任何其他方法，侵害任何会员国或国家之领土完整或政治独立。该条规定的禁止使用武力的原则构成了《联合国宪章》的基础，为国际社会维护和平与安全提供了法制保障。该原则不仅禁止武力的使用，而且也禁止武力相威胁，作为《联合国宪章》的首创，比《国际联盟盟约》和《巴黎非战公约》都更进一步。

第二次世界大战给战胜国和战败国都带来了惨痛的物质上和精神上的创伤，这种源于战争的历史记忆彻底改变了国际社会有关战争具有神圣性和获利性的观念。在战后再也没有哪个国家领导人或公众人物公开表达自己对战争的热爱，也没有哪一部文学影视作品宣扬战争的获利性，把战争作为国家谋求发展的政策工具的做法再也行不通了，以至于"表现为领土扩张的愿望不再显著，政府不再倾向于把领土控制数量作为地位和成功的评测依据，表现在对世界其他部分进行殖民的趋势衰退，该目标是过去很多战争的唯一根源，现在几乎绝迹了，更多的国家寻求结束帝国的责任而非拓展它"①。

需要明确的是，我们所说的战后这种积极的战争观，也可称之为发展观的转变，并非意指所有国家、地区和个人都发生了根本的转变，因为哪怕就是在今天的德国、意大利等国也有极端的法西斯分子活动的痕迹，但这些不可能再成为历史的主流，不可能再对国家的决策产生影响。"关于战争的观念当然并不一致，在国际社会因国家而异，在一国内因不同群体和个人而异，但差不多每一个人的观念都会受到国际社会主流态度的强烈影响。"② 在国际社会战争观趋于理性的当下，战后至今，这种陈旧的观念即使在一些国家有残留或一时的逆转，但始终是细枝末节，在国际社会占有主导地位的一直是战争非法以及不能获利的观念。

第二次世界大战在多大程度上促进了国际社会的战争观从消极向积极的转变，进行量化是不可能的。但各国的政治家早在战时便已进行了思考，如何确保以和平的方式谋求民众福利的思考和规划的确成功地重建了战后世界。就像刘北成教授所言，"历史记忆对于人类个体和整体都十分重要，因为它帮助人类个体和整体确立历史方位。关于第二次世界大战的

---

① Evan Luard, *War in International Society*, New Haven: Yale University Press, 1986, p. 172.
② Ibid., p. 329.

历史记忆，更是如此"①。正是在对第二次世界大战记忆反思的基础上，战时及战后各国民众、领导人对有关战争、和平和发展之间关系认知的转变，确保了战后世界的长久和平和社会进步。

第二次世界大战对战后世界发展模式从侵略发展模式向和平发展转变的影响，是多方面影响、共同起作用的结果，并非战争观念由消极到积极的、从疯狂的到理智的转变单独之功。就像戈尔茨坦认为的那样，"观念在政治中的作用看上去既非常有力，又十分脆弱，有力体现在对某个特定的历史关头利益的界定，起着马克斯·韦伯所称的'扳道工'的作用；脆弱体现在这些观念能发挥作用的条件很大程度上取决于一系列可行的背景环境"②。因而，我们对战后战争观的发展对战后世界和平发展作用的理解，应该在战后国家谋求发展的国际环境整体变迁的背景下去把握。

第四节　科技进步与战后世界发展模式转换

第二次世界大战对于人类的科技发展史而言，是一个重要转折点，这场大战孕育了科技进步的巨大机遇。第二次世界大战从战时科学技术理论和实践上的奠基，以及对科学政策的变革两个方面促成和促进了战后科技革命的发生、发展。在第二次世界大战推动下的战后科技进步则成为战后世界政治经济变革的重大作用因素，它从三个方面推动了世界政治经济的变化：一是科技发展对于潜在征服国而言，战争预期成本收益的变化；二是科技进步对战争的经济社会动因的缓解和消除；三是科技在促进生产力诸要素中相对于领土因素地位的上升。这三点很大程度上改变了国家对财富和权力内涵的认知以及追求财富和权力的手段，从而成为战后世界和平发展模式形成和发展的积极作用力。

一　世界政治变革中的科技因素

谈到推动世界政治变革的因素，人们往往首先想到的是军事实力的对比。军事力量的确是一个不容忽视的因素。但容易为人忽视的问题是军事

---

① 刘北成：《关于纪念的历史与文明的坐标》，《世界经济与政治》2005 年第 8 期，第 17 页。

② ［美］戈尔茨坦主编：《观念与外交政策：信念、制度与政治变迁》，刘东国等译，北京大学出版社 2005 年版，第 85 页。

力量得以提升的根本，还是在于科技的进步带来的军事技术的发展，以及由科技进步推动的其他经济、社会领域的发展。历史学、国际关系学界对于技术在世界政治发展中所起的作用，已经给予了相当的注意。

美国国际战略史、国际关系史名家保罗·肯尼迪的名著《大国的兴衰》对技术变革在近代以来大国均势变动中的作用，予以充分肯定和展示。可以说全书是从影响整个西方社会的较广泛的经济和技术变革的角度，对每一强国的长处和弱点做比较分析的。他认为全球政治军事均势的发展变化，来源于全球经济均势的变动，而这一变动的原动力却是各国增长率和技术变革速度的差异。[1] 从本书提供的 500 年记录里我们还可以得出另一个一般性的结论，"为争夺欧洲或世界霸权而发动的大规模联合战争的最后结局，同各方能动员的生产资源的数量有着极为密切的相互关系"[2]。而一国生产资源的能动员的数量无疑在很大程度上受到该国科技发展水平的制约。

概而论之，保罗·肯尼迪探讨大国兴衰的理论逻辑是：技术变革的速度→生产性资源的可动员数量→经济优势→政治军事均势的演变→大国的兴衰。可见，在这位战略史家的眼里，技术变革是世界政治变革中的决定性因素之一。

究竟什么是世界政治的变革？世界政治变革的内涵与外延又做何解释？在美国学者罗伯特·吉尔平看来，世界政治层面的变革类型见下表。

世界政治层面的变革类型[3]

类型	变革的因素
体系的变更	行为者的性质（帝国、民族国家等）
系统性变革	对体系的统治
互动的变化	国家作用的过程

---

① ［美］保罗·肯尼迪：《大国的兴衰——1500—2000 年的经济变迁与军事冲突》，蒋葆英等译，中国经济出版社 1989 年版，第 1—12 页。

② 同上书，第 10 页。

③ 根据吉尔平的解释，第一类变革指的主要是构成该体系的各种行为体的性质所发生的变化；第二类则指的是统治某个特定国际体系的那些居于支配地位的国家或帝国的兴衰变迁；第三类指国际体系中的行为者之间政治、经济以及其他方面的互动及各种进程的变化。见［美］罗伯特·吉尔平《世界政治中战争与变革》，武军等译，中国人民大学出版社 1994 年版，第 46 页。

　　据此分法，我们研究的主题，世界从战前的领土征服欲掠夺的侵略发展模式到战后的和平发展模式的转换这种政治中的变革，则同时直接和第一类、第三类变革相关。战后的殖民帝国实行非殖民化以及之后领土征服政策的放弃的结果，改变了国际社会行为体的性质，建立在平等基础上的民族国家成为主要的行为体，而非以前的帝国。同时他们战后采取的和平发展的道路，则改变了过去国家间互动的模式。如果说战争是过去的一种历史交往和互动的模式的话，那么在战后平等的互利、共赢的合作则成为主要的互动模式。

　　我们又该怎样理解科技因素在世界发展模式转换这一世界政治变革过程中所起的作用呢？在吉尔平看来，科技（吉尔平主要指的是军事、交通技术）是作为一种主要的物质环境因素对世界政治变革产生作用的。"经济、军事或技术变革的一个重要结果，就是扩大或缩小了其有利可图的控制范围或其扩展的有利可图的保护范围，并由此促进（或阻碍）了政治经济组织的建立或扩大。"[1]

　　当然，我们在认为科技因素是促进世界政治经济变革的重大作用力的同时，绝不能陷入"技术决定主义"的观念里，毕竟"科技变革在世界政治的方程式中是一个半独立变量，因为国家政府，有时是国际组织的决定和社会的思想意识影响了变革产生的速度、方向和努力的质量"[2]。比如，丹尼尔·希德里克认为："正是19世纪后期科技的进步，如滑膛枪、马克沁机枪、蒸汽动力的舰船以及药品奎宁的发明使得帝国主义国家能够克服自然和人为障碍，征服非洲和亚洲。"[3] 该论点在肯定军事技术革新推动19世纪晚期新帝国主义兴起的作用时，具有一定客观合理性。但我们不能由此就简单认为，近代以来的殖民帝国建设是技术进步的结果，只能说技术因素作为一个手段，为目标的实现提供了可能。

---

　　① ［美］罗伯特·吉尔平：《世界政治中的战争与变革》，武军等译，中国人民大学出版社1994年版，第59—90页。

　　② William T. R. Fox, "Science, Technology and International Politics", *International Studies Quarterly*, Vol. 12, No. 1 (Mar., 1968), p. 10.

　　③ Daniel R. Headrick, "The Tools of Imperialism: Technology and the Expansion of European Colonial Empires in the Nineteenth Century", pp. 231–263.

二 战时科技变革与战后科技革命的发生

第三次科技革命是人类文明史上继蒸汽技术革命和电力技术革命之后，科技领域于20世纪40年代末出现的又一次重大飞跃。它是以原子能技术、电子计算机、空间技术和生物工程的发明和应用为主要标志，涉及信息技术、新能源技术、新材料技术、生物技术、空间技术和海洋技术等诸多领域的一场科技革命。这次科技革命对国际和国内两个层面的政治、经济、社会和文化结构产生了广泛而深远的影响。而第三次科技革命的发生和发展与第二次世界大战的经历密切相关，战后很多科技革命成果都源于第二次世界大战时期科学和技术的进步。

第二次世界大战的经历至少在两个方面促进了战后世界的科技进步。一是第二次世界大战时期的基础科学理论和应用技术的建设与创新，为战后的科技革命的到来做了理论和实践上的奠基。二是第二次世界大战期间，各国不断涌现的各种军事技术和武器系统的开发，在当时直接影响了战场上的得失成败，科技的重要性开始为各国所认知，纷纷在战后采取了较为积极的科技政策。可以说第二次世界大战是科技政策发展的一个分水岭。第二次世界大战的这种遗产价值在美国学者丹尼尔看来，"两次世界大战虽都突出了科学家和科学制度的价值，但相比第一次世界大战，第二次世界大战在根本的不可逆转的方式上改变了科学的特征，工程师和科学家对战争努力的重要性改变了国家和科学的关系"[①]。

（一） 战时科学和技术理论的奠基

有组织的科学与技术的融合源于第一次世界大战，而在第二次世界大战中则更为系统完善。第二次世界大战的总体战性质以及战争本身对军事技术创新要求的迫切性，催生了很多对战后科技革命产生直接影响的科学和技术创新。第二次世界大战期间各国创造、发明和改进的具有战后意义的技术主要有核武器、火箭助推技术、电子计算技术、喷气飞机、雷达、声呐和青霉素等。在战后的年代，以上的几个根源于第二次世界大战之中的极为重要的技术创新，深刻影响了人们的社会与经济生活。

---

① M. Fortun and S. S. Schweber, "Scientists and the Legacy of World War II: The Case of Operations Research (OR)", *Social Studies of Science*, Vol. 23, No. 4 (Nov., 1993), p. 595.

核子技术的突破可以说是最具有国际政治意义的战时技术创新。1941年美国政府做出全力以赴研制原子弹的决定，开启了著名的“曼哈顿工程”。不惜工本集中了理论物理、实验技术、数学、辐射化学、冶金、爆炸工程、精密测量等各方面的 200 多名专家进行核子技术的攻关。1942年，美国建造了第一座自持的链式反应堆试验成功，释放并控制了原子能。1943 年，美国建立原子弹研究中心。经过两年多的努力，1945 年 7月 16 日，终于在新墨西哥州阿拉莫戈多上空试验成功了世界上第一颗原子弹，并分别于当年的 8 月 6 日和 9 日投到了日本的广岛和长崎两个城市，加速了日本的投降，减少了盟军的损失。核子技术的短时间突破和战争的迫切性密切相关。有学者认为，核子技术核武器在世界大战的场景之外，是否能发明出来，还有诸多疑问。制造第一颗原子弹所耗费的财富以及集中的其他资源之巨大和丰富，即使在没有迈着战争步伐的当代社会能否付出这样的物力尚需质疑。①

在航空领域方面，1939 年 8 月，德国为战争需要制造了世界上第一架喷气式飞机，英国则在 1941 年 5 月制成时速为 600 公里的涡轮喷气飞机。为争夺制空权，1942 年，德国又把喷气飞机技术提前了一步，制成第一架时速为 960 公里实用的喷气飞机。并在战火最浓的 1943 年开始大规模生产。喷气式飞机代替螺旋桨飞机，是航空技术的重大突破。在空中武器系统方面，火箭助推器的发明则更具有战略意义。以德国火箭专家维尔纳·冯·布劳恩为首的小组在波罗的海港口佩内明德研制的远程火箭V2，是世界上第一种实用的弹道导弹。火箭技术登上了现代科技舞台，成为现代空间技术的雏形。此外，作为空中军事设备一部分的雷达的发明，也是一个具有战后意义的技术创新。

在电子技术的计算领域，第二次世界大战期间同样也产生了极具战后意义的技术创新，如数字计算机的问世。对大量关键的时间计算像解码和弹道表的计算的迫切需要，加剧了对电子计算机技术发展的需要。第二次世界大战期间，美国人用当时的机械计算机计算一条弹道需要 20 小时，200 多名计算人员计算一张火力表要两三个月的时间。为了适应战争的需要，加快计算速度，1942 年，莫希莱提出了制造电子计算机的方案，并

① 参见［英］安东尼·吉登斯《民族—国家与暴力》，胡宗泽等译，生活·读书·新知三联书店 1998 年版，第 287 页。

迅速得到军方的赞同。他们借助当时无线电、雷达和脉冲技术成果于 1945 年底研制成功了电子计算机，其运算速度为 5000 次/秒，比人工计算提高了 1000 多倍，为战后存储程序计算机的发展铺平了道路。美国国家科学院院长弗兰克·普雷斯认为："那个简单的发明开始了一场信息革命，计算机和电讯的加入，改变了我们的联络方式，创立了一个新工业体系以及构成了一个电子服务系统。"①

此外，战争需求也刺激了合成材料的技术突破。随着战争的爆发，极为重要的战略物资原料橡胶的使用日益增长，供应紧张。尤其是当日本 1942 年占领世界橡胶的主要来源地南太平洋、马来亚时，切断了盟军的供应，由此推动了合成橡胶的研究开发。在生物医学领域，战时救治大量伤员的需要，也开发出了青霉素，并得到广泛应用。②

因而，可以说是战争的总体战性质和本身的迫切性需求催生了第三次科技革命中最具标志性意义的三大突破：原子能的利用、空间技术的突破、电子计算机的发展以及其他代表性技术，如超音速飞机、精密制造、激光、半导体、数字通信、合成纤维和石油化工等领域的技术，都或者是源于战争时期的军事技术，或者是因战争需要而开发的。伴随着上述一系列重大技术突破，核工业、航天工业、计算机工业、半导体工体、石油化工工业、化学纤维工业、精密制造业等一批新兴工业部门在战后相继建立。航空工业、通信设备工业等原有的工业部门，产品结构有了根本变化。汽车、钢铁、纺织等传统工业也得到相应的技术改造。可以说，20 世纪 80 年代的高技术革命，主要是在第二次世界大战中动员起来的人力和资源基础上发展起来的。战争激发起来的有关许多物理、化学、数学方面的新成就，随着战后科技人员大批和平转业而进入生物领域。物理、化学的新概念、新方法也渗入了生物学，从而使生物学界发生了革命性的变化，成为 20 世纪人类的伟大创举。③

此外，在第二次世界大战期间，有限军事资源优化配置的需要催生了

① ［美］塔德·舒尔茨：《昨与今》，中国军事科学院军事研究部译，东方出版社 1991 年版，第 164 页。

② 有关第二次世界大战对生物科学进步影响的研究，可以参见 J. W. S. Pringle and Rudolph Peters, "Effects of World War II on the Development of Knowledge in the Biological Sciences", *Mathematical and Physical Sciences*, Vol. 342, No. 1631 (Apr. 15, 1975), pp. 537 – 548。

③ 参见相马和彦《改变了 20 世纪的生物技术》，《世界周报》1995 年第 6 期，第 42 页。

重要的管理科学革命——运筹学。运筹学的活动是从第二次世界大战初期的军事任务开始，当时迫切需要把各种稀少的资源以有效的方式分配给各种不同的军事活动团体，所以英国和美国等军事管理当局号召科学家运用科学手段来处理战略与战术问题。在第二次世界大战期间，运筹学成功地解决了许多重要的作战问题，显示了其巨大的威力。当战后的工业恢复繁荣时，由于组织内与日俱增的复杂性和专门化所产生的问题，使人们认识到这些问题基本上与战争中所曾面临的问题类似，只是具有不同的现实环境而已，运筹学就这样潜入工商企业和其他部门，在20世纪50年代以后得到了广泛的应用。

（二）第二次世界大战与科技政策的变革

除了科学理论和技术上的奠基外，第二次世界大战的经历对战后科技进步的另外一个意义则体现在政策层面。科技在战时突出的实际应用性使得各国在战后更加重视对科学研究的投资，实施了积极的科学政策。科技史专家金雅克·索罗蒙认为，"科学政策成为政府责任的一个新领域仅仅是在第二次世界大战以后，只是在战后这个领域才得到制度上的认可"[1]。

第二次世界大战根本上改变了科学技术研究领域的资金供给模式，占主导地位的资助方从战前的民间资助变为战后的国家财政基金支持。19世纪晚期以来，工业技术领域的研究尽管并不完全缺乏政府的影响，但主要还是为电子化学公司的实际需要服务，因缺少顾客，学术研究团队通常寻求私人基金、公司和慈善家的善心支持，但第二次世界大战改变了这种情形。[2] 在战争中，由于各国对军事技术革新的迫切需要，政府开始大力资助科学发展。原因在于"战时的成功给了政府和公众一个新的意象，给予重大科研的资金和设施幅度要比战前10倍还多"[3]。

美国总统罗斯福较早地认识到了科技于国家发展的战略重要性。在

[1]　Jean-Jacques Salomon，"Science Policy Studies and the Development of Science Policy"，in Ina Spiegel-Rosing and Derek de Solla Price（eds.），*Science*，*Technology and Society：A Cross-Disciplinary Perspective*，Beverly Hills：Sage publications，1977，p. 43.

[2]　Barton C. Hacker，"Military Institutions，Weapons，and Social Change：Toward A New History of Military Technology"，*Technology and Culture*，Vol. 35，No. 4（Oct.，1994），p. 829.

[3]　Edward Bullard，Bernard Lovell，George Deacon，"The Effect of World War II on the Development of Knowledge in the Physical Sciences"，*Mathematical and Physical Sciences*，Vol. 342，No. 1631（Apr. 15，1975），p. 519.

1940 年 6 月 27 日，罗斯福用总统特别基金成立了国防科研委员会，一年后该机构扩展成科研发展委员会，成为战时科技政策形成的关键，可见政府对科研的重视。战时联邦政府不仅成为支配地位的科研资助方，而且制订了详尽的科学基金支持规划。[①] 罗斯福于 1944 年 11 月 7 日给科学研究发展局局长 V. 布什的信，称"战时的这种经验模式没有理由不能用在和平时期"[②]，他要求布什起草美国在战后如何支持科学研究的报告。1945 年 7 月 5 日，布什向杜鲁门总统呈交了名为《科学——无止境的边疆》的关于战后科学规划的报告[③]，报告聪明地把科研和基本的国家问题结合在一起，有力地申述了基础研究是一切科学技术的基础，它会导致新的知识的产生，促进经济增长和稳定，改善公共卫生，会引起崭新的以科学为基础的工业的建立，还会创造出新的就业机会等。报告建议国家大力支持和扶持基础科学研究，设立国家基金会，以组织有关领导工作。美国政府对此报告给予了高度重视，制订了一系列的科研扶持规划。工程师、科学家和科学制度对战争的重要性，使得政府和科学紧密联系在一起。不夸张地讲"第二次世界大战从根本上改变了政府与科学的关系"[④]，战后的美国科技政策仍沿着这个方向不断增加，使科技持续发展有了制度保证，在战后形成了有美国特色的"军工学术综合体"研发模式。[⑤] 一定意义上讲，正是科研在美国享有的这种战略地位确保了其从战后至今的科技霸权地位。

因而，第二次世界大战的经历无论是从技术的奠基，还是从对政策的促进方面，都对战后科技革命的到来起到了积极的作用。而战时的科技成果及战后的科技进步对战后的世界政治产生了深远的影响，成为战后和平的稳定剂和发展的引擎。

① Don Fuqua, *A History of Science Policy in the United States, 1940 - 1985*, U. S. Government Printing Office, 1986, pp. 14 - 16.

② Vannevar Bush, *Science—the Endless Frontier: A Report to the President*, Washington: GPO, 1945, pp. 3 - 4.

③ Ibid., pp. 9 - 11.

④ Don Fuqua, *A History of Science Policy in the United States, 1940 - 1985*, U. S. Government Printing Office, 1986, p. 14.

⑤ Barton C. Hacker. "Military Institutions, Weapons, and Social Change: Toward a New History of Military Technology", *Technology and Culture*, Vol. 35, No. 4 (Oct., 1994), p. 830.

三　科技进步对战后和平发展模式形成的影响

第二次世界大战期间取得的科学和技术的突破以及战后在此基础上的科技进步，对战后国际社会的政治经济发展进程产生了深远影响。巨大技术变革的出现，作为一种变量，影响了国家对追求财富和权力方式的考量与选择。一方面科技创新，尤其是核武器、火箭等大规模杀伤性武器及远程投送技术方面的进步，使得潜在的战争成本急剧增加，降低了国家通过侵略征服可能取得的预期收益；另一方面新技术在民用领域的应用和发展，使得科技因素成为经济社会发展的发动机，成为财富和权力的源泉，这种替代选择的出现削弱了通过代价高昂的征服能够获利的动机。

（一）对战争作为国家政策工具的成本收益考量的改变

以核武器为代表的大规模杀伤性武器以及远程投送技术的发明和改进，使得潜在战争的成本急剧增加。"我们关注每一个时代的战争的成本—收益及获利性，并不是因为在战前对能否获利进行一个评估的信念，而是因为从长期看存在一个可能，即战争被证明是获利或不获利的程度可能影响政府采取战争行为的倾向。"[①] 在 1956 年时，生产的原子武器当量是 1945 年投降广岛的原子当量的 2500 倍。向广岛和长崎投送原子弹的武器是美国 B29 轰炸机，在战时德国发明的 V2 火箭技术基础上发明的制导导弹则成了战后原子武器的投送装备，基本上改变了潜在的核大战的性质，火箭装上混合弹头，则使一切防御工事都无济于事。假如说轰炸机尚可以进行拦截的话，携带核弹头的精确制导的洲际导弹却可以把核武器投放到全球任一角落而不受阻拦。

战争作为一种国家政策的观念越来越失去市场，一定程度上，这是源于技术带来的战争性质的改变以及战争观念的革命。"最近军事史的几个发展线索显示，技术变革对国家通过使用武力取得政策目标日益增大影响。如因海陆空武器机动性、杀伤力增强而导致的战斗的非人道化，非战斗人员伤亡的增加等。"[②] 这种技术变革深刻地改变了国际政治的生态，因为"这些可怕的武器的发展将迫使我们进入一个新的历史时期，即和平与理智

---

① Evan Luard, *War in International Society*, New Haven: Yale University Press, 1986, p. 20.

② Eugene M. Emme, "Technical Change and Western Military Thought—1914 - 1945", *Military Affairs*, Vol. 24, No. 1 (Spring, 1960), p. 7.

的时期，世界的纠纷不再是通过战争或武力来解决，而是应用人的理智力量来解决。这样做对所有国家都是公正的，对所有人都是有益的"①。

早在第一次世界大战后，西方就有学者发出"如果人类不结束战争，战争就会结束人类"的警告。路易斯·迪克金森认为："这一点过去并不正确，但现在正确。因为现在产生了新的东西——科学。如果科学是人类的主要希望的话，它也是人类的主要威胁，因为它在进行创造的同时，也可同样轻松地摧毁。如果创造导致毁灭，一切创造都是没有意义的。"②而原子武器的发明和改进则使这一观念更为普及。鉴于对核武器毁灭性的认知，战后的科学界纷纷以各种形式呼吁各国放弃以战争手段解决争议，进行核裁军。其中最具代表性的是 1955 年 7 月的"罗素爱因斯坦宣言"，该宣言向人类呼吁："记住你们的人性而忘掉其余。要是你们能这样做，在面前的是通向新乐园的道路；要是你们不能这样做，那么摆在你们面前的就是普遍死亡的危险。""鉴于未来任何世界大战必将使用核武器，而这种武器威胁着人类的继续生存，我们敦促世界各国政府认识到并且公开承认，他们的目的决不能通过世界大战来达到。因此，我们敦促他们寻求和平办法来解决他们之间的一切争端。"③汤因比在他和池田大作的会谈中说："消灭战争一定也是可能的。即使就一切人来说，不可能根除战争以外的暴力行为，而消灭战争也一定是可能的。丢掉五千年来的习惯，的确很困难。尽管如此，核武器的发明也给我们带来了成功消灭战争的可能性。在战争这种制度的背后，存在着这样一种设想，就是认为交战国必有一方胜利，一方失败，而战胜国从胜利中所得的利益一定比付出的多。实际上，战争往往也给胜利者一方带来破坏。至于核战争，可以明确地说，胜利的一方是不存在的。"④

可以说，正是现代军事技术造就的武器的毁灭性，改变了领土征服和掠夺的侵略战争作为国家政策的成本收益的考量，很大程度上削弱了之前

---

① ［美］L. 鲍林：《告别战争：我们的未来设想》，吴万仟译，湖南出版社 1992 年版，第 1 页。

② G. Lowes Dickinson, *War*: *Its Nature*, *Cause and Cure*, London: George Allen & Unwin Ltd., 1923, p. 11.

③ ［美］L. 鲍林：《告别战争：我们的未来设想》，吴万仟译，湖南出版社 1992 年版，第 189—193 页。

④ ［日］池田大作、［英］阿·汤因比：《展望 21 世纪——汤因比与池田大作对话录》，荀春生等译，国际文化出版公司 1985 年版，第 241 页。

存在的战争能够获利的观念。战后潜在战争的高昂成本使得侵略求发展的政策渐渐失去认可而渐渐成为历史的遗迹。

（二）作为一种经济发展手段的科技

战后科技的进步，增加了其对于人类社会发展的工具性价值。技术是把双刃剑，在作为人类相互间进行血腥屠杀工具的同时，也是改善人类福利，增进人类繁荣与财富的手段。战时一美国科学家在《科学》杂志撰文称："在战争中的世界，会以为所有的力量仅仅是为毁灭。当战争结束时，新的技术会以惊人的速度，高效地把战时的努力转为和平的追求。第二次世界大战对人类而言，或许并不完全是损失。"[1]

首先，作为第二次世界大战遗产之一的战后科技的进步，一定程度上削减了过去诸多战争爆发而经济动因，如失业、贫困、资源竞争等。耶鲁大学化学工程教授福尔纳斯认为，"经济的压力即使不是唯一的也几乎是一个基本的战争原因，和平问题的解决只有通过科学的应用，我们才能够希望有一个普遍高的生活水准来缓解这个压力，它正是世界上最大精神疾病的病毒"[2]。而科技的进步则在一定程度上可以消除这个激发征服型战争的病毒。

1944 年 11 月 7 日，罗斯福总统写信给科研发展局局长 V. 布什，要求他起草一篇美国在战后如何支持科学研究的报告，他讲道："思维的新边疆已经展现在我们的面前，如果我们能够拿出进行这场战争的魄力和勇气开辟它的话，我们能够创造更充足的就业和更加富足的生活。"[3] 遗憾的是罗斯福总统在 1945 年 4 月突然逝世，没有看到这份报告。1945 年 7 月，布什把该报告呈交给了杜鲁门总统。其中特别提到了科研的经济社会价值，比如在创造就业机会方面。他写道："在 1939 年时，数以百万计的人在上一次世界大战结束时不存在的行业，如无线电、空调、人造丝和其他合成纤维以及塑料为代表的此类工业领域就业。但是这并非标志着进步的技术，如果我们能充分利用科学资源的话。如果我们能够继续研究自然

---

① Ustav Egloff, "Peacetime Values from A War Technology", *Science*, Vol. 97, No. 2509 (Jan. 29, 1943), p. 101.

② C. C. Furnas, "Science Does Not Make War but Peace and 'Good Life'", *The Science News-Letter*, Vol. 31, No. 831 (Mar. 13, 1937), p. 170.

③ Vannevar Bush, *Science—The Endless Frontier：A Report to the President*, Washington：GPO, 1945, p. 4.

法则，把新的知识应用于实际目的话，新的制造工业能够被创造，旧的也能够很大程度上得到加强和拓展。"①

此外，在材料合成技术方面的进步，削弱了国际社会在一些原材料方面的竞争。比如在日本占领东南亚后，盟国的橡胶供应中断。橡胶资源紧缺的战争现实，催生了合成橡胶技术的诞生。吉田茂认为，"正如橡胶的情况那样，第二次世界大战以后，各种合成物质相继研制成功，从而减少了原料的重要性"②。而战后燃料技术的多元化发展，有利于降低对煤、石油、天然气等资源的单一依赖和恶性竞争；生物技术的发展，使得粮食产量剧增，缓解了对粮食的需求；因而"可以想象，拥有更高的技术能力的国家也可以内向发展，不需要从外部获取更多的资源。新的技术可以用来开发新的资源或者对旧资源的再利用"③。

总之，技术的进步在一定程度上削弱了人们对天然资源的依赖，而在过去对原材料的竞争和争夺是诸多战争，尤其是殖民征服战争的主要原因之一。国际社会中所谓"无的国家"，只要取得技术上的突破，也无须用代价高昂的武力去开辟"生存空间"。

其次，科学技术作为一种发展的工具性手段，日益取代领土征服成为获取财富和权力的主要凭借。战后一国科技的发展水平和财富的多寡呈正相关关系。在吉尔平看来，"虽然经济发展和领土控制两者都是，而且仍旧是财富和权力的基础，但工业革命在产生财富与权力方面极大地提高了生产技术的相对重要性"④。作为创造财富的力量，技术的重要性超过了财富本身。

据世界银行统计，1950 年至 1970 年间，科技进步的作用在经济增长中所占比重，在发达国家平均为 49%，到 80 年代达到 60%—80%。在发展中国家，80 年代这一比重平均为 35%，有些国家和地区可达

①　Vannevar Bush, *Science—The Endless Frontier：A Report to the President*，Washington：GPO，1945，p. 10.

②　[日] 吉田茂：《激荡的百年史——我们的果断措施和奇迹般的转变》，孔凡等译，第90—91 页。

③　Nazli Choucri and Robert C. North，"Dynamics of International Conflict：Some Policy Implications of Population，Resources，and Technology"，*World Politics*，Vol. 24（Spring，1972），pp. 91 – 92.

④　[美] 罗伯特·吉尔平：《世界政治中的战争与变革》，武军等译，中国人民大学出版社1994 年版，第 131 页。

50%。"使用技术的能力对于经济增长已变得十分必要,竞争性的成功不再与资源和土地相联系,它和劳动,至少是手工劳动的联系越来越弱。工业化国家经济增长的因素的百分之五十多源自技术进步。"[1] 第二次世界大战以来,技术已经成为经济增长强大的引擎。"很明显国家的力量,在世界上所占的地位主要取决于它在行政、工业和军事事务上的技术进步。"[2] 可以讲,技术进步开始取代帝国的征服成为获取权力与财富最有效的手段。

战后,以领土征服以及诉诸战争方式解决领土争端问题的现象已很少存在。其原因在于"人们可以证明,领土不再是实力的指标,和从前相比其作为硬的国际声望和资源的作用也大为减小。在当前形势下,科技和经济的领先地位也许是国际地位的重要基础"[3]。在 20 世纪 60 年代哥伦比亚大学历史学教授威廉姆·福克斯表示,"在现代世界除了科技水平,没有更好地显示一国财富和权力的指标"[4]。中国改革开放的总设计师邓小平,在 1988 年 9 月 5 日会见捷克斯洛伐克总统胡萨克时说:"马克思说过,科学技术是生产力,事实证明这话讲得很对。依我看,科学技术是第一生产力。"[5] 邓小平"科技是第一生产力"的这一论述精辟地阐明了科学技术是经济发展的首要推动力的论断。大多数观察家认为,信息经济和计算机已经在促进世界经济的发展,就像过去蒸汽机、电力和石油对世界经济的促进一样。从 18 世纪中期以来,当一种由工业革命产生的经济推动力耗竭时,另一种技术革命又会把世界经济推向一个新的水平。[6]

对此观点,中国的第二次世界大战史研究者也多有论述。就如李巨

---

① Michael J. Boskin and Lawrence J. Lau, *Capital Formation and Economic Growth*, in *Technology and Economics*, Washington, D. C. : National Academy Press, 1991, p. 1.

② B. K. Blount, "Science as A Factor in International Relations", *International Affairs*, Vol. 33, No. 1 (Jan. , 1957), p. 71.

③ [加]卡列维·霍尔斯蒂:《和平与战争:1648—1989 年的武装冲突与国际秩序》,王浦劬译,北京大学出版社 2005 年版,第 270 页。

④ William T. R. Fox, "Science, Technology and International Politics", *International Studies Quarterly*, Vol. 12, No. 1 (Mar. , 1968), p. 1.

⑤ 《邓小平文选》第 3 卷,人民出版社 1989 年版。

⑥ 参见[美]罗伯特·吉尔平:《全球资本主义的挑战:21 世纪的世界经济》,杨宇光等译,上海人民出版社 2001 年版,第 27 页。

廉教授所言，长久以来，战争曾被人们视为求生存、谋发展的必由之路。尽管各个民族和国家都声称热爱和平，但大家或为财富和权力计，或为独立和自由计，常常实际选择了战争。今天随着大规模杀伤性武器的发展，人们必须从根本上改变对战争与和平的选择意向。一方面，现代战争手段与全球化的发展，日益使得任何一国发动战争，都将面临"失大于得"的归宿，甚至导致自杀性的悲剧后果。另一方面，现代科学技术的发展，越来越多地提供了社会发展的新条件，抑制了企图通过战争获利的动机。因此，理性的和平观念已经具有了现实的社会经济、政治条件，通过和平手段谋求各个国家和民族的生存与发展，通过和平谈判解决各个国家与民族的矛盾和争端，已经成为人类的必由之路。[①]在该意义上说，第二次世界大战是对人类科技发展力量的一次全面检验和激发，而这种科技力量则成为战后世界经济增长和人类社会进步的最强大与最广泛的推动力。

　　总之，发端于第二次世界大战的战后一系列的科技革新，有力地改变了近代以来的世界历史的发展轨迹，改变了人类追求目标的手段和环境。战后技术进步在成为战争遏制因素的同时，也成为人类追求繁荣进步的战争替代手段。正像丘吉尔讲的那样："人类至今处在生死存亡的关头。一方面，科学打开了一个不可限量的自我毁灭的裂口；另一方面，它也展现出一幅任何种族的群众从来不曾知道，甚至从来也未曾梦想到的富足和舒适的奇景……"因而"共产主义世界和'自由世界'应当不懈努力和消除或撇开它们之间的分歧，这是双方的职责，也是双方的利益"。[②]此外，由于技术的进步，飞机、导弹和舰船的机动性使得战略领土的价值也不如以前那么重要，土地提供的权力潜力下降。[③]正是在这些意义上，科技有力地推动了战后世界向和平发展模式的转变。

---

　　① 李巨廉：《战争与和平历史运动的转折——一个中国学者对第二次世界大战的思考》，《史学理论研究》2005年第3期，第26页。

　　② 《丘吉尔、杜勒斯、尼赫鲁、艾森豪威尔、戴高乐、肯尼迪关于和平共处人道主义的言论》，世界知识出版社1964年版，第8页。

　　③ Mark W. Zacher, "The Territorial Integrity Norm: International Boundaries and the Use of Force", *International Organization*, Vol. 55, No. 2 (Spring, 2001), p. 244.

小结　战后世界和平发展模式的形成

近代以来至第二次世界大战的西方资本主义兴起和发展的历史，可以说是一部征服和奴役非欧洲世界的历史，也是一部列强之间对毗邻领土以及非欧洲世界领土控制和争夺的历史。从《威斯特伐利亚条约》签订到第一次世界大战爆发，因对领土的控制、使用或所有权而引发的冲突，占这些年中出现的所有战争的一半。[①] 然而，由于战后国际经济社会结构、工业科技和战争、和平、发展观念的变革，这种表现为领土征服和军事控制的侵略发展模式在战后却逐渐失去了近代以来的强势，并逐渐为和平发展模式所取代。和平发展模式形成和支配下的战后世界政治经济主要表现为以下几个特征。

首先是国际社会放弃了把领土控制作为国家获取权力和财富的一种方式。"在整个历史上，为了谋取更多的经济安全和其它利益，领土征服一直是国家的主要目标。"[②] 然而，第二次世界大战后，国际政治中的这种情况得到改变。最明显的表现就是战后非殖民化的迅速展开，1945 年时国际社会中享有独立地位的国家仅 64 个，而到了 1960 年这一数字增加到了 107 个。[③] 正式的殖民控制及其企图在战后逐渐成为一种历史陈迹。1956 年英法试图继续维持殖民势力制造的苏伊士运河危机，在国际社会的压力下，最终以撤退告终。这一事件和法国的阿尔及利亚战争可以看作是殖民势力试图维持殖民控制的最后尝试。之后欧洲开始了大范围的非殖民化历程。此外，战后众多国家间领土争端的和平解决，也意味着国家对非战略领土及附属其上的资源的依赖度降低。

其次是战后世界的国家越来越重视通过双边的或多边的国际经济制度来实现本国的繁荣和权力追求。这一点源于人们从第二次世界大战中得出

---

① ［加］卡列维·霍尔斯蒂：《和平与战争：1648—1989 年的武装冲突与国际秩序》，王浦劬译，北京大学出版社 2005 年版，第 269 页。

② ［美］罗伯特·吉尔平：《世界政治中的战争与变革》，武军等译，中国人民大学出版社 1994 年版，第 29 页。

③ Michael Wallace, J. David Singer, "Intergovernmental Organization in the Global System, 1815 - 1964：A Quantitative Description", *International Organization*, Vol. 24, No. 2（Spring, 1970），p. 272.

的两点教训：一是世界已经发展成为密不可分的整体，经济上的孤立和政治上的孤立一样都不可取；二是通过领土征服来获取市场和原料的方法，代价高昂。英国外交大臣艾登在 1942 年的一次演讲中指出，"战后的世界将是一个更小的场所，将不会再有孤立的空间，不会再有自私自利政策和孤立主义政策的空间，只有从爱丁堡通往重庆的村道"①。因而，战后世界中的国家大多选择了通过建设和参与区域性、国际性的国际制度的和平、合作的方法来谋求本国的繁荣进步。

战后在这一转变上表现最明显的资本主义国家是联邦德国和日本。战后德国和日本放弃了战前的采取地缘政治扩张的方式来谋求市场和原料的侵略发展模式，而是通过表现为经济外交②的和平、合作的方式更好地解决了自己的"生存空间"问题。第二次世界大战以前，从俾斯麦的铁血政策到威廉二世的"阳光下的地盘"，再到希特勒"生存空间"，都受到德国地缘政治与国家发展联系的支配。第二次世界大战之前的德国地缘政治观的原则就是"一个国家的基本政治取决于它的地理位置特点。德国横跨中欧，它只有通过侵略、大量掠取土地，才能称霸欧洲大陆，保证其经济自给，也就是保证其工业生产所需的重要原料，以及作为燃料和能源的石油能自给自足"③。希特勒发动侵略战争的目的完全在于通过政治军事力量建立起德国占支配地位的欧洲经济新秩序，这一秩序使得欧洲大陆其他国家的发展从属于德国的经济发展需要。

然而，"第三帝国在第二次世界大战末崩溃以后，幸存的德国人全部感到愕然，他们找不出任何理由来说明，为什么他们的生命和财产会发生如此急剧和灾难性的变化，但他们却懂得——即使不是出自理智，他们也本能地懂得——用发动战争来为德国谋求生存这种代价太高了"④。这种

---

① "Sacrifices for Peace", extract from Mr. Eden's speech at Usher Hall, Edinburgh, May, 8, 1942, Representative of the United Nations, *The People's Peace*, New York: George W. Stewart, Publisher, p. 70.

② 所谓经济外交，有两种表现形式：其一是指国家为实现其经济目标而进行的外交活动，即以外交为手段，为国家谋取经济上的利益；其二是指国家为实现其外交目标（在政治上或军事上提高本国的国际地位等）而进行的经济活动，即以经济为手段为国家谋取对外关系上的利益。张健、王金林主编：《日本两次跨世纪的变革》，天津社会科学院出版社 2000 年版，第 286 页。

③ ［美］埃德温·哈特里奇：《第四帝国的崛起》，范益世译，世界知识出版社 1982 年版，第 6 页。

④ 同上书，第 10 页。

反思的结果是："在短短一代人的时间里，这个战后新兴的德国正沿着一条不同的道路前进，它发现有无限的'生存空间'任其发展。它用数以百万计的大众牌汽车、机床、机车、重型工程设备、机器、发动机和其它出口商品在世界各国建立了商业桥头堡，这比希特勒用几百万军队对欧洲、俄国和非洲进行的失败了的军事征服所建立的桥头堡更加稳固持久。""显然'经济政治'在战后为德国人取得了成就，这是威廉二世的凯泽帝国和希特勒的第三帝国时期的'地缘政治'所未能取得的。"战后的德国在第二次世界大战的废墟上是如何成为最富有的"第四帝国"的？埃德温认为，是"经济政治代替了地缘政治。简而言之，西德的面向老百姓的经济力量和财富是它在国际舞台上的力量与影响的根源。经济力量代替了军队和武器，成为这个年轻和富裕的德意志联邦共和国命运的主宰"。[1]

日本战后的发展战略走的同样是国际主义多边协调的和平发展道路。1957 年日本外务省发表的蓝皮书，反映了日本战后国际发展战略的特征。申明日本外务省的三项重要外交课题是与各国的睦邻友好关系、经济外交和调整与美国的关系，并在论述经济外交这一课题时指出："对于信奉和平主义的日本来说，以经济力量和平地对外发展，是提高充斥于四个小岛上的九千万国民的生活、发展经济、培养国力的唯一方法。"[2] 日本通过国际协调的道路，借助科技的力量在 20 世纪 60 年代末成为至今的世界第二经济大国。就像日本左派历史学家井上清所言，"历史证明，只有与世界反帝力量站在一起的日本国民所走的独立、民主、和平的道路，才是日本民族将来蓬勃发展和繁荣的唯一道路"[3]。

再次是战后世界中的国家追求的发展目标优先顺序发生变化。战前国家目标序列中排在前的是政治、军事目标，国家间的威望和权力的竞争多围绕着殖民地多寡、军事实力的强弱而展开。这种情况下扩张主

---

① [美] 埃德温·哈特里奇：《第四帝国的崛起》，范益世译，世界知识出版社 1982 年版，第 8 页。

② 张健、王金林主编：《日本两次跨世纪的变革》，天津社会科学院出版社 2000 年版，第 287 页。

③ [日] 井上清：《日本历史》下册，天津市历史研究译校，天津人民出版社 1976 年版，第 965 页。

义、军事主义不可避免地盛行于国际政治中。战后的世界，哪怕是冷战时期，除极少数国家外，更多的国家在关注军事政治权力发展的同时，开始把国家发展目标的关注重心转移到国家的经济社会层面上来，战后资本主义世界中出现的福利国家建设高潮便表明了这一点。埃德温·哈特里奇称艾哈德教授主持的社会改革为"有良心的资本主义"。在埃德温看来，"这个方案意味着使德国人民要从国民收入中得到比大多数资本主义国家人民还要多的好处。事实证明，在 19 世纪欧洲工业革命开始以来的所有意识形态或政治制度中，它最能创造财富和现代技术，并提供褓褓到摇篮的社会保障。它导致了资本主义全盛时期，它是 20 世纪最成功的业绩"①。

在冷战高潮时期的 1959 年 7 月 24 日，赫鲁晓夫和尼克松展开的厨房辩论一定程度上表明了两种制度的竞争从军备转向社会发展转移的趋势。肯尼迪 1959 年 10 月 1 日在纽约州罗契斯特大学演说时提到美苏竞争，指出："让赫鲁晓夫先生试试在谷物、黄油、住房和电视机的生产方面超过我们吧，让他把他的国家力量转向这方面吧。"② 在美国学者厄恩斯特·哈斯眼中，当代世界的一些新特征使得合作更容易接受，如人们对财富、福利、发展和工业化的关注。③ 可以说，这些战后时代出现的一些新特征构成了世界和平发展模式的鲜明旗帜。

最后，科技实力和一国权力的紧密的正向关联关系逐渐强化并得到普遍认可。在第二次世界大战的刺激下，战后发生了第三次科技革命。科技革命的展开和应用极大地增加了人类财富，成为第一生产力。在厄恩斯特看来，战后的世界是一个"史无前例的依靠科技取得经济福利的世界"④。可以讲，科技在一定意义上成为战后世界创造财富的主要工具。亨廷顿也认识到"能支持成功经济发展的最基本的信念，大概就是相信繁荣是取决于生产率，而不是依靠资源控制、经济规模、政府优惠或军事力量；相

---

① ［美］埃德温·哈特里奇：《第四帝国的崛起》，范益世译，世界知识出版社 1982 年版，第 6 页。

② 《丘吉尔、杜勒斯、尼赫鲁、艾森豪威尔、戴高乐、肯尼迪关于和平共处和人道主义的言论》，1964 年，第 123 页。

③ Ernst B. Haas, "Why Collaborate? Issue-Linkage and International Regimes", *World Politics*, Vol. 32, No. 3（Apr., 1980），p. 357.

④ Ibid., p. 357.

信生产率范式对社会有益"①。战后世界对科技创造财富的信服很大程度上削弱了领土征服的动机。

　　总之，第二次世界大战留给战后世界的丰富遗产及这些遗产在之后的发展演变，促使资本主义世界放弃了自近代以来坚持的基于领土征服和政治支配的侵略求发展的模式，逐渐走向以双边或多边的国际制度参与为运作平台、以经济社会发展为目标、以科技为工具的和平发展模式。战后世界经济、技术、文化观念等环境的变化决定着人类命运的逻辑进入非零年代，共生、共荣日益成为普世的价值理念。

---

　　① ［美］塞缪尔·亨廷顿、劳伦斯·哈里森：《文化的重要作用——价值观如何影响人类进步》，程克雄译，新华出版社 2002 年版，第 51 页。

第五章

战后世界和平发展模式的意义与前景

　　本章主要考察的是和平发展模式作为一种国家发展战略的选择，对战后世界历史进程产生的影响，该发展模式在战后世界的演变，全球化时代下存在的不足以及未来发展的方向等。在回答这些问题之前，本章拟先对战后世界东西方对抗以及地区性战争和冲突频发现象，与本书的世界和平发展模式的形成这一看似存在矛盾关系的论题做一探析，尝试证实战后世界和平发展模式的存在，以便我们对战后世界的和平发展模式形成进一步的认识。

第一节　战后世界和平发展模式存在吗

　　第二次世界大战后的世界是沿着和平的轨道发展的吗？这一疑问和质疑之所以发生，主要源于战后的两个国际政治现实：一是第二次世界大战结束之后世界很快转入了以美苏为首的资本主义和社会主义两大阵营在政治、意识形态、经济和军事等领域两极对抗的冷战秩序；二是战后世界局部战争和动荡依然不断。这样的世界能算是一个和平发展的世界吗？进一步说，这样的现实能证伪战后世界和平发展模式的存在吗？本节试图对这一问题做出解答。

一　超越第二次世界大战遗产研究中的冷战情结

　　第二次世界大战的经历和遗产深远地改变了战后世界的历史进程，可以说"开辟了世界历史发展的一个新时代，通常被认为是为世界史的一个分水岭"①。英文中"战后"（Postwar）一词所指的"战"毫无例外地意指第二次世界大战。该词在战后各领域学界研究文献中的广泛使用与提及本身，表明了第二次世界大战对战后世界各方面所具有的深远的转折性意义。国际史学界对第二次世界大战的重大转折性意义存在比较一致的看法。如胡德坤教授就认为："追溯其历史渊源，反法西斯的第二次世界大战则是世界历史从 20 世纪前半期的战争与动荡时代向战后和平与发展时代转换的重大转折点。是二战变更了时代主题，改变了世界战争与和平力量的对比，规定了战后局部战争的历史走向。"②

但是对第二次世界大战之于战后世界的重要意义，比如对第二次世界大战留下了丰富的遗产达成共识，并不意味着对该遗产的性质也抱有相同的看法。就本书研究的主题而言，第二次世界大战留下的遗产究竟是促进战后世界的稳定、和平和发展的积极因素，还是阻碍世界和平和发展的消极因素？战后很长时期内，在冷战思维的影响下，有关第二次世界大战遗产的研究主要在第二次世界大战带来的以美苏为首的两极对抗的框架下展开，得出的结论多是战后世界充满权力斗争的悲观主义看法，并未能看到第二次世界大战留给战后世界遗产积极的方面。就如牛军教授所讲的那样，"很长时间以来，对第二次世界大战的研究、对第二次世界大战遗留的历史经验的研究等，都受到冷战的巨大影响。可以说，在对第二次世界大战的认识和总结中，也存在着冷战思维。在冷战结束十几年后的今天，纪念反法西斯战争胜利应该有超越冷战意识形态的更进一步的理解和思考"③。

很长时期以来，学界对第二次世界大战遗产（自然包括本主题战后世界发展模式的转换）之所以持一般的悲观论调，而缺少积极的态度，即使看到积极作用，也主要限于战后民族独立运动的兴起与科技的进步等领域，主要源于以下原因。

首先是存在着把冷战对抗的卷入范围和持续周期扩大和延长的倾向。冷战的对抗是由坚持两种不同制度的国家构成的两大阵营的对抗，给人一种所有资本主义国家反对所有社会主义国家的不恰当印象。而实际上，冷

---

① Richard J. Stoll, "Major Power Interstate Conflict in the Post-World War II Era: An Increase, A Decrease, or No Change?", *The Western Political Quarterly*, Vol. 35, No. 4 (Dec., 1982), p. 577.

② 胡德坤、韩永利:《第二次世界大战与战后世界和平》,《武汉大学学报》（哲学社会科学版）2004 年第 4 期, 第 511 页。

③ 牛军:《二战遗产的再思考》,《世界经济与政治》2005 年第 8 期, 第 18 页。

战时期两大阵营的对抗是有限意义上的间歇性对抗（中间存在缓和期），它更多地存在于美苏两国之间。更确切地说，只是美苏两个超级大国争夺世界权势的斗争。

以美苏为首的两大阵营内部的其他国家间相互关系虽远远谈不上全方位的对话与合作关系，但也绝不属于全方位对抗的敌对关系。尤其是在20世纪60年代中期之后，两大阵营内部均出现裂痕。冷战早期两大阵营内部铁板一块，两大阵营间壁垒分明的格局逐渐瓦解，各国更倾向于采取民族本位的现实主义对外政策，意识形态的画线外交已变得不合时宜。在西方阵营内以联邦德国、法国为首的西方国家，以自己国家利益为准则，对东方社会主义国家采取了更加独立的灵活的外交政策，如德国的"新东方政策"和戴高乐的独立外交。法国更是于1964年1月不顾美国反对，成为第一个与中国正式建交的西方国家，此举造成了震荡性影响，一时被国际社会称为"外交核爆炸"。

在社会主义阵营内部，先是1947年，南斯拉夫因坚持独立自主的政策被苏联开除出共产党和工人党情报局后，积极发展与西方的关系。1948年后南斯拉夫曾得到美国等西方国家的经济和军事援助。西方国家也尊重南斯拉夫不结盟政策，欢迎并支持其与国际货币基金组织及其他国际金融机构就债务问题达成协议。南斯拉夫与西欧国家的贸易额占其外贸总额的40%多，其所欠外债总额70%为欠西欧国家的外债。1986年南斯拉夫同西方国家的贸易占南斯拉夫总出口的36.41%、总进口的47.32%。在20世纪50年代末60年代初，中国也因同样原因与苏联决裂，奉行独立自主的外交政策，同西方尤其是日本发展了密切的贸易关系。

在冷战的最高峰时期，中国同西方国家的进出口额在外贸总额中所占比重迅速由1957年的17.9%，上升为1965年的52.8%。① 在冷战缓和的70年代，中国相继与意大利、奥地利、比利时、冰岛、马耳他、希腊、卢森堡、英国、荷兰、西班牙、葡萄牙和爱尔兰建立了正式外交关系。1975年中国与欧洲经济共同体达成了建交协议。1978年4月正式签订的欧洲经济共同体与中国贸易协定是双方贸易合作实现正规化的标志，它确立了双方应努力促进相互间贸易发展的基本精神，对以后双方经贸合作的扩大起到了重大的推动作用。1983年11月1日，中国同欧洲煤钢共同体

---

① 朱立南：《中国对外贸易》，首都师范大学出版社1990年版，第14页。

和欧洲原子能共同体也建立了外交关系，从而实现了中国同欧洲共同体的全面建交。

因而，完全可以说，冷战的对抗只是美苏争夺霸权的斗争，而非两大阵营间的激烈对抗。除却意识形态的分歧外，两大阵营间关系更多的是对等基础上的合作关系。尽管这种合作多局限在有限的经济、技术、投资等低级政治领域。以意识形态画线，把美苏的对峙状态视为两大阵营间对抗的做法，有把冷战时期国际政治的矛盾面扩大化的倾向，其结果自然便是对冷战时期国际交往状态持消极观感。

其次是未注意到冷战铁幕下美苏合作和对话趋势不断加强的方面。许多学者只看到了美苏的对抗，而没有看到两国所做的避免战争发生的努力和愿望以及美苏之间经济贸易和技术合作的一面。有学者认为："合作关系贯穿于整个冷战时期的超级大国关系之中。虽然存有很深的意识形态和利益分歧，超级大国之间，尽管不情愿，也努力就调整军备竞赛以及中和它们在全球范围内的地区斗争中相互竞争和冲突的要求达成合作。"[1] 代表性的如 1963 年 8 月 5 日由苏美英三国外长在莫斯科签署的《禁止在大气层、外层空间和水下进行核武器试验条约》（《部分禁止核试验条约》）。1987 年 12 月，苏美正式签署了完全消除中短程导弹的《中导条约》。

在经贸关系领域，尤其是 70 年代的缓和期到来以后，经互会同西方二十四国集团的贸易额，1961 年仅有 43 亿美元，到 1970 年达到 137 亿美元，1979 年更上升到 731 亿美元。[2] 除了贸易之外，东西方经济关系的形式多种多样，包括贷款、生产合作、联合企业、技术转让等各方面的合作也突飞猛进。在信贷方面，有 100 多家西方银行参与对苏联、东欧国家的贷款，至 1977 年，苏东国家积欠的西方债务高达 500 亿—600 亿美元。苏联在"九五"期间从西方购买了 133 项专利，超过战后以来总数的 4 倍，比苏联自己研制生产节约 90% 的费用。东西方还共同建立合营企业，到 1981 年底，西方在经互会国家中投资的企业达 400 余家，其中 2/3 由苏东国家享有控制权。[3]

---

① Edward A. Kolodziej, "The Cold War as Cooperation", *Bulletin of the American Academy of Arts and Sciences*, Vol. 44, No. 7（Apr.，1991），p. 11.

② 参见张小明《冷战及其遗产》，上海人民出版社 1998 年版，160 页。

③ 参见王逸舟《西方国际政治学：历史与现实》，上海人民出版社 1998 年版，第 258 页。

　　国际冷战史研究专家约翰·路易斯·加迪斯认为，美苏两个超级大国在冷战时期的互动不约而同地坚持了自我约束（Self-Regulating Rules）的游戏规则，如：尊重对方势力范围；避免直接军事对抗；核武器是最后的极端手段；宁要可预测的异常，而不要不可预测的理性；不寻求削弱另外一方的领导地位。① 为了维持国际体系的稳定，美苏双方对这种规则进行了心照不宣的遵守，其结果就是加迪斯所称的"长和平"的出现。回顾过去，"冷战最大的讽刺之一是它带来了一段空前的稳定时期，其间，竞争者阻止了彼此间的相互颠覆活动"②。

　　因而，我们对冷战时期美苏关系的研究不能只看到两大集团在柏林墙的对峙和古巴导弹危机，也应该看到他们之间在军控领域（如《不扩散核武器条约》和《中导条约》的签订）的合作以及他们在经济、技术方面的交往合作。③ 可以说，在战后多数时期，合作是两国关系的主流，尤其是美苏在安全领域的合作，使得战后的"长和平"成为可能。

　　最后是未能从世界全局历史地看待第二次世界大战的积极遗产。很长时间以来对第二次世界大战遗产的悲观看法之所以存在，还在于未能从世界发展的方向历史地看待，只看到了美苏为首的东西方意识形态对抗的存在，而未能看到战后世界作为一个整体所取得的进步、稳定和繁荣。胡德坤教授认为："战后时期，人类社会在政治上的进步、国际关系上的稳定、社会经济的飞跃发展和科学技术的日新月异等等，构成了战后世界性社会进步，而这种进步是与二次大战的胜利密切相关的。完全可以说，二次大战是20世纪世界历史的一个重大转折点，它结束了一个战争与动荡的旧时期，开始了一个和平与发展的新时期。"④ 对作为第二次世界大战遗产的雅尔塔体系，徐蓝教授做了高度评价，她说："正是在雅尔塔体系

---

　　① John Lewis Gaddis, "The Long Peace: Elements of Stability in the Postwar International System", *International Security*, Vol. 10, No. 4 (Spring, 1986), pp. 99 – 142.

　　② ［美］杰弗里帕克等：《剑桥战争史》，傅景川译，吉林人民出版社1999年版，第552页。

　　③ 有学者认为美苏间合作有两种形式：一是最常见的和最重要的由超级大国单方面采取决定和主动的隐性的合作性协作。二是可以看出来的合作形式，由超级大国就共同利益采取合作。Edward A. Kolodziej, "The Cold War as Cooperation", *Bulletin of the American Academy of Arts and Sciences*, Vol. 44, No. 7 (Apr., 1991), pp. 16 – 17.

　　④ 胡德坤、罗志刚：《第二次世界大战与战后世界性社会进步》，湖北人民出版社1993年版，第1页。

实际运作而导致的美苏对峙的两极格局之下，世界发生了更为深刻的变化，它孕育了两极解体的力量，孕育了在政治、经济、文化、意识形态、价值观念等方面的相互宽容态度，孕育了世界格局多极化的方向，也为世界走向和平与发展打开了空间。"① 第二次世界大战的遗产规制了战后世界历史发展的积极方向，冷战只是在一定程度上，尤其是在最初的阶段滞缓了它的发展，但没能阻止它的发展。随着冷战的逐渐淡去，在战后时期这些积极的方向日渐明朗并呈现逐渐强化的趋势。

我们不可能在此处把冷战时期的世界进步趋势一一列出，只能是简要概述。首先是冷战时期世界历史运动的整体态势是前进，主题是发展。战后在第二次世界大战推动的科技革命的作用下，人类社会取得了极大的物质上的财富，尤其是资本主义世界在战后前 20 年进入了发展史上"黄金时期"。冷战时期的世界在全球层面和地区层面国家间的互动行为主要表现为合作，表现为联合国体系的维持、70 年代欧洲合作和安全会议的召开和为了发展的目的建立起来的区域性制度安排，比如欧洲共同体等。就像李巨廉教授讲的那样，战后世界"回顾人类战争与和平的历史运动，二战使得制约与控制战争的因素上升到主导地位。这就是人们常说的和平与发展成为当今时代的主流，这是一个划时代的转折"②。因而在冷战时期，和平和发展始终是历史运动的主要轨迹，并且这一轨迹表现得越来越明显。

因而，我们对战后史的研究应该超越美苏主导的冷战，美苏关系不能代表整个战后国际关系状态，冷战也不是战后史的全部。当然完全否认冷战给国际关系留下的印迹也是很天真的看法，但在有限的意义上，也要记得冷战不是纯粹的零和游戏。因为，"冷战和其不时的紧张的结果，不仅表现为危机和军备竞赛，也表现为通过和解、军控和再保险削减战争威胁。美苏领导人渐渐认识到他们的对手和他们一样迫切需要避免战争"③。从这个意义上讲，冷战是合作基础上的对抗。

1973 年 7 月至 1975 年 8 月，包括除阿尔巴尼亚外的所有欧洲国家以

---

① 徐蓝：《雅尔塔遗产——和平和发展的空间》，《世界知识》2006 年第 16 期，第 16 页。

② 李巨廉：《战争与和平历史运动的转折——一个中国学者对第二次世界大战的思考》，《史学理论研究》2005 年第 3 期，第 26 页。

③ Richard Ned Lebow, "The Long Peace, the End of the Cold War, and the Failure of Realism", *International Organization*, Vol. 48, No. 2 (Spring, 1994), p. 275.

及美国、加拿大、土耳其和塞浦路斯共 35 国的代表在赫尔辛基召开了旨在维护欧洲地区安全以及促进经济、科技、文化和环境保护等方面合作的会议，并最终签署了《欧洲安全与合作会议最后文件》①。它包括《关于建立信任的措施和安全与裁军的某些文件》《经济、科学、技术和环境方面的合作》等文件。有学者认为，在欧洲，欧洲安全和合作会议（CSCE）机制的建立被证明是"东西方和超级大国之间一持久的解决安全、人权以及人员、思想跨国界交流分歧的重要工具。现在它延展到了集团间传统的武器对话，是第一次在较大的欧洲框架下进行的对话"②。

现实主义权力哲学的解释在冷战问题上并不总是有效。在冷战的发展中，戈尔巴乔夫领导下的苏联外交政策变得越来越和现实主义理论不一致，比如 1988—1989 年从阿富汗撤军，可以解释为从边缘的主动收缩。1987 年 12 月签订的有利于西方的《中导条约》明显不是受相对收益的关注的推动。可以说，"苏联从东欧的撤退不仅仅和任何现实主义的收缩观念不符，而且和现实主义的一个核心论点冲突：霸权国期待每个可能的机会来获取他们的重要的势力范围"③。

因而，我们对冷战和战后国际政治关系的研究，在承认其构成战后国际政治运作主要背景的前提下，不应该无限放大其对战后世界历史进程消极的影响。冷战不是战后史的全部，冷战也不仅仅是对抗，更有缓和与合作。"第二次世界大战后，西方和共产主义世界的冷战中不能说没有危机，但是情况变得紧张时，反战的领导人会竭力保持他们有限化，任何情

---

① 该文件主要内容：（1）《指导与会国间关系的原则宣言》，内列：主权平等，尊重主权固有的权利；禁止使用武力或以武力相威胁；边界不可侵犯性；国家领土完整；和平解决争端；不干涉内部事务；尊重人权和基本自由，包括思想、道德、宗教或信仰的自由；各国人民的平等权利和民族自决；国与国之间的合作；忠实履行国际法规定的各项义务等。（2）《关于建立信任措施和安全与裁军若干方面的文件》，规定与会国间在距离共有边界 250 公里地区内举行有 2.5 万人以上军队参加的军事演习时，需于 21 天前通知有关国家并邀请观察员参加，但通知应以自愿为基础。（3）《经济、科学、技术和环境方面的合作》。（4）《地中海的安全和合作》，规定增加与地中海沿岸国家的磋商，促进合作，减少紧张局势。（5）《人道主义和其他方面的合作》，对人员接触、旅行、通婚、新闻记者活动、文化和教育的交流等做了具体要求和规定。此外，最后文件还规定，每隔一定时间召开一次续会，检查对该文件的执行情况。

② Edward A. Kolodziej, "The Cold War as Cooperation", *Bulletin of the American Academy of Arts and Sciences*, Vol. 44, No. 7 (Apr., 1991), p. 17.

③ Richard Ned Lebow, "The Long Peace, the End of the Cold War, and the Failure of Realism", *International Organization*, Vol. 48, No. 2 (Spring, 1994), pp. 262 – 263.

况下阻止他们升级为他们国家之间的战争。"① 正是美苏之间这种隐而不宣的合作规则，确保了战后国际社会的总体稳定。尤其是 60 年代以后，对抗的趋势日益减缓，在安全、经济领域合作的趋势日益加强。而这些积极进步趋势的出现无不是第二次世界大战及其遗产作用的产物。

二 如何看待战后世界局部战争的爆发与和平发展模式的形成

战后世界从战前侵略发展模式到战后和平发展模式的转变这一论断的提出，还有一个看似矛盾且难以绕开的问题，那就是怎么解释第二次世界大战后的世界存在的局部战争现象，也即局部战争和冲突不断的世界能否称之为一个和平发展的世界。

战后反法西斯大同盟分裂转为冷战以及战后存在局部战争的事实，并不能否定战后世界和平发展的方向与进程。世界和平发展模式的对立面是近代以来以领土征服和掠夺为表现特征的侵略发展模式，具体就是一国为追求本国的经济发展和社会进步而采取的武力征服、控制他国和地区领土以及附属其上的资源的战争政策。有侵略发展模式存在的国际社会有三个特征：跨国家或地区的征服战争或殖民控制的存在；战争的主要目标是以经济社会发展为导向；这种存在涉及一定的范围。总之，就是国际社会中存在着主要大国（必须承认大国是国际政治的主要行为主体，它们的行为模式和互动类型决定着国际政治的形态）仍然为了经济社会发展的目的，而发动对他国领土进行征服控制的侵略战争的事实。然而，近代以来表征侵略发展模式存在的以上特征在战后世界政治中却逐渐削弱和消失。

（一）战后世界征服和掠夺型战争的衰微

无论是对战争的分类还是对数量的统计，都牵涉到战争的概念问题，但学界对战争概念的界定存在分歧。依据权威研究和战争相关研究工程（COW）② 下的定义，也可称之为斯莫尔—辛格定义，国家间战争应具有的特点：持续战斗的两个参与方是国家体系合格一员；参与方 1000 人以

---

① John Mueller, *The Remnants of War*, Ithaca: Cornell University Press, 2004, p.66.

② 和战争相关研究工程（COW），是美国密歇根大学政治学教授戴维·辛格，为了促进国际关系研究中所需要的和战争相关的可靠的数据收集整理在 1963 年主持建立。主要是进行 1816 年至今的和战争和平相关的国际问题研究，如战争数据、同盟、国际组织以及外交文献的归纳整理。可以说是国际政治研究的重要帮手。（网址：http://correlatesofwar.org。）

上的伤亡。[①] 该定义排除了国家内战的类型，主要解释的是国家间的战争。战争史研究专家昆西·赖特在巨著《战争研究》中认为历史上能称之为战争的事件包括四个共同特征：军事活动密集；高度的紧张状态；国际法和国内法不合常规的规则实施；国内动员政治的高度一体化。[②] 在此处，我们讲的"战争"一词的内涵与外延正是基于以上的界定。

战后世界征服战争的衰微是第二次世界大战的重大遗产，也是近代以来侵略发展模式渐渐退出历史舞台和世界和平发展模式兴起的重要表现之一。近代以来国际社会的战争，大都可归为征服和掠夺型的战争之列。此类战争的目的在于通过对本国边界之外的领土和资源施加政治军事控制，以确立自己在该地区发展机会方面对他国相对或绝对的优势。近代以来，典型的征服和掠夺型战争，如西班牙、葡萄牙对美洲的征服战争，著名的七年战争、英荷战争、拿破仑战争、克里米亚战争、美西战争、日俄战争、第一次世界大战和第二次世界大战等。这些战争的发生都主要源于经济原因，即为掠取、控制原材料、市场而战。

然而，战后此类试图通过对他国或地区确立政治军事控制谋求本国经济社会发展的战争，日益成为一种历史遗迹。战后世界政治的一个主要积极现象就是被压迫国家和地区的民族解放。过去的殖民地或半殖民地国家纷纷摆脱殖民统治成为国际体系中独立平等的一员。尽管有些国家在战后仍试图维持一定地区帝国的控制，如荷兰对印尼的再征服、阿尔及利亚战争和苏伊士运河战争，但最终还是以失败告终。不管是情愿还是不情愿，战后西方殖民大国的力量先后退出亚非拉地区，给予了他们独立地位。1945 年时国际社会中享有独立地位的国家仅 64 个，而到了 1960 年这一数字增加到了 107 个。

整体来看，就总量而言，国际战争发生的总体数量也在减少。从1816 年到 1897 年间的年均 1.69 次战争下降到 1898—1980 年间的 0.75次。[③] 由于商业活动和航运越来越受到国际准则的调整，战后由经济原因引发的战争，或者国家为实现本国经济进步与繁荣而发动的确保资源或市

---

① Correlates of War Project, 2008, "State System Membership List", http: //correlatesofwar. org.

② Quincy Wright, *A Study of War*, the University of Chicago Press, 1942, pp. 685 – 698.

③ Melvin Small and J. David Singer, *Resort to Arms: International and Civil War, 1816 – 1980*, Beverly Hills: Sage, 1982, p. 129.

场的战争逐步减少。① 在战后国际社会整体保持长久和平的情况下，战后的世界可以说已经偏离了近代以来的侵略发展的模式，渐渐向和平发展方向迈进。

（二）和平发展模式的渐进性

我们说，在第二次世界大战遗产多方作用下的战后世界从领土征服与掠夺的侵略发展模式向和平发展模式的转换，并非意味着战后世界政治中的国家立刻铸剑为犁，自动进入和平的合作的甚至和谐的世界。一国世界发展模式的转变受到国际和国内多种因素的制约，国际社会中的国家不可能步调一致地进入和平发展的世界。战后国家发展模式表现出来的差异性，主要源自不同的历史经验，尤其是第二次世界大战的经历以及国家从第二次世界大战中吸取的教训的差异。

以德国为首的西欧国家、东亚的日本可以说是战后世界发展模式转换的典型代表。19 世纪末期德国作为一个国际政治舞台上的后来者，当其进入国际竞技场时，世界已被瓜分得所剩无几。从威廉二世的"阳光下的土地"到希特勒的"生存空间"的追求，无一不是旧的领土征服和掠夺的侵略发展模式的体现，这种诉求带来的是毁灭性的世界大战。西欧一代人之内惨遭两次大战的蹂躏，几近使西欧文明遭到毁灭。第二次世界大战的遭遇使西欧认识到，民族主义是欧洲最大的威胁，于是有了欧洲的合作联合。作为近代以来的侵略发展模式的实施主体，战后的西欧国家走上了依靠科技和经济而非军事和政治支配的和平发展的道路。东亚的日本作为太平洋战争的发动者，寻求通过军事征服建立日本在其中占支配地位的"大东亚共荣圈"，在付出巨大的人力物力伤亡后，最后却惨遭被占领的命运。源于对第二次世界大战的记忆和反思，战后日本从军事征服转向以科技为支撑的和平的经济扩张，经过 20 年的高速发展，成为资本主义世界第二经济大国。

美国学者理查德·罗斯查兰斯认为，1945 年后的世界为两种根本不同的国际关系组织模式所平衡。一类是领土体系国家，这类国家由苏联和

---

① 卡列维·霍尔斯蒂为考察经济作为战争根源的重要性，把包括商业或航运、资源、殖民地争夺和保护海外侨民或商业利益在内的各个争议问题归为一个单一的经济问题群。参见［加］卡列维·霍尔斯蒂《和平与战争：1648—1989 年的武装冲突与国际秩序》，王浦劬译，北京大学出版社 2005 年版，第 274—276 页。

一定程度上的美国所主导。领土体系国家倾向于把权力大小和土地多寡挂钩，他们希望控制更多的领土，以获得资源、原材料和市场，从而减轻对他国的依赖实现自给自足。另一类则是由日本和西欧国家占据中心地位的贸易国家体系，他们信守自给自足是一种幻觉，如果贸易是相对自由和开放的，就没必要去征服新的领土来确保经济发展。① 在理查德·罗斯查兰斯看来，1945 年后的世界，和平性质的贸易国家发展战略日益成为占据主导地位的发展模式，现代越来越多的国家和地区从这种和平的发展模式中受益。如日本、欧盟国家、韩国、中国台湾、中国香港、东南亚国家联盟国家、巴西、墨西哥、中国内地和印度以及其他国家或地区正是这种战略的实践者和得益者。同时也应该看到战后国际社会中仍然存在着武力的征服行为，如战后初期的西方列强对试图维持殖民帝国的侵略行为以及美国和苏联对第三世界的干涉。但也应该看到，这种罗斯查兰斯所说的"领土国家"正在日益减少。20 世纪 80 年代末期苏联势力从东欧和阿富汗的撤离，一定意义上意味着苏联对"领土国家"的放弃。

战争作为国家政策工具的放弃，是多种历史力量共同作用的产物。20 世纪初期的一位国际问题研究者查理斯认为"国际战争的爆发是国家坚持一个错误的生活哲学的结果，该哲学认为所有权力的基础是物质力量，伟大以蛮横之力计算"②。战争作为一种国家政策工具的可行性考量过程，本质上是一种观念的嬗变过程。尽管国际经济、贸易、金融制度的发展机制日益健全，创造财富的科技力量愈发发达，但仍有些国家未放弃征服行为。在卡尔·凯森看来，一个原因就在于"文化观念的变革总是慢于技术和制度的变革"③。一国的发展观念的转变有一个变化的过程，罗伯特·阿特在其《什么能够结束军事权力？》一文中认为，第二次世界大战以后有两场战争改变了美国关于军事力量作为国家外交政策工具的看法：一是朝鲜战争，使得美国外交中的军事权力倾向加强；二是越南战争，使得美国对军事权力的关键作用重新评估："美国没能够或不愿对欧佩克国

---

① Richard Rosecrance, *The Rise of the Trading State: Commerce and Conquest in the Modern World*, New York: Basic Books, Inc., 1986, p. 16.

② Charles Edward Jefferson, *The Cause of the War*, New York: Thomas Y. Crowell Company, 1914, p. 41.

③ Carl Kaysen, "Is War Obsolete? A Review Essay", *International Security*, Vol. 14, No. 4 (Spring, 1990), p. 63.

家采取军事行动像征着军事权力作为政策工具的贬值。"① 这一例子并非说明美国已经完全转变了其国家的发展战略，只是证明武力作为国家政策的工具观存在一个发展变化的过程。

由上可知，和平发展模式形成的渐进性特征决定着国际社会中战争与冲突的现象在短时间内还会持续，战后世界存在的战争不能否定战后世界和平发展模式存在和发展的另一个原因在于战争根源的多样性。近代以来，战争爆发的原因很多，如宗教分歧、王朝野心、领土边界争端、转移国内斗争视线、文化传播使命、中立权利的捍卫、同盟义务、国家统一、国家独立、支持叛军、霸权野心、军备竞赛以及一系列的经济动机，如过剩人口、移民、领土扩张、殖民地贸易斗争、工业国家对市场、原材料和食物供应的需要、重要贸易航线的安全以及当代海洋资源的开发等。② 如前所述，本书对世界和平发展模式的界定，主要着眼于经济社会发展的意义。和平发展模式消除的是战争的经济根源，战后世界的国家不再或很少再为经济发展和繁荣的需要而发动战争，去征服控制自己边境之外的领土。我们从对战后战争的观察可以看出，为此类目的发动的战争几乎绝迹。伊万·鲁雅德注意到，"战后领土扩张的愿望已经不显著，政府更加不倾向于把控制领土的数量作为成功或评价地位的依据。尤其是殖民远方的世界其他地方的领土的愿望变弱了。该目标在过去是最为常见的战争的单一原因，现在已经几乎灭绝了"③。因而，战后世界爆发的一些局部战争大多源于经济社会以外的原因，如军事安全、意识形态输出、民族分裂主义和恐怖主义等。

最后，我们也应该看到，战后世界的战争，主要发生在小国之间且大多属于新独立国家的内战。战后世界大国之间保持了一种约翰·加迪斯称之为"长和平"的相对稳定的状态。作为近代以来领土征服和争霸主体的欧洲国家如英德法等日益朝一体化方向迈进，他们之间几乎看不出存在战争的可能性，战后的日本走的是一条经济科技兴国的和平发展的道路，美苏之间在维护和平方面保持着明示或隐晦的合作规则，可以说战后大国间保持了一种相对稳定的和平。影响国际政治气候面貌的大国间的互动行

---

① Robert J. Art, "To What Ends Military Power?", *International Security*, Vol. 4, No. 4 (Spring, 1980), p. 4.

② John Bakeless, *The Economic Causes of Modern War: A Study of the Period: 1878 – 1918*, New York: Garland Publishing, Inc., 1972, pp. 2 – 3.

③ Evan Luard, *War in International Society*, New Haven: Yale University Press, 1986, p. 172.

为所表现出的和平状态与和平性质，决定了战后国际政治生态的和平发展方向。

因而，我们应该对战后世界发展模式的转变有着辩证的和历史的认识，战后世界的和平发展，不可能一蹴而就，和平发展模式的形成，有一个渐进的过程。侵略求发展的行为模式在国际社会很长一段时间内还会继续存在，但它的零星存在并不影响我们对战后世界是一个和平发展的世界的判断。就像判断事物的性质看主要矛盾的主要方面一样，战后国际政治经济的主流发展模式则是和平发展。

第二节　和平发展模式与战后世界的进步

和平发展模式作为战后世界资本主义国家追求繁荣与发展的一种国际行为模式，深刻影响了战后世界历史进程。一方面，它以更积极的方式推动了战后世界的整体发展，使战后世界的整体进程在发展方式上呈现出不同于战前的特征，尤其是使整体世界发展进程进入了更高级的阶段——全球化阶段；另一方面，国际社会对和平发展模式的认可和接受，孕育和发展了诸多和平发展的机制，为一国或地区的和平发展与和平崛起提供了机制性平台和环境，反过来，又进一步促进了战后世界的整体和平。

一　对战后世界整体发展的促进

人类的历史发展进程经历了由最初的孤立、分散的发展到整体发展的历程。马克思主义经典著作虽然未明确提及世界的整体发展，但这种思想却贯穿于马克思有关"世界历史"形成的理论观点中。在考察资本主义这个特殊阶段的生产与交往的发展基础上，马克思提出了他的世界历史理论。正如马克思、恩格斯在《德意志意识形态》中讲的那样，各个互相影响的活动范围在这个发展进程中愈来愈扩大，各民族的原始闭关自守状态则由于日益完善的生产方式、交往以及因此自发地发展起来的各民族之间的分工而消灭得越来越彻底，历史就在越来越大的程度上成为全世界的历史。[1] 马克思认为，世界历史不是过去一直存在的，作为世界历史的历史是结果。[2]

---

① 参见《马克思恩格斯选集》第 1 卷，人民出版社 1995 年版，第 88 页。
② 同上书，第 28 页。

　　如果说世界整体发展进程就是"世界历史"形成的历程的话，那么在其中起着直接推动作用的则是马克思所讲的"世界交往"。而在历史上，跨地区和跨国家的交往和联系主要有两种方式，一是征服战争，二是和平往来。两种方式所具有的不同特征决定着其对世界的整体发展进程产生了不同的影响。

（一）征服战争与近代整体世界的发展及特征

　　马克思曾在《德意志意识形态》中写道，到目前为止，暴力、战争、掠夺、抢劫等等被看作历史的动力。对进行征服的蛮族来说，正如以上所指出的，战争本身还是一种通常的交往形式。1500 年前后的地理大发现使得人们的交往范围向全球逐渐扩展，世界历史的横向发展速度加快，跨地区的世界交往逐渐向马克思所称的"普遍交往"迈进。随着美洲和通往东印度的航线地发现，交往扩大了，工场手工业和整个生产运动有了巨大的发展。从那里输入的新产品，特别是进入流通的大量金银，完全改变了阶级之间的相互关系，并且沉重地打击封建土地所有者和劳动者；冒险的远征，殖民地的开拓，首先是当时市场已经可能扩大而且日益扩大为世界市场——所有这一切产生了历史发展的一个新阶段。[①] 但是在 1945 年之前人类交往历程的日益密切是建立在西方世界对亚洲、非洲、美洲和大洋洲的武力征服基础上的，也就是马克思所称的"冒险的远征，殖民地的开拓"，因而战前的世界整体发展主要是通过战争这种独特的交往形式推动的。

　　从历史形成过程来看，世界交往的发展是外部交往扩大的过程，是人类交往史发展到新阶段的产物，它是随着资本主义的全球性扩展和地理大发现，欧洲和亚洲、美洲、非洲外部联系的加强而形成的，是以国家民族间交往的广泛化和深化为基础的。西方资本主义世界自 1500 年前后的地理大发现，开始了对"落后"地区的征服和掠夺。"从 1500 年至 1763 年的近代初期是人类历史上一个较关键的时期。正是在这一时期里，地理大发现揭示了新大陆的存在，从而预示了世界历史的全球性阶段的来临。这些世纪中发展起来的某些全球性的相互关系自然随着时间的推移而更加紧密起来。"[②]

---

　　① 　参见《马克思恩格斯选集》第 1 卷，人民出版社 1995 年版，第 110 页。

　　② 　［美］L. S. 斯塔夫里阿诺斯：《全球通史——1500 年以后的世界》，吴象婴、梁赤民译，上海社会科学院出版社 1999 年版，第 194 页。

从美洲征服到祖鲁战争再到中英鸦片战争，西方列强通过炮舰政策，终于在 1900 年前后，在全球范围内建立了广阔的殖民地、半殖民地和势力范围，强行把世界联为一体，整个世界因而被纳入资本主义世界政治和经济体系之中。

但同时应看到，这种整体发展是在战争这种独特的非正常的交往模式推动下前进的，因而，战前世界的整体发展尽管有着历史进步性，如全球生产率的惊人增长，但也表现出明显不足的特征。首先是战前世界政治经济中的整体发展，是建立在强权即公理的逻辑基础上。在政治上，西方资本主义世界和非西方世界表现为宗主国和殖民地、半殖民地或势力范围的关系，因而是一种严格的等级秩序，非西方世界在事实上丧失了完全的主权。在经济上西方世界和非西方世界则存在着中心—边缘的超经济的剥削和掠夺关系。其次，战前的整体发展缺少稳定的发展机制，如缺乏世界范围的或区域性的有效的国际制度的推动。战前世界的整体发展虽然在总体上是向前发展的，但中间常被侵略发展模式诱发的战争所打断而显得缺少可持续性和稳定性。

（二）　和平发展模式下的整体世界发展新阶段

作为战前整体世界发展进程存在缺陷的产物①，第二次世界大战的爆发及其结果改变了战后整体世界发展的面貌，使整体世界的发展进入了一个高级阶段，即我们熟知的全球化阶段。反法西斯战争是世界历史整体发展的里程碑，如胡德坤教授所言，"它结束了人类社会以征服与掠夺求世界历史整体发展的旧时期，开辟了以平等与依存求世界历史整体发展的新时期"②。

对全球化的概念辨析可以帮我们认识这一世界整体发展阶段的特征。对于全球化问题，葡萄牙里斯本的专家小组认为全球化包括两种不同的现象，即作用范围（或者扩大）和强烈程度（或者深化）。一方面，这个概念被解释为席卷这个星球大部分地区的，乃至在世界范围内发生影响的一系列过程，所以这个概念有一种空间范围的内容。另一方面，它又意味着

---

①　参见韩永利《世界的整体发展与第二次世界大战的起源》，《理论月刊》1996 年第 12 期。

②　胡德坤、韩永利主编：《第二次世界大战与世界历史进程：第二次世界大战史学术讨论会论文集》，武汉大学出版社 2003 版，序言，第 3 页。

组成世界共同体的各个国家、社会彼此之间相互交往和交换关系，横向联系和彼此之间相互依赖性进一步加强，这个过程在不断深化的同时，又不断向外扩展。

在第二次世界大战遗产的作用下，战后世界的全球化进程借助于新的市场、新的工具、新的参与者、新的规则，缩短了时间和空间，模糊乃至消除着国家之间的边界。战后世界整体发展的一个重大推动力来自交通、通信工具的革新，20 世纪中叶以后，商业飞机和大海轮的出现大大降低了人员和货物流动的成本和效率，使得地球日益成为一个地球村（见下表）。

1500—1960 年运输速度的变化①

1500—1840 年	1850—1930 年	1950 年	1960 年
马车、帆船	汽船、火车	螺旋桨飞机	喷气式飞机
16 公里/小时	56—104 公里/小时	480—640 公里/小时	800—1120 公里/小时

作为整体世界发展一个阶段的全球化在战后的迅速发展源于和平发展模式的一个特征，那就是，鼓励国际参与、多边协调的国际制度的健全和发展。和平中的发展要素促成了战后各种区域性经济组织的形成。战后以来，为了更快更好地发展经济和增强本国的国力，很多位于同一地区、具有相同的文化传统和价值观及共同利益的国家，都自觉地联合起来，组成了各具特色和程度不一的经济同盟或共同体，如欧洲联盟、亚太经济合作组织、北美自由贸易协定、东南亚国家联盟、加勒比共同体和共同市场、中美洲共同市场等。如果说，两大对立的政治军事集团造成了世界的紧张局势的话，那么，各种经济同盟或共同体则在很大程度上缓解了世界的紧张局势，并推动了世界经济的发展。因为前者导致了美苏军备竞赛和他们之间"战略核均势"的形成，使整个世界处于核恐怖的笼罩之中，而后者则有利于各国相互之间的往来与交流，使相互联系的国家处于相互依赖之中。

两次世界大战的灾难性斗争使人们产生了这样一个日益强烈的认识：

---

① Peter Dickson, *Global Shift*: *The Internationalization of Economic Activity*, Chapman: London, 1992, p. 104.

"如果反人道的最极端形式的暴力被判定为非法，国家间相互联系和相互依赖的日益加强也得到承认的话，那么国际治理的本质和进程将不得不发生变化。"[①] 第二次世界大战以后，世界历史的整体发展进入一个崭新的理性成熟的整体发展时期。在这一时期里，推动人类历史画卷不断向纵深发展的生产力和交往的形式和内容，发生了很大变化，人类相互之间的影响进一步加深。全球化时代整体世界经济对科技、知识、信息和通信的依赖作用，促成了以往以武力为中心解决国家民族间矛盾冲突的思维模式的改变，和平共处，平等基础上的协调发展成为时代的主题。

二　和平发展模式对战后世界的"长和平"的促进

战后世界和平发展模式的存在，在战后世界的和平维持中起到了积极的作用。主要表现为促进国家间合作的国际制度的健全与完善，这一点强化了国际社会中的和平发展机制，他们的存在改变了战前世界政治经济中频频引发战争的冲突性结构，为一国通过和平方式获取财富和权力提供了机制平台。和平发展模式作为探求国家发展道路的一个理性选择的结果，促成了战后世界为学者和政治家们所津津乐道的"长和平"。

（一）学界关于战后"长和平"根源的解释

战后世界历史发展的一个显著特征就是经历了历史上最长的世界整体和平阶段。就像查理斯·W. 克格里所述，1945 年至 1991 年的时期构成了现代世界体系诞生以来的大国和平的最长时期。[②] 学界对战后整体"长和平"[③] 得以存在的解释不一，可谓众说纷纭。主要论点如美国冷战史专家加迪斯认为的那样，"战后世界体系的美苏争霸的两极稳定特征是该时期大国和平的主要原因，而约翰·穆勒则把和平视为一个较长的历史过程

---

①　[英] 戴维赫尔德：《民主与全球秩序：从现代国家到世界主义治理》，胡伟等译，上海人民出版社 2003 年版，第 86 页。

②　Charles W. Kegley, Jr., "Explaining Great-power Peace: The Sources of Prolonged Postwar Stability", in *The Long Postwar Peace: Contending Explanations and Projections*, edited by Charles W. Kegley, Jr., Harper Collins, 1991.

③　"长和平"一词系由路易斯·加迪斯所创，具体可参看他的相关著作和论文："The Long Peace: Elements of Stability in the Postwar International System", *International Security*, Vol. 10, No. 4 (Spring, 1986), pp. 99 – 142; *The Long Peace: Inquiries into the History of the Cold War*, New York, 1987。

的积累"①。

此处，本书则从战后世界和平发展模式的存在及其内在特征的角度，来分析其对战后世界和平的积极作用。和平发展模式所体现的平等、开放和制度支撑的价值和特征是战后国际政治稳定和"长和平"出现的重要因素。

（二）和平发展模式对全球性冲突结构的削弱和消除

我们在此所讲的全球性冲突结构，可以理解为战前在侵略求发展的模式支配下，国家间存在的权力资源的强力占有以及由此带来的发展机会不公正的一种世界政治经济秩序状态。近代以来列强通过武力征服，疯狂掠取落后地区的资源和财富，并通过建立殖民统治、半殖民统治、保护国等形式确立对落后地区的系统压榨，把征服和掠夺制度化。

这种剥削和掠夺体制的建立，在国际层面造就了两大冲突结构：一是资本主义列强和被征服地区的压迫和反压迫的冲突结构；二是由于领土资源的稀缺性，列强往往把自己通过征服建立的帝国视为独占的排斥他国竞争的一种发展资源（如原材料、商品、投资市场等），因而列强间也存在一种竞争性的冲突结构。这两大冲突结构的存在是近代以来国际政治动荡不安的根源所在。在韩永利教授看来，"法西斯国家的武力侵略尽管是二战起源的重要原因之一，但不是根本原因，其根本原因则是英法殖民体系的维持，以及维持这种体系的全部手段引起了法西斯战火蔓延的恶果"②。两次世界大战的根源是后进国家，或不满现状的"无"的国家对旧的财富控制分配体系的挑战冲击，是变革世界政治经济结构对发展资源进行再分配的一种尝试。

在第二次世界大战遗产的积极作用下，战后世界形成的和平发展模式对之前侵略发展模式下世界政治经济中存在的冲突结构做出了积极的调整。殖民主义在战后的衰落、灭亡和民族独立国家的兴起消灭了列强和被征服地区的压迫和反压迫的冲突结构；战后不断完善发展的区域性的或全球性的政治经济制度安排，也很大程度上削除了列强间因不公平竞争而导

---

① 约翰·穆勒主要从战争观念的发展演变的角度来探讨这一问题，具体可参见 John Mueller, *The Remnants of War*, Ithaca：Cornell University Press, 2004；*Retreat from Doomsday*：*The Obsolescence of Major War*, New York：Basic Books, 1989。

② 韩永利：《世界的整体发展与第二次世界大战的起源》，《理论月刊》1996 年第 12 期，第 34—37 页。

致的冲突结构。作为过去诸多战争根源的世界政治经济结构得到调整的一个结果就是使得国际格局的和平转换成为可能。

（三）和平发展模式与国际格局的和平变革

美国总统约翰·肯尼迪曾讲过一句经典名言，和平变革不可能的话，暴力变革就不可避免。和平发展模式下和平发展机制的存在为国际社会中的国家追求财富和权力提供了良性的平台，它使得一国或地区得以通过和平的方式实现自己的发展诉求，而无须诉诸代价高昂而低效的武力。

战后德国（西德）、日本、欧盟、"亚洲四小龙"以及近年的"金砖国家"的异军突起都是通过和平的方式实现地区或国际格局转换的典型国家和地区。战后这些国家或地区实现经济繁荣的共同特征就是放弃了过去西方资本主义列强所走的领土扩张、殖民征服和掠夺的道路，走的是依靠科技力量，通过国际制度参与，和平地融入国际分工的道路。日本和德国作为战败国吸取了过去通过地缘政治扩张的方式来拓展"生存空间"所导致的自我毁灭的教训，通过参与全球市场的方式成为世界二号、三号经济强国。欧洲则通过一定主权的让渡，通过一体化的联合方式成为当今世界格局中的重要一极。

时下备受世人关注的新兴市场国家——金砖五国[①]（巴西、俄罗斯、中国、印度和南非）的崛起同样走的是和平发展的道路。五国都通过对全球性市场经济的参与，逐步实现本国的繁荣和富强，在世界政治经济中日益引人注目，并表现出强劲的发展势头。2003 年 10 月，美国高盛公司在题为《与 BRICs 一起梦想：通往 2050 年的道路》[②] 的全球经济报告中预言，BRICs 将于 2050 年统领世界经济风骚，其中：巴西将于 2025 年取代意大利的经济位置，并于 2031 年超越法国；俄罗斯将于 2027 年超过英国，2028 年超越德国；如果不出意外的话，中国可能会在 2041 年超过美国从而成为世界第一经济大国，印度可能在 2032 年超过日本；BRICs 合计的 GDP 可能在 2041 年超过西方六大工业国（G7 中除去加拿大），这样，到 2050 年，世界经济格局将会大洗牌，全球新的六大经济体将变成

---

① 传统称金砖四国（BRIC），2012 年 12 月，传统金砖国家吸收南非加入合作机制，"金砖四国"遂变成"金砖五国"（BRICS）。

② "Dreaming with BRICs：The Path to 2050"，October 2003，http：//www. goldmansachs. com/ideas/brics/book/99 - dreaming. pdf.

中国、美国、印度、日本、巴西和俄罗斯。

战后世界和平发展机制的不断健全也为中国的和平崛起提供了良好的机遇。在经济全球化的条件下，全球性的世界市场为中国提供了真正全球性意义的自由开放的世界市场。作为全球性的世界市场上平等的独立行为体，中国可以以和平的方式从世界市场获得自身发展所需的资源、资本和技术以实现自身的生存、发展和繁荣，而不必像老牌资本主义国家那样以暴力和血腥的方式实现自身的生存和发展。和平发展成为一种更具操作性、理性和可能性的发展方略，也是中华实现复兴的不二道路。

第三节　世界和平发展模式的现状与未来

战后的世界，在第二次世界大战遗产的积极作用下，人类社会总体上取得了历史上前所未有的物质繁荣和社会进步。战后的这种世界性进步源于战后世界发展模式的转变，正如胡德坤教授所言，"60 年的发展突飞猛进，可以说超越了人类社会过去几个世纪，甚至几千年的总和，应该说是第二次世界大战改变了旧的世界发展模式、建立了新型世界发展模式的结果"①。

随着国际政治经济环境的变迁，世界和平发展模式在战后整体和平的框架下，其表现形式、运作的广度和深度都发生了相应的变化。尤其是70 年代以后，随着作为其原因，同时也是其结果的全球化进程的加速，和平发展模式在内涵和外延上得到发展的同时，也遭遇了新的挑战，如南北问题已经发展到危及世界持续发展与和平稳定的程度。斯塔夫里阿诺斯认为："未来世界历史的进程将取决于富裕国家和贫穷国家之间的差距是继续扩大还是逐渐缩小，而至今这种差距一直在扩大，如果这种状况持续下去，第三世界仍将成为世界革命的中心。"②

---

① 胡德坤：《第二次世界大战与世界发展模式的转换》，《烟台大学学报》（哲学社会科学版）2005 年第 3 期，第 258 页。

② L. S. 斯塔夫里阿诺斯：《全球通史——1500 年以后的世界》，吴象婴、梁赤民译，上海社会科学院出版社 1999 年版，第 521—522 页。

一　和平发展模式因子在战前的孕育

第二次世界大战后世界发展模式的转换绝不是一个突然的实现，它是工业革命后诸多历史因素变迁的结果，只不过第二次世界大战从根本上多方位地推动了这一历史发展过程的转折。

18 世纪后期开始的工业革命在促使工业国家寻求对外领土扩张和彼此间争夺的同时，也孕育着这种征服求发展的模式走向衰落的因素。如工业化战争成本的增加、科学技术对经济增长的重要性的上升等导致的国际社会战争观念和发展观念的变革。其中，根本的改变在于作为稀缺资源的领土和国家财富以及权力之间关联性的减弱。美国国际政治学者马克·撒切尔认为，"在威斯特伐利亚秩序早期的世纪里，领土是决定国家财富与安全的主要因素，因而领土的获取和保护是最重要的外交动机。大多战争都和领土获取相关，这些战争的结果多数都导致了领土的变革，这种现象一直持续到 20 世纪中期"[1]。并且他认为原因在于领土在现代经济中作为生产的要素价值的衰落，这意味着对国外领土的征服不会再带来前工业时代一样的收益。人们对战争成本与和平收益的政治经济考量使和平的发展模式逐渐兴起。

但是我们应该看到，第二次世界大战前存在的有限意义的和平发展现象只是在一定的时期，并在有限的范围内存在。第二次世界大战前主流世界发展模式仍然是对他国征服与掠夺的发展模式。正是在第一次工业革命普及和第二次工业革命兴起的 19 世纪末，世界进入帝国主义时代，西方资本主义完成了对非欧美世界的征服，列强间也为对海外或毗邻领土的控制展开了争夺。1898 年的英法法绍达危机、美西战争，1901 年的英布战争，1904 年的日俄战争无不是列强为领土控制而展开的争夺，体现了侵略发展模式的盛行。虽然早在 19 世纪末 20 世纪初，波兰的经济学家伯劳奇和英国的专栏作家诺曼·安格尔就已经证明，由于战争武器的工业化以及金融的相互依赖等原因，战争代价高昂，依靠征服战争占有殖民地来赢取国家繁荣进步的观念是"大幻觉"（the Great Illusion）。[2] 但欧洲国家之

---

① Mark W. Zacher, "The Territorial Integrity Norm: International Boundaries and the Use of Force", *International Organization*, Vol. 55, No. 2 (Spring, 2001), p. 217.

② Ivan Bloch, *The Future of War in Its Technical, Economic, and Political Relations; Is Iar Now Impossible?*, Kelly-University of Toronto, 1900; Norman Angell, *The Great Illusion: A Study of the Relation of Military Power to National Advantage*, London: William Heinemann, 1914.

间仍爆发了争夺殖民地和势力范围的第一次世界大战。

然而，第一次世界大战的毁灭性并未使一些国家认识到这种侵略发展模式在新环境下自我挫败的性质，依旧热衷于领土扩张的方式谋求国家的发展。随之，德意志第三帝国的"生存空间"、墨索里尼的罗马帝国梦和日本的"大东亚共荣圈"梦想引发了20世纪涉及范围最广、程度最大的工业化战争。这场战争作为世界历史的转折点，对国际政治、经济、社会和观念产生了广泛深远的影响，变革了国家发展战略制定的政治经济考量。

二 和平发展模式在战后的变迁和发展趋势

和平发展模式作为国家的一种和平倾向的发展战略选择，不可避免地受到战后国际政治经济形势发展的制约和影响，战后国际政治、经济、技术等环境因素的变迁影响了和平发展模式的内涵和形式的变化。

首先国家更倾向于通过相对稳定开放的区域性或全球性的国际制度来表达和实现自己的发展诉求。

战后世界国家的和平发展模式不再像第二次世界大战之前的国家间那种零星的、不固定的交往模式，而是通过多边谈判的方式确定了相对稳定的机制性安排。在国际层面上，比较重要和具有广泛代表性①的国际制度安排如布雷顿森林体系下的世界开发银行、国际货币基金组织和关税贸易总协定（1994年第八轮乌拉圭回合谈判后为世界贸易组织所代替）。这些组织在战后很长一段时间内，由于苏联等国的货币的不可兑换性及冷战的爆发，苏东社会主义国家没有加入。在70年代冷战缓和，尤其是冷战结束后，这些国家才相继加入，这些组织才成为真正意义上的全球性国际制度安排。

另外，历史上和地缘上存在密切关系的地区、国家纷纷建立区域性的制度安排。最有代表性的是由50年代的"煤钢联营计划"发展成的欧洲联盟。战后欧洲共同体形成发展的因素有多种，但最为重要的动力来自欧洲国家对第二次世界大战根源的认知以及由此带来的欧洲发展道路的思考。作为欧洲一体化发动机的法国和德国，为了对阿尔萨斯、洛林、鲁尔

---

① 世界贸易组织在2006年11月7日，宣布接纳越南成为该组织后，至今有150个成员国；国际货币基金组织有185个会员国；世界银行由184个成员国组成。

和萨尔等地区资源的争夺，百年之内经历了三次大的战争和数次国际关系的危机。战后两国领导人认识到征服战争不再具有获利的可能，只能带来敌对双方的毁灭，于是欧洲联合就成为一种理性的选择。在阿登纳回忆录中，他多处谈到关于欧洲单个的民族国家在当代世界上没有前途的问题。他说："一个欧洲国家的经济单靠自己的力量是不可能永葆健康的，因为单独一个欧洲国家的经济活动范围本身是太小了……是不能单独地在世界经济或世界政治中起作用的。只有合并为一个共同的欧洲经济区域，才能使欧洲国家与世界其它经济地区进行竞争，并保持这种竞争能力。"① 其他重要的地区安排还有东南亚国家联盟、北美自由贸易协定和石油输出国组织等。

1973 年，随着美国宣布美元与黄金的脱钩，不再承担稳定国际货币体系的责任，布雷顿森林体系运转失灵。1975 年由法国提议，法、美、日、英、德五国确立首脑定期会晤机制，随后意大利和加拿大加入。俄罗斯于 1994 年正式加入，讨论全球范围内的经济、金融以及政治议题，进行有效的全球政策的整合，这一机制即今天的八国集团（G8）。之后随着全球经济地理格局的变革，八国首脑会晤对全球范围内的经济、环境问题越来越失去控制和处理的能力。同样也是出于全球政策有效整合的需要，1999 年国际社会在布雷顿森林体系框架内，建立了作为国际经济合作论坛的二十国集团机制（G20）②。

战后世界这些正式的或非正式的机制安排的建立本身反映了在全球化的今天，任何一国都无法独自解决自己在发展中面临的问题。国家对这种现实的认知结果是纷纷推动建立能够有效整合全球经济合作政策的机制，通过合作的方法，而非通过过去武力征服和掠夺的方式来解决自己的发展

① ［德］康拉德·阿登纳：《阿登纳回忆录》（一），上海外国语学院德法语系德语组译，上海人民出版社 1976 年版，第 306 页。
② 二十国集团的成员包括十九国的财政部部长和中央银行行长，即中国、阿根廷、澳大利亚、巴西、加拿大、法国、德国、印度、印度尼西亚、意大利、日本、韩国、墨西哥、俄罗斯、沙特阿拉伯、南非、土耳其、英国和美国。另外一个成员是欧盟，由欧盟轮值主席国和欧洲中央银行行长代表欧盟参会。同时为了确保二十国集团与布雷顿森林机构的紧密联系，国际货币基金组织总裁、世界银行行长以及国际货币金融委员会和发展委员会主席作为特邀代表也参与该论坛的活动。由此可见，二十国集团把世界各地区主要的工业国家和新兴市场国家联系在一起。这些国家拥有全世界 90% 的国民生产总值、80% 的贸易额和 2/3 的人口。由于其经济方面的重要性以及广泛的代表性，二十国集团有着很大效力和深远的影响力。

问题。尽管这些功能性的机制安排不可能完全解决和调和发展中的所有问题，但它代表着国家发展观念的一种转变，是国际社会打造和平发展机制的努力的反映。

其次，战后世界国家和平发展模式的内容经历了由战前和战后初期的贸易主导的发展到直接投资主导的发展的历程，至今生产资本的全球化进程仍在进行。战后国际经济发展的一个突出特征之一，就是国际投资增长幅度远远超过国际贸易的增长，成为国际经济联系的重要一环。1915—1945 年 30 年间资本输出总额从 434 亿美元增加到 510 亿美元，而 1945—1975 年 30 年间各国总资本输出总额从 510 亿美元增至 5800 亿美元，增长了 10 倍多。① 作为对外投资主体的跨国公司在 1999 年，世界 5.3 万家跨国公司拥有 3.5 万亿美元资产。尽管跨国公司的天地主要由发达国家的公司占据，但 20 世纪 80 年代以后，这个情形正在发生变化。来自发展中国家的跨国公司数量在世界上最大的 100 个非金融性跨国公司中，从 2004 年的 5 个增加到 2005 年的 7 个。② 作为征服政策的替代性发展方略，可以说战后直接投资成为一国在世界经济中获取财富的主要表现形式之一。作为其载体的跨国公司日益成为主要发达国家和一些第三世界新兴国家或地区获取资源和财富的重要的有效工具。

美国学者斯蒂芬·布鲁克斯认为，"目前具有最大物质潜力从事征服的国家是最能依靠跨国公司获取他们需要的国家。就地理位置、经济规模和军事能力而言有最大军事征服潜力的四个国家是美国、英国、德国和法国，而这四个国家分别是世界第一、第二、第四和第五的直接投资资源国"③。这种局面的出现无疑消除了昔日的资本主义殖民大国从事征服的动机，成本收益的衡量使得和平发展成为一种最理性且高效的发展方式。这种局面的出现也恰恰证明了和平发展模式的形成和被认可、接受的广度。

---

① 张骏：《新编国际经济合作》，立信会计出版社 1994 年版，第 20 页。

② "World Investment Report 2007", *Transnational Corporations*, *Extractive Industries and Development. Transnational Corporations*, Vol. 16, No. 3（Dec., 2007），p. 110.

③ Stephen G. Brooks, "The Globalization of Production and the Changing Benefits of Conquest", *The Journal of Conflict Resolution*, Vol. 43, No. 5（Oct., 1999），p. 666.

三 全球化时代和平发展模式的问题及改进

尽管学界对于全球化的启动时间存在争议①，但全球化在第二次世界大战后加速发展，并成为当代世界政治经济发展的一个基本特征则是学界共识。全球化是世界历史发展到整体史的一个阶段，在这一阶段，世界各个国家和地区的发展密切联系在一起，资本、技术、人员、文化和价值观念在全球范围内得到流动和传播。虽然全球化有着多方面的内涵，但经济的全球化是全球化进程的核心内容，也是其他方面全球化的主要动力。

1. 全球化本质上讲是世界各地区和国家间各方面密切交往和相互依赖的一种状态。历史上人类的交往可以分为两种主要形式，一是通过征服战争的方式，二是和平的经济贸易形式。在第二次世界大战前，战争是交往的主要形式，它是以牺牲弱小民族的政治独立，建立在等级压迫的基础上的。战后世界，随着被压迫民族和国家纷纷走上独立道路以及其他国际政治经济因素的变迁，世界各国在政治主权平等的基础上进行了日益密切的全方位交往。这种和平的交往确保了战后时期成为人类历史上至今最为繁荣的阶段，但在这种总体繁荣的背后却也蕴含着结构上的不平等，全球化带来的繁荣成果并未得到公正的分配，存在着发展的成果向先进工业国家严重倾斜的趋势，南北收入差距在战后持续拉大。

根据联合国1999年人权发展报告，全球在收入和生活标准上的差异已经达到"荒唐的比例"。例如，世界上最富有的三个家族的财富（约1350亿美元）之和比经济欠发达国家的6亿人的年收入还要高。该报告认为收入的极化源于经济全球化快速向前发展的同时，没有兼顾到公平分配的考虑。30年前，世界最富有的1/5人口的收入和其余人口的比率是

---

① 汤姆·弗里德曼认为在工业革命的推动下，19世纪末期的自由贸易和帝国的扩张构成了全球化的早期阶段，只是被后来的世界大战和大萧条打断。历史学家，如 Geoffrey Gann，Bruce Mazlish，Robbie Robertson 则认为全球化开始于15世纪欧洲海外扩张的时代。此类观点可见 Geoffrey Gann, *First Globalization: The Eurasian Exchange*, 1500–1800, Lanham, Md.: Rowman & Littlefield, 2003; Bruce Mazlish, "An Introduction to Global History", in *Conceptualizing Global History*, eds. Bruce Mazlish and Ralph Buultjens, Boulder, Colo.: Westview Press, 1993, pp. 1–24; Robbie Robertson, *The Three Waves of Globalization: A History of a Developing Global Consciousness*, London: Zed Books, 2003。

30∶1，而到了 1990 年，拉大至 60∶1 直至今天的 74∶1。该报告显示，在过去的四年（1995—1999）中，世界上 200 个最富有人的财富超过了 1 万亿美元，而生活在贫困线（每天生活开支低于 1 美元）下的人一直是 13 亿左右。[①] 世界银行 2000 年的报告结论也支持这一观点，根据世界银行数据，最富有的 20 个国家的人均收入是 20 个最贫困国家人均收入的 37 倍，这一差距在四十年内翻了一番。[②]

问题症结除了在于国家之间历史上工业基础的差距外，还在于不公正的战后全球化的规则。战后国际经济的游戏规则虽然表面是在和平与政治平等的基础上制定的，但是工业发达国家在其中占据主导地位，体现了发达国家的利益价值。约瑟夫·斯蒂格利茨认为现行全球管理体制有强烈的偏见，对发展中国家不利。国际机构，如国际货币基金组织和世界贸易组织，是由一些富国把持的，把常常对较贫困国家人民的利益有害的协议和政策强加在他们身上。在国际贸易谈判中，关于纺织品、农业品、知识产权和服务贸易都存在不公平的议程。他还提出了一个大胆改革全球经济管理的计划，如他竭力主张吸收范围更广的利益相关者到决策过程中来，以便国际货币基金组织和世界银行的表决权少一点扭曲，主张增加决策过程的透明度等。[③]

西方研究国际机制理论的著名学者约翰·鲁杰认为全球化存在着三个负面属性：全球化利益分配的高度不均；全球规则制定中越来越大的不平衡；全球经济金融的脆弱性。[④] 可以说，正是全球化前两者的属性决定着发展成果在南北方国家间的不均衡分配。在日本学者星野昭吉看来，财富分配的不均衡，发达国家与发展中国家之间的关系，造成了全球经济价值的互不相容状态。换言之，由于地位的不同，后者被迫参与到由前者所支

① United Nations Development Program（UNDP），*Human Development Report 1999*，Oxford's oxford University Press，1999，转引自 Fred R. Dallmayr，"Globalization and Inequality：A Plea for Global Justice"，*International Studies Review*，Vol. 4，No. 2（Summer，2002），p. 144。

② World Bank，*World Development Report 2000*，Oxford's oxford University Press，2000，转引自 Fred R. Dallmayr，"Globalization and Inequality：A Plea for Global Justice"，*International Studies Review*，Vol. 4，No. 2（Summer，2002），p. 144.

③ 参见［英］约瑟夫·斯蒂格利茨《全球化与发展》，［英］戴维赫尔德《驯服全球化：管理的新领域》，童新耕等译，上海译文出版社 2005 年版，第 27—45 页。

④ 参见［英］约翰·鲁杰《把镶嵌性自由主义带向全球：公司联结》，［英］戴维赫尔德《驯服全球化：管理的新领域》，童新耕等译，上海译文出版社 2005 年版，第 72—73 页。

配的国际分工中。通过这一体系，发达国家造成了第三世界人民的贫困。①

2. 战后世界的发展模式，相对于战前世界的征服与掠夺的侵略发展模式，虽然具备了以和平方式实现发展结果的特征，具有相当历史进步性，但并非至善至美。在目前阶段，该模式下实现的是国家和地区间不均衡的发展。只有克服这一缺陷，人类才能实现持久的和平和持续的繁荣。

早在 20 世纪 70 年代，很多发展中国家通过联合国就提出了建立国际经济新秩序的呼声。1964 年 10 月召开的第二次不结盟国家和政府首脑会议首先提出了建立国际经济新秩序的口号。随后七十七国集团的部长级会议也强调建立新秩序的重要性，并提出了具体主张。在不结盟国家和七十七国集团的积极推动下，1974 年 4 月联合国大会第六届特别会议通过了《关于建立新的国际经济秩序的宣言》和《行动纲领》②，标志着建立国际经济新秩序的斗争进入一个新的阶段。1974 年 12 月，大会又通过了《各国经济权利义务宪章》（以下简称《经济宪章》）。这些文件的通过，为建立国际经济新秩序奠定了政治和法律基础。此后，发展中国家在各种场合，表达了建立国际经济新秩序的要求，其基本内容为：改变以不合理的国际分工为基础的国际生产体系，打破发达国家对世界贸易、货币金融领域的国际机制的控制，改变不平等交换为特征的国际贸易体系，实现经济独立，发展民族经济，建立公平、合理、平等、互利双赢的国际经济关系。

尽管发展中国家不断做出努力，但是西方国家对此一直反应冷淡，经济合作组织成员国抵制任何看似干预资本主义市场体系或对国际机制进行正面攻击的重构国际经济体系的努力。其原因诚如有学者指出的那样："西方正是凭借这些国际机制维持他们对发展中国家自然资源的控制，维持他们对经济体系的控制。"③ 时至今日，国际经济旧秩序并没有发生根

① ［日］星野昭吉：《全球政治学：全球化进程中的变动、冲突、治理与和平》，刘小林等译，新华出版社 2000 年版，第 255 页。

② "General Assembly Declaration on the Establishment of a New International Economic Order", *The American Journal of International Law*, Vol. 68, No. 4 (Oct., 1974), pp. 798 – 801.

③ Adeoye Akinsanya and Arthur Davies, "Third World Quest for a New International Economic Order: An Overview", *The International and Comparative Law Quarterly*, Vol. 33, No. 1 (Jan., 1984), p. 214.

本性变化，致使发展中国家的经济状况越来越恶化，南北差距的马太效应越来越明显。

3. 全球化是新形势下世界发展模式变革的必然。世界发展模式不能再仅仅满足于谋求和平与发展，国际社会必须变革规则使世界朝着和平条件下的均衡发展的道路前进，也就是要努力做到发展成果共享。变革的关键在于扩大发展中国家在制定全球政策过程中的参与权和决策权。至今维持不公平的国际经济秩序框架的是战后初期建立的一系列国际机制，比如在贸易和金融领域的主导机制，多是由西方发达国家制定，并用来确保他们在国际经济中的优势地位。然而，战后国际政治经济格局的变化，使得战后初期的这些安排越来越不能适应新形势的变化。

20 世纪 70 年代以后，第三世界作为世界政治经济中的一股力量开始崛起。从七十七国集团到欧佩克组织，从亚洲四小龙的经济腾飞到印度、巴西等发展中国家的高速发展和在世界经济中所占比重的增加，预示着世界经济格局处于一种重组状态。21 世纪初期"金砖国家"的兴起，标志着很多正在兴起的大的市场经济体（Large Emerging-Market Economies）的扩张正在改变着全球经济的面貌。工业数据显示"金砖四国"的 GDP 总和不到 G6 之和的 10%，但是到 2020 年，这一数字将达到 25%，到 2050年这一数字将达到 60%。[1] 基于以上理由，当前的七国集团需要升级并为"金砖四国"留下空间，以便形成更加有效的全球政策。[2] 总之，发展中世界已经成了一种在国际活动的所有领域中都发挥影响的强有力的因素。因而，"世界力量关系中发生的这些不可逆转的变化，使得发展中国家有必要积极地、充分地和平等地参与作出和实施同国际大家庭有关的所有决定"[3]。

布雷顿森林体系在 20 世纪 70 年代衰落以后，发达国家制定影响世界经济决策的方式始于 1986 年的七国集团会议，它为非正式地深入讨论重大的国际经济问题提供了良好的平台，也促进了七国政策制定者之间的相

---

[1]　Jayson Forrest, "Building BRICs to Emerging Markets", *Money Management*, December, 2005.

[2]　Jim O'Neill, "Building Better Global Economic Bricks", Global Economics Paper No: 66, 30th November 2001, http://www.goldmansachs.com/ideas/brics/building-better-doc.pdf.

[3]　"General Assembly Declaration on the Establishment of a New International Economic Order", *The American Journal of International Law*, Vol. 68, No. 4（Oct., 1974）, p. 799.

互理解和有效合作。但七国集团仅局限于世界七大西方经济体（加拿大、法国、德国、意大利、日本、英国和美国），新兴市场国家则不在此列。因此，七国集团在讨论有关国际经济和金融体系发展问题时，其有效性和影响力受到很大限制。而且，20 世纪 90 年代中后期的金融危机和国际收支危机表明目前的危机防范和解决措施存在许多不足，二十国集团①的诞生则在一定程度上满足了工业化国家和新兴市场国家之间紧密合作的需求。

二十国集团诞生前，在七国集团的倡议下，也曾为促进工业化国家和新兴市场国家之间的对话建立了类似的非正式组织，如 1998 年的二十二国集团和 1999 年的三十三国集团。二十二国集团于 1998 年 4 月和 10 月在华盛顿召开会议，旨在吸收更多的非七国集团成员参与解决发生在新兴市场国家、影响全球的金融危机。随后，三十三国集团于 1999 年 3 月和 4 月召开了两次会议，讨论全球经济和国际金融体系改革问题。二十二国集团和三十三国集团提出了一系列增强世界经济抵御危机能力的建议，表明有新兴市场国家参与的定期国际磋商论坛能够发挥更大的积极作用。

二十国集团的建立使该组织成员间围绕特定共同关心问题而展开的定期对话实现了制度化。它在促进工业化国家和新兴市场国家就国际货币和金融体系的重要问题，开展富有建设性和开放性的对话，并通过对话加强国际金融体系架构方面已取得一定进展。二十国集团就进一步改善国际货币和金融体系问题形成了一致立场，以为各国制定经济政策和布雷顿森林机构（国际货币基金组织和世界银行）决策提供激励机制，为处于不同发展阶段的主要国家提供了一个共商当前国际经济问题的平台。实践证明，对全球经济负有特殊责任的各经济体举行非正式高层次对话，是应对全球化的有效途径，提高了就全球性问题的解决方案达成共识的有效性。

4. 建立公正合理的分配结构与和平发展的可持续性。早在 1974 年，联合国大会第六届特别会议就通过了关于建立新的国际经济秩序的宣言和行动纲领。在宣言中声称，决心紧急地为建立一种新的国际经济秩序而努力，这种秩序将建立在所有国家的公正、主权平等，互相依靠、共同利益

---

① 二十国集团（G20）是一个国际经济合作论坛，于 1999 年 9 月 25 日由八国集团（G8）的财长在华盛顿宣布成立，属于布雷顿森林体系内非正式对话的一种机制，由原八国集团及其他 12 个重要经济体组成。

和合作的基础上，而不问它们的经济和社会制度如何，这种秩序将纠正不平等和现存的非正义并且使发达国家与发展中国家之间日益扩大的鸿沟有可能消除，并保证目前一代和将来世世代代在和平和正义中稳步地加速经济和社会发展。①

这些国际法意义的文件的公布，表明国际社会对其成员享有的发展权的认可。"发展权源于这样一种信念：国际社会负有援助那些本国资源不足以确保人民人权责任的国家的一些责任和为那些急需援助的人提供直接帮助的责任。"② 发展权作为一项人权已被国际社会普遍接受，发展权实际上也反映在国际经济新秩序的概念中。国际经济新秩序要求各国都有均等的发展经济的机会，以重新平衡国际经济关系、国际经济制度，创造更有利于发展中国家发展的环境和机制，通过重构国际经济贸易金融体系，使之服务于建立一个公平、公正、开放与和平的国际政治经济新秩序，不仅仅是国际道德的道义呼唤，也是更好地维护和发展全球经济和持久和平的一种明智举措。

联合国大会关于确立国际经济新秩序的宣言指出，当前一些事件使人们清楚地认识到：发达国家的利益同发展中国家的利益不能再互相分隔开，发达国家的繁荣和发展中国家的增长和发展是紧密地互相关联的，整个国际大家庭的繁荣取决于它的组成部分的繁荣。在发展方面的国际合作是所有国家都应具有的目标和共同责任，因此这一代和今后的世世代代在政治、经济和社会方面的幸福比以往任何时候更取决于国际大家庭的所有成员在主权平等和消除他们之间存在的不平衡的基础上进行合作。③ 创造新的国际经济新秩序取代旧的经济秩序符合相互的总的利益，越来越清楚的一个事实是，穷国的发展、世界贫困的消除可以成为作为整体的世界的增长引擎。④

---

① "General Assembly Declaration on the Establishment of a New International Economic Order", *The American Journal of International Law*, Vol. 68, No. 4 (Oct., 1974), pp. 798 – 801, 798.

② Simeon O. Ilesanmi, "Leave No Poor Behind: Globalization and the Imperative of Socio-Economic and Development Rights from an African Perspective", *The Journal of Religious Ethics*, Vol. 32, No. 1 (Spring, 2004), pp. 71 – 92.

③ "General Assembly Declaration on the Establishment of a New International Economic Order", *The American Journal of International Law*, Vol. 68, No. 4 (Oct., 1974), p. 799.

④ H. W. Singer, "The New International Economic Order: An Overview", *The Journal of Modern African Studies*, Vol. 16, No. 4 (Dec., 1978), pp. 542 – 543.

建立国际经济新秩序表达了广大发展中国家发展民族经济、巩固独立的意志，也符合全世界各国人民要求振兴世界经济和建立和平、稳定、公正、合理的国际社会的愿望。"削弱国家间不平等的要求并不必然是一个零和游戏。相反，很多的问题可以以既有利于工业国家也有利于发展中国家的方式得到解决。"[①] 发展中国家需要发达国家的资金和技术，发达国家也需要发展中国家的原料和市场。南北关系，其实也就是发展关系，如果不根本改善，世界和平与稳定难以保障，对穷国不利，于富国无益，建立国际经济新秩序已成为不可阻挡的历史潮流。

中国给自己的定位一直是发展中世界的一员，作为发展中国家的代表，中国一直为建立国际经新秩序而努力。胡锦涛在联合国成立 60 周年首脑会议上的讲话中指出，坚持互利合作，实现共同繁荣。发展事关各国人民的切身利益，也事关消除全球安全威胁的根源。没有普遍发展和共同繁荣，世界难享太平。经济全球化趋势的深入发展，使各国利益相互交织、各国发展与全球发展日益密不可分。经济全球化应该使各国特别是广大发展中国家普遍受益，而不应造成贫者愈贫、富者愈富的两极分化。联合国应该采取切实措施，落实千年发展目标，特别是要大力推动发展中国家加快发展，使 21 世纪真正成为人人享有发展的世纪。[②] 在 2010 年 1 月举行的世界经济论坛年会达沃斯论坛上，温家宝在会上发表演讲，为努力推动建立世界经济新秩序提出五点意见：一是深化国际经贸合作，推进多边贸易体制健康发展；二是推动国际金融体系改革，加快建立国际金融新秩序；三是加强国际金融监管合作，防范金融风险积聚和扩散；四是切实保护发展中国家利益，促进世界经济共同发展；五是协同应对全球性问题挑战，建设人类共有的美好家园。在相互依存和全球化时代下，国际关系发生了根本性的变革，表现在国内问题和国际问题的日趋国际化上，很多国家面临的问题，无论是国内的，还是国际的都需要国际社会其他国家的协同合作才能解决。

在目前的全球化时代下，和平发展成为一种国家普遍选择的发展方

---

① H. W. Singer, "The New International Economic Order: An Overview", *The Journal of Modern African Studies*, Vol. 16, No. 4（Dec., 1978）, p. 545.

② 参见胡锦涛《努力建设持久和平、共同繁荣的和谐世界——在联合国成立 60 周年首脑会议上的讲话》（2005 年 9 月 15 日，美国纽约），《人民日报》2005 年 9 月 16 日第 1 版。

略，相对于历史上领土征服和掠夺的侵略发展模式而言，其进步意义巨大。但是目前的这种和平发展模式是建立在不公正的游戏规则基础之上，从而缺少持久的根基。怎样建立一个公平公正的财富分配机制和发展机制，来确保全球繁荣成果的共享，就成为摆在国际社会面前的重大议题。就像美国学者西蒙认为的那样，全球化很可能一直是我们现在和未来存在的一个持久特征，我们有足够的理由去为它欢呼。然而就它目前的形式，与其说它的功能是经济促进，不如说它是可以避免的经济剥削的工具。不进行根本原则上的改革，对它的诋毁会越来越多。①

---

① Simeon O. Ilesanmi, "Leave No Poor behind: Globalization and the Imperative of Socio-Economic and Development Rights from an African Perspective", *The Journal of Religious Ethics*, Vol. 32, No. 1 (Spring, 2004), pp. 71–92, 89–90.

第六章

结　语

　　近代以来资本主义兴起和发展的历程，从一定意义上讲就是一部西方对非欧洲世界征服和掠夺以及列强之间争夺海外发展资源的历史。在这种征服和掠夺的侵略发展模式支配下，世界历史的进程总是伴随着战争和冲突。20世纪初期以来，尤其是第二次世界大战后，随着国际社会政治、经济、社会、科技以及思想文化观念等环境性因素的变革，资本主义世界发展模式逐渐实现了从侵略发展向和平发展的转换。

　　在第二次世界大战的积极作用下，资本主义世界发展模式在战后的转换对战后世界历史进程产生了深远影响。它进一步推动了战后世界较战前更为良性的整体发展进程，确保了战后世界整体和平的出现和持续，为战后世界的繁荣和进步提供了良好的国际发展环境。在这种国际发展环境发生整体变迁的形势下，走社会主义道路的中华人民共和国在成立后，尤其是改革开放后，顺应时代潮流，奉行和平主义外交政策，积极融入国际社会，以开放合作、互利共赢的发展理念走出了一条中国特色的和平发展之路。

一　资本主义世界发展模式从以侵略求发展到和平发展的转换

　　我们关于资本主义世界发展模式转换机制的探讨需要注意的一点是，资本主义世界发展模式由以侵略求发展到和平发展的转换在战前就已经进行，只不过第二次世界大战的经历以及第二次世界大战留下的诸多遗产加剧了这一转换的过程，并使得第二次世界大战成为这一重要转换过程的关键点。

　　在18世纪末，表现为海外殖民征服和帝国建设的资本主义世界侵略发展模式对国家积聚财富的有效性，在经济上和思想观念上便已受到以亚当·斯密为首的自由主义学派人士的挑战，亚当·斯密在《国富论》中对殖民地开拓和维护以及和殖民地建设密切相关的重商主义学说进行了批判。[①] 但这一学说并未受到普遍的接受，殖民扩张及垄断贸易依旧被认为是资本主义国家发展的有效凭借。19 世纪自由贸易在欧洲得到一段时期的尊重和认可（如 1860 年英法倡导自由贸易的《科布登条约》的签订[②]），在一定程度上有助于削弱列强海外殖民扩张的动机和列强殖民争霸的动因。但随着工业革命的开始和扩展，技术的变革带来的生产力的飞跃对原材料来源、市场空间的拓展提出了进一步的要求，随之而来的是西方列强对海外的第二次征服和掠夺的浪潮。

19 世纪末 20 世纪初，伊万·伯劳奇和诺曼·安吉尔从战争技术的发展、国际金融贸易的相互依赖等方面，有力地论证了战争、殖民征服对国家而言不再是一个能够获利的政策工具。但这种思想并未受到统治阶层和民众的普遍认可，在侵略发展模式的支配下，爆发了掠夺性的第一次世界大战。

第一次世界大战从多个方面削弱了侵略发展模式在国际社会中的存在，如欧洲殖民强国的式微、战后民族主义的兴起和民族独立、自治运动的展开、国际社会战争观的变化、国际联盟的建立以及主张和平外交、公开外交的第一个社会主义国家政权的建立等。虽然第一次世界大战开创性地留下了对侵略发展模式构成削弱或制约的遗产，却并未从根本上消除侵略发展模式存在的根源，如并未否定殖民主义制度，也没有建立起相对稳定、开放的国际贸易金融机制，也就是说并未建立起一国在国际社会中和平发展的平台。随着 20 世纪 20 年代末 30 年代初大萧条的来临，世界政治经济中和平发展机制的缺失使得缺少发展资源的国家走上了对扩张寻求生存空间的道路，于是便有了第二次世界大战的爆发。

第二次世界大战为资本主义世界发展模式在战后的转换提供了契机，并成为世界发展模式转换这一历史过程的重大转折点。第二次世界大战对资本主义世界发展模式转换的作用机理主要源于战时盟国在反思战争根源

---

① 可参见［英］亚当·斯密《国富论》，谢祖钧译，商务印书馆 2007 年版，第 390—403 页。

② 在历史上以自由贸易条约著称，规定相互减低关税，很多国家通过与英法缔结最惠国条约得以同样享受；同时很多国家分别达成的减低关税待遇，又通过最惠国条约，为英法及其他国家享受，使 19 世纪 60—70 年代在国际上出现了以降低关税为内容的自由贸易时代。

的基础上对战后和平建设的规划安排以及第二次世界大战留下的客观遗产。

当第二次世界大战在东西战场进行得正酣时，盟国领导人在谋划如何赢得战争胜利的同时，也较早地进行了有关如何赢得战后持久和平和繁荣的努力。在战时战后和平规划的过程中，盟国提出了以往战后和平规划更为合理和有力的和平建设举措。在盟国战后规划的总蓝图《大西洋宪章》中，盟国首先明确宣示了以往靠侵略、奴役、剥削和掠夺他国人民的侵略发展模式的否定，宣告了殖民主义制度的非法性和不合理性；其次表示了致力于建设战后各个类型的国家和平发展机制的努力，确保各国能够以和平的方式实现自己发展的诉求，这一点表现为布雷顿森林体系的建设；随后进一步强化了国联的集体安全机制，构成了一国选择侵略发展模式的外在威慑和阻遏因素；最后创新性地提出了通过社会安全建设来缓解国内结构性冲突以保障一国和平发展的思想。总之，盟国战时的和平规划体现了积极和平和消极和平建设并重的新思维。

第二次世界大战对战后资本主义世界发展模式转换的另一个影响机制是第二次世界大战在客观上留给战后世界的积极遗产，如战后全球性和区域性多边国际政治经济制度的建立和发展、资本主义福利国家建设、政治精英与大众持有的战争作为国家政策工具观念的变化以及战后科技变革的启动和飞跃等。

战后全球性和区域性多边国际政治经济制度的建立于战后世界发展模式转换最大的功绩，是为国际社会中的国家提供了和平发展的工具性机制。战前世界在侵略发展模式下，国家发展资源的分配处于一种封闭的不均衡的状态，这些发展资源的获取多是建立在政治军事支配的基础上，表现为资本主义列强对其殖民地、势力范围和保护国发展资源的垄断性开发利用。由于这些发展资源的稀缺性，不占有或很少占有发展资源的国家的发展机会因此而遭到了拒绝，冲突和战争在所难免。战后全球性和区域性多边国际政治经济制度的建立打破了侵略发展模式下的政治经济构架，相对开放、稳定的金融、贸易、投资机制的建立和健全为一国通过和平方式实现发展诉求提供了平台，而无须采取成本高昂且低效的走侵略扩张的地缘政治方式。

作为"人民的战争，人民的和平"结果的战后福利国家建设对于战后世界和平发展的贡献在于其对推动一国走向侵略扩张的国内经济社会根源的消除。一方面它有利于消除和缓解资本主义侵略扩张的经济动因。马克思主义者认为，生产无限扩大的趋势与劳动人民购买力缩小之间的矛盾是资本主义制度的基本矛盾，在国内市场萎缩的情况下寻求海外市场的扩展就成了资本主义解决这一矛盾的一个重要途径。福利国家建设作为社会财富的再分配对于提高普通民众的购买力无疑意义重大，伴随民众购买力的提高而来的是国内市场的扩大，从而削弱了资本主义向外扩张的动机。另一方面的贡献在于国内民众福利得到保障，民众对和平文化意识的认可度也得到提高，暴力冲突失去了市场，像法西斯之类的极端思想也就失去了滋生和存在的土壤。暴力和冲突日益成为不合时宜的东西。

　　源于第二次世界大战的科技进步与战后世界发展模式转换这一世界政治中的重大变革存在着密切的关联。美国国际问题学者哈罗德·斯普劳特夫妇就认为科学和技术进步是"和几乎所有变革和转变直接或间接相关的主要变量之一"[1]。科技的贡献在于对国际社会持有的战争观和发展观观念的改变。一方面更具毁灭性的武器系统的开发使得战争成本急剧增加，以至于赫德利·布尔认为，"考虑到这些成本，很显然，获取或保有扩张性的领土的代价，相对于其他的权力生产和积聚方式来说，已经变得越来越昂贵。当考虑到追求领土导向的大战略的机会成本时，这一点变得更加明显。把国家的行动建立在军事政治的战略上会导致在世界工业产值中的份额、财富乃至权力的衰落"[2]。另一方面科技的和平利用所显示的巨大经济社会价值使其成为国家谋求发展的重要的优先工具选择，国家间的竞争很大程度上从领土资源的竞争转向科技发展水平的竞争，相对于领土资源而言，科技竞争则具有无限的空间与和平的特性。总之，科技的发展使得过去资本主义国家的发展模式，开始从李巨廉教授所讲的"外延"为主，演变为今天的"内涵"为主。在他看来，所谓以"外延"为主的发展，是通过以开拓疆域和霸占领土为主要内容，以占有和掠夺对方领土的资源为手段的发展。而"内涵"式的发展则是指利用

---

①　Harold Sprout and Margaret Sprout, *Foundations of International Politics*, Princeton, 1962, p. 8.

②　Rudolph, Christopher Woldemar, "Security, Sovereignty, and International Migration: the Economic and Societal Dimensions of Trading State Grand Strategy", phd., Califounia University, 2001, pp. 21 – 22.

科学技术的优势，夺取世界经济发展的新领域，控制世界经济命脉的新高地。①

有关战后和平的制度建设以及第二次世界大战本身留下的积极遗产改变了战后一国寻求财富与权力的外在的国际环境，国际环境和一国对外行为的关系就如美国学者罗伯特·基欧汉认为的那样，"国家的行为，还有其他行为者的行为，强烈受到国际环境所决定的限制和激励因素的影响，当国际体系发生变化时，激励因素和行为也会发生变化"②。战后世界政治经济中国家发展的环境性因素的变化对战后一国侵略发展模式的选择形成了制约，同时鼓励了一国对和平发展模式的选择。第二次世界大战对世界发展模式转换的作用机制（见下图），正是通过影响国家行为选择的内外变量而实现的。

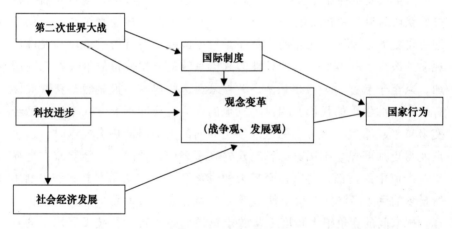

发展模式转换机制逻辑图

20世纪初期尤其是第二次世界大战后的国际社会环境发生了多方位的变迁，这些变迁对国家的国际行为模式产生了阻碍或激励性的影响。科技进步带来的工业化战争下战争成本的高昂、和平发展机制下的和平收益和主流战争观与和平观的改变等国际环境性因素的变化，以及这些因素间

---

① 李巨廉：《战争与和平——时代主旋律的变动》，学林出版社1999年版，第216—217页。

② ［美］罗伯特·基欧汉：《霸权之后——世界政治中的合作与纷争》，苏长河等译，上海人民出版社2001年版，第30页。

相互加强的影响的合力的结果改变了国家制定发展战略时的政治经济考量①，和平发展成为战后时期越来越多的国家的理性发展方略。和平发展模式开始逐渐取代霍布森鲍姆所称的近代以来表现为帝国建设的"国际发展模式"成为主流的世界发展模式。

二 资本主义世界发展模式转换与时代主题的转变

虽然当代国家在国际法上享有主权上的平等地位，但各国对国际政治所能施加的影响力却存在很大差异，国际政治的面貌在很大程度上是由大国的对外政策行为模式决定的。在近代以来至第二次世界大战前的数个世纪中，殖民主义是大国采取的占主导地位的世界发展模式，海外殖民征服、殖民争霸是他们的主要国际行为模式，而这种发展模式除确立过程本身带有暴力冲突的特性之外，在其确立后也常常因被征服者的反抗而成为危及世界和平的重要因素。因而，在侵略发展模式是资本主义世界大国所采取的主导发展模式的世界，必然是战争和冲突不断的世界，其时代主题必然是战争和冲突。

第二次世界大战后，昔日的资本主义列强逐渐放弃了以往经济社会发展导向的侵略扩张政策，世界大国国际行为模式的这种转变为时代主题的转变提供了条件。

首先，如前所述，近代以来国家地区间战争或冲突的根源虽然存在多样性，但谁都不能否认因资本主义侵略发展模式的存在直接或间接引起的战争和冲突占据多数，它直接对 20 世纪的两次世界大战的爆发负责。主要资本主义国家对这种侵略发展模式的废弃本身就消除了威胁世界和平的一个重要根源，对战后世界整体和平的出现有着直接的贡献。

其次，资本主义世界发展模式的转换本身就是一个打破旧的发展机制建设新的发展机制的过程，战时、战后建立和不断发展完善的世界发展机制使得国家间在主权平等基础上的合作成为可能。以全球性和区域性国际

---

① 在罗伯特·杰维斯看来，战争的毁灭性、和平的收益和价值的变化三者之间的相互作用加强。如果战争不是这么恐怖，它可能就被认为是国家富裕的工具。如果和平不带来繁荣，暴力最终会受到考虑。军事胜利不再被视为一个积极的价值，导致了同时也为想象的战争高成本所解释，对和平的期待使得国家珍视彼此经济和政治上的成就。参见 Robert Jervis, "Theories of War in an Era of Leading-Power Peace Presidential Address, American Political Science Association, 2001", *The American Political Science Review*, Vol. 96, No. 1 (Mar., 2002), p. 9.

制度为主导的发展机制使得战后各个类型的国家都能以和平的方式获取本国经济繁荣所需的各种发展资源，使得战后世界国家间的合作共赢成为可能。

很长的历史时期内，在"贸易随国旗而至"的信念下，国家间为了实现对市场、资源的争夺，寻求对他国或地区的领土控制。而领土作为一个稀缺且不能共享的资源，其结果必然是冲突和战争。在战后，双边的或多边的贸易投资制度的发展，使得战后世界成为一个"无边界的世界"。战后世界发展的一个突出特点就是全球化特征的凸显，在商品资本、金融资本的基础上，生产资本的全球化得到飞速的发展。战后各国对关税的削减和废除以及实施积极引进外资的政策。"对外投资的便利的增加意味着，对很多经济发达国家来说取得通过征服才能获取的大多数目标，而不承担征服的代价（例如管理负担、外交孤立、获取领土的战争成本以及第三国的报复等）变得更加容易，征服的意愿降低。"① 日本学者星野昭吉也认为："不论在国内社会还是国际社会，人类社会中出现的现象都是以价值或资源、利益、目标、地位的稀缺性为前提的。在任何一个层次的社会里，如果构成这一社会的个人或集团能够自由地满足自己追求的价值或资源，目标有可能处于并存状态，那么就没有发生暴力冲突的可能性，或者即使有也很小。"② 正是战后各种和平发展机制的存在确保了战后世界的和平发展，以至于美国历史学家麦克内尔认为，"在现代，通过世界性市场经济的方式所进行的扩张和政治影响的扩大，已极大地取代了以帝国和领土扩张作为获得财富的手段"③。

总之，战后资本主义世界发展模式从侵略发展向和平发展的转换对战后世界历史产生了深远广泛的影响，它确保了战后世界时代主题从战前战争和冲突的零和竞争转向战后世界和平发展下的合作和共赢。难能可贵的是，这种合作和共赢的精神超越了各国间发展道路、社会制度的差异，日益成为当今国际交往的灵魂法则。

---

① Stephen G. Brooks, "The Globalization of Production and the Changing Benefits of Conquest", *The Journal of Conflict Resolution*, Vol. 43, No. 5（Oct., 1999）, pp. 665 – 666.

② ［日］星野昭吉：《全球社会和平学》，梁云祥等译，北京师范大学出版社2007年版，第124—125页。

③ William H. McNeill, *Past and Future*, Chicago: University of Chicago Press, 1954, p. 1974.

三　世界发展模式的转换与中国的发展战略抉择

战后资本主义世界发展模式的转换很大程度上缓和甚至消除了近代以来世界政治经济构架中的结构性冲突，而这种冲突性的结构正是历来诸多战争和冲突的根源。战后过去的殖民列强对侵略发展模式的放弃和对和平发展模式的追求努力，改变了国际政治经济的发展环境，使之朝着一个开放、公正、共赢、合作的方向发展。在战后全球化日益加快的现实下，也为作为世界经济一部分的社会主义国家的经济发展提供了良性的发展空间。走社会主义道路的中国正是把握了这种机遇，通过积极融入世界的方式，成功地开拓出了有中国特色的社会主义和平发展之路。

（一）资本主义世界发展模式转换对中国走和平发展道路的影响

中国的和平发展道路的选择，一方面是源自中国所坚持的社会主义制度本身的制度属性以及作为其思想基础的马克思主义意识形态中的和平伦理，马克思主义意识形态主张的和平价值观决定着社会主义国家奉行的是和平发展的方略，和平是马克思主义发展战略的价值取向和思想内核[①]，而社会主义制度的本质属性确保了社会主义中国发展战略伦理具有和平性的特征，走的是超越资本主义以侵略扩张求发展的道路[②]。另一方面，中国和平发展道路的选择并不是在国际政治经济的真空中进行的，在当代之所以可能，很大程度上则源于战后资本主义发展模式的转换所带来的国际发展环境的变革。

资本主义世界发展模式的转换为中国和平发展道路的选择提供了一个和平的国际环境和和平发展的机制。资本主义对过去表现为领土征服和殖民扩张的侵略发展模式的放弃为战后世界的整体和平创造了条件。近代以来西方列强对侵略发展模式的信服和坚持使得国际政治处于一种结构性冲突之下：征服者和被征服者之间的矛盾、征服者之间的竞争性矛盾。在这种冲突结构之下，一国在国际社会不可能谋求到合作、和平的发展，其结局大多是主动或被动地卷入侵略求发展的模式中去。

[①]　从恩格斯的"和平进入社会主义"到列宁的"两种制度和平相处"，从毛泽东思想的"和平共处五项原则"到当今的和平发展与和谐世界建设的理论，无一不蕴含着和平发展的价值取向。

[②]　有关社会主义制度与和平发展关联的论点可参见陈学明《中国和平发展的社会制度基础——兼论社会主义的本质特征》，《复旦学报》（社会科学版）2005 年第 4 期。

战后西方殖民列强放弃了之前的通过领土征服奴役他国和地区的侵略发展模式。一方面不管他们情愿与否纷纷采取了非殖民化的政策，第三世界的独立主权地位得到承认，侵略发展模式的政治基础丧失。另一方面战后全球性和区域性的多边国际政治经济制度的建立和完善打破了和整体世界发展不符的世界政治经济的殖民主义架构，增进了国际社会成员发展机会的均衡和平等，从而缓解了战前国际政治中存在的冲突结构。

战后建立的全球性和区域性的多边开放的国际政治经济制度为中国的和平发展提供了平台。新中国自成立之日起，就声明中国要在世界中谋求发展，愿同世界各国在平等互利的基础上进行政治经济往来。新中国成立后的一段时间内由于冷战因素的制约，中国对国际制度的参与有限，努力方向集中于恢复在联合国的合法席位等政治方面。改革开放后中国开始了全面卷入国际社会的进程，积极参与到各种国际政治经济组织中去，通过亚太经济合作组织、关税贸易总协定（1994 年更改为世界贸易组织）、世界银行、国际货币基金组织、G20、金砖四国峰会、达沃斯论坛等为代表的正式的和非正式的国际机制来开拓自己在国际社会中的发展空间，通过共赢的合作来获取经济繁荣所需的资金、技术、市场等发展资源。正是这些相对开放、公正的发展机制的存在才使得中国的和平发展成为可能。

（二）中国政府对世界发展模式转换的认知和践行

第二次世界大战后，鉴于战争给人类文明带来的几近毁灭的经验教训，在新的国际形势下，新中国领导人敏锐地把握到了世界政治经济的时代走势，在新中国成立之初就向世界表达了走和平发展道路的愿望。但囿于冷战大环境的制约，中国发展战略中的这种和平和发展的思想导向在一定时期受到"左"的思想干扰，但在总体上新中国坚持了和平发展的道路，为世界和平做出了积极贡献。尤其是在改革开放后，中国更是向世界展现了开放合作、互利共赢、和平发展、共同发展的发展战略。

作为新中国成立至今的外交战略的指导原则，和平共处五项原则既体现了对和平的期望，也表达了中国对发展的诉求。早在 1949 年 6 月 15 日，毛泽东在中国人民政治协商会议筹备会上就指出，任何外国政府，只要它愿意断绝与中国反动派的关系，不再勾结或援助中国反动派，并向人民的中国采取真正的而不是虚伪的友好态度，我们就愿意同它在平等、互利和互相尊重领土主权的原则的基础之上谈判建立外交关系的问题。中国人民愿意同世界各国人民实行友好合作，恢复和发展国际间的通商事业，以利发展生产和繁荣经济。① 之后，周恩来总理对该思想做了进一步完善和提炼，正式提出了和平共处五项原则。1953 年 12 月 31 日，他在中印两国就西藏地方问题进行谈判的时候，对印度代表团指出，相信中印两国的关系会一天天好起来，中印两国关系的原则是从新中国成立时确立的，它就是互相尊重领土主权、互不侵犯、互不干涉内政、平等互惠及和平共处的原则。② 值得一提的是，当代学者更多关注的是其中"和平"的原则，而忽视了其中"平等互惠"的"发展"主题。

此后，中国第一代领导人在多个场合表达了对过去殖民主义者以侵略扩张的方式谋求自己发展的谴责，并宣示中国谋求发展的和平外交主义。1954 年，毛泽东在会见瑞士公使时指出，有人说，中国人口多，因此就要向外面打主意，这是完全不对的。战争没有好处，我们也愿意和平而不愿意战争。1956 年 10 月 19 日，周恩来在会见巴基斯坦总理苏拉瓦底时，详细说明了中国和平外交政策：第一，中国曾受过殖民主义的祸害，也看到它的失败，因此中国不能再走殖民主义的老路去侵略别人；第二，国际上的法律和道义约束。后来在会见日本朋友时，周恩来又进一步说明，根据日本的教训，中国人民决不会走国家强大就向外扩张的路。这不仅是我们的信仰、我们的制度所不允许的，而且从利害关系上看也不允许，因为凡是侵略别人都是没有好下场的。③ 第一代领导人明确表示了对资本主义侵略发展模式的谴责。

中国第二代领导人邓小平在不同的场合向国际社会表示和传达了中国坚持和平建设社会主义的思想。1978 年 5 月 7 日，邓小平会见马达加斯加经济贸易团时谈道："作为一个社会主义国家，中国永远属于第三世界，永远不称霸。这个思想现在人们可以理解，因为中国现在很穷，是不折不扣的第三世界国家。问题是将来我们发展了，搞不搞霸权主义。朋友们，你们都比我年轻，你们是可以看到的，到那个时候，如果中国还是社会主义国家，就不能实行霸权主义，仍然属于第三世界。如果那时中国翘起尾巴来了，在世界上称王称霸，指手画脚，那就会把自己开除出第三世

① 参见《毛泽东选集》第 4 卷，人民出版社 1991 年版，第 1466 页。
② 参见中华人民共和国外交部、中共中央文献研究室编《周恩来外交文选》，中央文献出版社 1990 年版，第 63 页。
③ 同上书，第 177、180、304 页。

界的'界籍'。肯定就不是社会主义国家了。这是毛泽东主席、周恩来总理制定的对外政策，我们要用来教育子孙后代。"① 1986 年 4 月 6 日，邓小平会见南斯拉夫社会主义联邦共和国主席团主席弗拉伊科维奇时讲，如果十亿人的中国不坚持和平政策，不反对霸权主义，或者是随着经济的发展自己搞霸权主义，那对世界也是一个灾难，也是历史的倒退。十亿人的中国坚持社会主义，十亿人的中国坚持和平政策，做到这两条，我们的路就走对了，就可能对人类有比较大的贡献。② 1989 年 10 月 26 日，邓小平在会见来访的泰国总理差猜时说，政治上，我们共同为世界的和平，首先是亚洲的和平而努力。我们搞的是中国特色的社会主义，是不断发展生产力的社会主义，是主张和平的社会主义。只有不断发展生产力，国家才能一步步地富强起来，人民生活才能一步步改善。只有争取到和平的环境，才能比较顺利地发展。中国要维护自己国家的利益、主权和领土完整，中国同样认为，社会主义国家不能侵犯别国的利益、主权和领土。③

进入 21 世纪前后，党中央领导集体对马克思主义和平发展的思想在继承的基础上做了进一步的发扬，向世界证明社会主义中国的发展走的是一条和平发展之路，既要通过维护世界和平发展自己，又要以自身的发展促进世界和平。2005 年 12 月 22 日，为了全面阐述中国的和平发展外交的内涵，中国国务院新闻办公室发表了《中国的和平发展道路》白皮书，其中提到中国和平发展道路的原则，就是要把中国国内发展与对外开放统一起来，把中国的发展与世界的发展联系起来，把中国人民的根本利益与世界人民的共同利益结合起来。中国对内坚持和谐发展，对外坚持和平发展，这两个方面是密切联系、有机统一的整体，都有利于建设一个持久和平、共同繁荣的和谐世界。④ 表达了中国将坚定不移地走和平发展道路，努力实现和平的发展、开放的发展、合作的发展、和谐的发展的思想和意志。

中国的和平发展道路是人类追求文明进步的一条崭新道路，是中国现代化建设的必由之路，也是中国政府和中国人民的郑重选择和庄严承诺。

---

① 《邓小平文选》第 2 卷，人民出版社 1994 年版，第 112 页。

② 同上书，第 158 页。

③ 同上书，第 328 页。

④ 参见中华人民共和国国务院新闻办公室《中国的和平发展道路》，《人民日报》2005 年 12 月 23 日第 15 版。

胡锦涛在联合国成立 60 周年首脑会议上发表讲话时重申：中国将坚定不移地高举和平、发展、合作的旗帜，坚定不移地走和平发展道路，坚定不移地奉行独立自主的和平外交政策，在和平共处五项原则的基础上同世界各国发展友好合作关系。中国将始终不渝地把自身的发展与人类共同进步联系在一起，既充分利用世界和平发展带来的机遇发展自己，又以自身的发展更好地维护世界和平、促进共同发展。中国的发展不会妨碍任何人，也不会威胁任何人，只会有利于世界的和平稳定、共同繁荣。① 2014 年 5 月 15 日，中国国家主席习近平在中国国际友好大会暨中国人民对外友好协会成立 60 周年纪念活动上发表讲话，倡导"共谋和平、共护和平、共享和平"的理念，并从文化、历史和民族基因等角度阐释了中国走和平发展道路的坚定决心。

改革开放以来的实践已经证明中国所走的是一条体现共存、互利、共赢、开放原则的和平发展道路，这种和平发展道路是对资本主义依靠征服与掠夺求发展模式的超越，也是对传统社会主义道路（关起门来搞社会主义和世界革命的斯大林模式下的社会主义道路）的突破。

总之，随着人类政治、经济、科技与思想文化观念等情势的变迁，战后世界发展模式的核心特征逐渐从近代以来的战争与冲突的零和竞争转向了和平与发展的合作共赢。资本主义世界发展模式在战后的转换，一方面是对自 20 世纪初期以来国际发展环境整体变迁的一种反应，另一方面战后越来越多的国家对和平发展机制的坚持和完善，也反过来促进了国际社会整体发展环境向鼓励和平求发展和抑制侵略求发展方向的演进，这一发展情势的变迁为战后不同类型的国家谋求和平发展创造了机遇和提供了可能。

---

① 参见胡锦涛《努力建设持久和平、共同繁荣的和谐世界——在联合国成立 60 周年首脑会议上的讲话》（2005 年 9 月 15 日，美国纽约），《人民日报》2005 年 9 月 16 日第 1 版。

参考文献

一 外文部分

(一) 档案资料

"General Assembly Declaration on the Establishment of a New International E-
conomic Order", *The American Journal of International Law*, Vol. 68,
No. 4, Oct. , 1974.

Hull, Cordell, *the War and Human Freedom*. Washington: Office of War In-
formation, July 23, 1942.

Representative of the United Nations, *The People's Peace*. New York: George
W. Stewart, Publisher, 1942.

*The Royal Institute of International Affairs United Nations Documents, 1941 –
1945*, Oxford University Press, 1946.

The United Nations Fight for the Four Freedoms, Washington: Office of War
Information, 1941.

Toward New Horizons—the World beyond the War. Washington: Office of War
Information, 1942.

U. S. Department of States, *Foreign Relations of the United States (FRUS),
1940, Vol. 1, Views on Peace and Postwar Problems.* Washington, D. C. :
Government Printing Office (GPO), 1959.

FRUS, 1941, Vol. 4, Wartime Cooperation. GPO, 1959.

FRUS, 1942, Vol. 1, United Nations Declarations. GPO, 1959.

FRUS, 1943, Vol. 1, Organization for Peace and Security. GPO, 1959.

FRUS, the Conference at Cairo and Tehran, 1943. GPO, 1961.

FRUS, the Conferences at Malta and Yalta, 1945. GPO, 1955.

FRUS, *Establishment of the United Nations Organization*, *1945.* GPO, 1959.

United Nations Documents, *1941 – 1945.* New York: Oxford University Press, 1946.

Vannevar, Bush, S*cience—the Endless Frontier*: *A Report to the President.* Washington: GPO, 1945.

（二）著作

Akira, I., *The Origins of the Second World War in Asia and the Pacific.* London: Longman, 1987.

Angell, Norman, *Arms and Industry. A Study of the Foundations of International Polity.* New York: P. Putnam's Sons, 1914.

Angell, Norman, *The Fruits of Victory. A Sequel to ' The Great Illusion '* . London: Collins Sons & Co. , 1921.

Angell, Norman, *The Great Illusion*: *A Study of the Relation of Military Power to National Advantage.* London: William Heinemann, 1914.

Azar, Gat, *War in Human Civilization.* New York: Oxford University Press, 2006.

Bakeless, John, *The Economic Causes of Modern War*: *A Study of the Period*: *1878 – 1918.* New York: Garland Publishing, Inc. , 1972.

Barnhart, M. A. , *Japan Prepares for Total War*: *The Search for Economic Security*, *1919 – 1941.* Ithaca: Cornell University Press, 1987.

Bartov, Omer, *Mirrors of Destruction*: *War, Genocide, and Modern Identity.* Oxford: Oxford University Press, 2000.

Baylis, John, and Steve, Smith, *The Globalization of World Politics.* Oxford: Oxford University Press, 2001.

Bell, P. M. H. , *The Origins of the Second World War in Europe.* New York: Longman, 1997.

Berend, T. Iván, *An Economic History of Twentieth – Century Europe*: *Economic Regimes from Laissez – Faire to Globalization.* Cambridge: Cambridge University Press, 2006.

Black, Jeremy, *The Second World War.* V. T. : Ashgate, 2007.

Bloch, Ivan, *The Future Of War In Its Technical Economic And Political Relation.* N. Y. : Doubleday & McClure Co. , 1899.

Brinkley, Douglas, and David, R. Facey – Crowther (eds.), *The Atlantic Charter.* New York: St. Martin's Press, 1994.

Buruma, I., *Inventing Japan: From Empire to Economic Miracle, 1853 – 1964.* Weidenfeld, 2005.

Calvocoressi, Peter, *Fall Out: World War II and the Shaping of Postwar Europe.* New York: Longman, 1997.

Chamberlin, Muriel Evelyn, *Decolonization: The Fall of the European Empires.* New York: Basil Blackwell Inc. , 1985.

Charles, Kindleberger, *The World in Depression, 1929 – 1933.* Berkeley: University of California Press, 1973.

Clive, Emsley, *War, Peace and Social Change: Europe 1900 – 1955, Book 4, World War II and Its Consequences.* Buckingham: Open University Press, 1990 .

Crosland, C. A. R. , *The Future of Socialism*, London: Fletcher and Son, 1967.

Crozier, Andrew J. , *The Causes of the Second World War.* Oxford: Blackwell Publishers, 1997.

David, Koh Wee Hock, *Legacies of World War II in South and East Asia.* Singapore: Institute of Southeast Asian Studies, 2007.

David, Irving, *Hitler's War and War Path.* London: The Bath Press, 1991.

Di Vittorio, Antonio, *An Economic History of Europe, From Expansion to Development.* New York: Routledge, 2006.

Dickinson, Lowes, *War: Its Nature, Cause and Cure.* London: George Allen & Unwin Ltd. , 1923.

Don, Fuqua, *A History of Science Policy in the United States, 1940 – 1985.* U. S. Government Printing Office, 1986.

Donald, Sassoon, *One Hundred Years of Socialism.* N. Y. : The Free Press, 1996.

Donald, Winch, *Classical Political Economy and Colonies.* Cambridge: Harvard University Press, 1965.

Dower, J. W. , *Embracing Defeat: Japan in the Wake of World War II.* New York: W. W. Norton/The New Press, 1999.

Edmonds, Robin, *The Big Three: Churchill, Roosevelt, and Stalin in Peace and War.* New York: Norton, 1991.

Feis, Herbert, *Churchill, Roosevelt, and Stalin: The Way They Waged and the Peace They Sought.* Princeton: Princeton University Press; London: Oxford University Press, 1957.

Fieldhouse, D. K. , *Economics and Empire.* Ithaca: Cornell University Press, 1973.

Fieldhouse, D. K. , *The Colonial Empires, A Comparative Survey from the Eighteenth Century.* N. Y. : Dell Publishing Co. , 1966.

Finney, Patrick, *The Origins of the Second World War.* New York: St. Martin's Press, 1997.

Frank, McDonough, *The Origins of the First World War and the Second World Wars.* N. Y. : Cambridge University Press, 1997.

Frank, Tipton and Robert, Aldrich, *An Economic and Social History of Europe from 1939 to the Present.* Baltimore: Johns Hopkins University Press, 1987.

Gaddis, John Lewis, *The Long Peace: Inquiries into the History of the Cold War.* New York: Oxford University Press, 1987.

Gallagher, J. A. , *The Decline, Revival and Fall of the British Empire.* Cambridge, 1982.

Geppert, Dominik, *The Postwar Challenge: Cultural, Social, and Political Change in Western Europe, 1945 – 58.* New York: Oxford University Press, 2003.

Grenville, J. A. S. , *A History of the World from the 20th to the 21st Century.* Routledge, 2005.

Harrison, Mark, *The Economics of World War II.* New York: Cambridge University Press, 1998.

Hearden, Patrick J. , *Architects of Globalism: Building a New World Order during World War II.* Fayetteville: University of Arkansas Press, 2002.

Hehn, P. N. , *A Low Dishonest Decade: The Great Powers, Eastern Europe, and the Economic Origins of World War II, 1930 – 1941.* New York: Continuum, 2002.

Hilderbrand, Robert C. , *Dumbarton Oaks: the Origins of the United Nations and the Search for Postwar Security.* Chapel Hill: University of North Carolina Press, 1990.

Hyam, Ronald, *Britain's Declining Empire, the Road to Decolonization 1918 – 1968.* Cambridge: Cambridge University Press, 2006.

Ian, Buruma, *Wages of Guilt: Memories of War in Germany and Japan.* Farrar Straus & Giroux, 1994.

Jay, Winter, et al., *The Great War and the Twentieth Century.* New Haven: Yale University, 2000.

John, Strachey, *The End of Empire.* London: Gollancz, 1959.

Jones, J. H. M. A., *The Economis of War and Conquest—An Examination of Mr. Norman Angell's Economic Doctrines.* London: P. S. King & Son, Ltd., 1915.

Kaiser, David, *Economic Diplomacy and the Origins of the Second World War: Germany, Britain, France, and Eastern Europe, 1930 – 1939.* N. J.: Princeton University Press, 1980.

Kennedy, David M., *Freedom from Fear the American People in Depression and War, 1929 – 1945.* New York: Oxford University Press, 1999.

Kennedy, Paul, et al., *From War to Peace: Altered Strategic Landscapes in the Twentieth Century.* New Haven: Yale University Press, 2000.

Kenneth, Paul, et al., *The Home – Front War: World War II and American Society.* Westport: Greenwood Press, 1995.

Keynes, John Maynard, *The Economic Consequences of the Peace.* New York: Harcourt, Brace and Howe, 1920.

Koch, H. W., *The Origins of the First World War: Great power Rivalry and German War Aims.* London: Macmillan, 1984.

Komatsu, K., *Origins of the Pacific War and the Importance of 'Magic'.* Richmond: Japan Library, 1999.

Korman, Sharon, *The Right of Conquest: The Acquisition of Territory by Force in International Law and Practice.* Oxford: Clarendon Press, 1996.

Krehbiel, Edward, *Nationalism, War and Society—A Study of Nationalism and Its Concomitant, War, in Their Relation to Civilization; and of the Fundamentals and the Progress of the Opposition to War.* New York: The Macmillan Company, 1916.

Krooth, Richard, *Arms & Empire*: *Imperial Patterns Before World War II*. Santa Barbara: Harvest Publishers, 1980.

Lebra, Joyce C. , *Japan's Greater East Asia Co – prosperity Sphere in World War II*: *Selected Readings and Documents.* Oxford University Press, 1975.

Lee, Loyd E. , *World War II.* Westport, Conn: Greenwood Press, 1998.

Lee, Loyd E. , *World War II in Europe, Africa, and the Americas, with General Sources*: *a Handbook of Literature and Research.* Westport, Conn: Greenwood Press, 1997.

Levy, Jack S. , *War in the Modern Great Power System, 1495 – 1975.* Lexington: Kentucky University Press.

Liberman, Peter, *Does Conquest Pay? The Exploitation of Occupied Industrial Societies.* Princeton: Princeton University Press, 1996.

Louis, William, *Imperialism at Bay*: *The United States and the Decolonization of the British Empire, 1941 – 1945.* New York: Oxford University Press, 1978.

Luard, Evan, *War in International Society.* New Haven: Yale University Press, 1986.

Lyons, Michael J. , *World War II, A Short History.* New Jersey: Upper Saddle River, 2000.

Mack, Smith, *Mussolini.* London, 1981.

Marshall, Jonathan, *To Have and Have Not*: *Southeast Asian Raw Materials and the Origins of the Pacific War.* Berkeley: University of California Press, 1995.

Martel, Gordon, *The Origins of the Second World War Reconsidered*: *A. J. P. Taylor and the Historian's.* New York: Routledge, 1999.

Marti, Oscar, Albert, M. A. , *The Anglo – German Commercial and Colonial Rivalry as a Cause of The Great War.* Boston: The Stratfod Company, 1917.

McDonough, Frank, *The Origins of the First and Second World Wars.* Cambridge: Cambridge University Press, 1997.

Mesquita, Bruce Bueno De, *The War Trap.* New Haven, C. T. : Yale University Press, 1981.

Miller, J. D. B. , *Norman Angell and the Futility of War: Peace and the Public Mind*. The Macmillan Press, 1986.

Milward, Alan S. , *War, Economy and Society, 1939 – 1945*. Berkeley: University of California Press, 1977.

Morgan, Kenneth O. , *The People's Peace. British History 1945 – 1989*. Oxford: Oxford University Press, 1990.

Mueller, John, *Peace, Prosperity, and Politics*. Boulder: Westview Press, 2000.

Mueller, John, *Retreat from Doomsday: The Obsolescence of Major War*. New York: Basic Books, 1989.

Mueller, John, *The Remnants of War*. Ithaca: Cornell University Press, 2004.

Murray, Williamson, *A War to Be Won: Fighting the Second World War*. Cambridge: Harvard University Press, 2000.

Nash, Gerald D. , *The Great Depression and World War II: Organizing America, 1933 – 1945*. New York: St. Martin's Press, 1979.

Neiberg, Michael S. , *Warfare and Society in Europe: 1898 to the Present*. New York: Routledge, 2004.

Neumann, William L. , *Making the Peace, 1941 – 1945: the Diplomacy of the Wartime Conferences*. Washington, D. C. , Foundation for Foreign Affairs, 1950 .

Notter, Harley, *Postwar Foreign Policy Preparation, 1939 – 1945*. Connecticut: Greenwood Press, 1975.

Orin, Kirshner, *The Bretton Woods – Gatt System Retrospect and Prospect after Fifty Years*. New York: Armonk, 1984.

Oswald, Spengler, *The Hour of Decision*. New York: Alfred A. Knopf, 1934.

Overy, R. J. , *The Origins of the Second World War*. New York: Longman, 1998 .

Pigou, A. C. M. A. , *The Political Economy of War*. London: St. Martin's Street, 1921.

Pope, Rex, *War and Society in Britain, 1899 – 1948*. New York: Longman, 1991 .

Porter, Bruce D. , *War and Rise of the State: the Military Foundations of Mod-*

ern Politics. New York：The Free Press，1994.

Renzi，W. A.，and Roehrs，M. D.，*Never Look Back：A History of World War II in the Pacific.* London：Sharpe，1991.

Rifleman，A.，*The Struggle for Bread. A Reply to 'The Great Illusion" and Enquiry into Economic Tendencies.* New York：John Lane Company，1923.

Roberts，J. M.，*Twentieth Century：the History of the World，1901 to 2000.* New York：The Penguin Group，1999.

Rosecrance，Richard，*The Rise of the Trading State：Commerce and Conquest in the Modern World.* New York：Basic Books，Inc.，1986.

Russel，Ruth B.，*A History of the United Nations Charter：the Role of the United Nations 1940 – 1945.* Washington，D. C.：Brookings Institution，1958.

Sainsbury，Keith，*Churchill and Roosevelt at War：The War They Fought and The Peace They Hoped to Make.* Macmillan Press Ltd.，1994.

Sainsbury，Keith. *The Turning Point：Roosevelt，Stalin，Churchill，and Chiang – Kai – Shek，1943*，the Moscow，Cairo，and Teheran Conferences. New York：Oxford University Press，1986.

Sandra，Halperin，*War and Social Change in Modern Europe. The Great Transformation Rrevisited.* New York：Cambridge University，2004.

Shotwell，James T.，*The Great Decision.* New York：Macmillan，1944.

Smith，Bradley F.，*The War's Long Shadow：the Second World War and Its Aftermath：China，Russia，Britain，And America.* New York：Simon and Schuster，1986.

Springhall，John，*Decolonization since 1945：The Collapse of European Overseas Empires.* New York：Palgrave Publishers Ltd.，2001.

Stoler，Mark A.，*Allies in War：Britain and America against the Axis Powers，1940 – 1945.* London：Hodder Arnold，2007.

Sullivan，Christopher O.，*Sumner Welles，Postwar Planning，and the Quest for New World Order，1937 – 1943.* Columbia University Press，2007.

Titmuss，R. M.，*Problems of Social Policy.* London：H. M. S. O.，1950.

Tony，Judt，*Postwar：A History of Europe Since 1945.* New York：Penguin Press，2005.

Tuttle，Florence，*Alternatives to War.* New York and London：Brothers Publishers, 1931.

Vasquez, John A. , *The War Puzzle.* New York: Cambridge University Press, 1993.

Walter, Hixson, *The American Experience in World War II.* New York: Rutledge, 2003.

Weinberg, Gerhard L. , *A World at Arms: A Global History of World War II.* New York: Cambridge University Press, 1994.

Weinberg, Gerhard L. , Eds. *Germany, Hitler, and World War II: Essays in Modern German and World History.* New York: Cambridge University Press, 1995.

Wilkinson, James D. , *Contemporary Europe: A History.* Upper Saddle River, N. J. : Pearson Hall, 2004.

Willey, Bob, *From All Sides: Memories of World War II.* Wolfeboro Falls, N. H. : A. Sutton, 1989.

William, Roger, *Imperialism at Bay: The United States and the De – colonization of the British Empire, 1941 – 1945.* New York: Oxford University Press, 1978.

William, Woodruff, *A Concise History: the Modern World, 1500 to Present.* London: Macnillan, 1991.

Wilson, Theodore A. , and Lawrence, Kan, *The First Summit: Roosevelt and Churchill at Placentia Bay, 1941.* Kansas: University Press of Kansas, 1991.

Winter, Jay, et al. , *The Great War and the Twentieth Century.* Yale University Press, 2000.

Zehfuss, Maja, *Wounds of Memory: the Politics of War in Germany.* New York: Cambridge University Press, 2007.

Ziegler, David W. , *War, Peace, and International Politics.* New York: Addison – Wesley Educational Publishers, 1997.

［日］倉沢愛子編：《岩波講座 3，アジア太平洋戦争：動員・抵抗・翼賛》，岩波書店，2006。

［日］中村政則、天川晃、伊健次、五十嵐武士：《戦後日本占領と戦後改革》第 6 巻，戦後改革とその遺産，岩波書店，1995。

（三）期刊文章

Arendt, Hannah, "Imperialism, Nationalism, Chauvinism", *The Review of Politics*, *Vol.* 7, No. 4, Oct. , 1945.

Bonnell, Allen T. , "The Post – War International Economic Order", *Southern Economic Journal*, Vol. 9, No. 1, Jul. , 1942.

Bonny, Ibhawoh, "Second World War propaganda, Imperial Idealism and Anti – Colonial Nationalism in British West Africa", *Nordic Journal of African Studies*, Vol. 16, No. 2, 2007.

Boswell, Terry, "Colonial Empires and the Capitalist World – Economy: A Time Series Analysis of Colonization, 1640 – 1960", *American Sociological Review*, Vol. 54, No. 2, Apr. , 1989.

Brooks, Stephen G. , "The Globalization of Production and the Changing Benefits of Conquest", *The Journal of Conflict Resolution*, Vol. 43, No. 5, Oct. , 1999.

Choucri, Nazli, and North, Robert C. , "Dynamics of International Conflict: Some Policy Implications of Population, Resources, and Technology", *World Politics*, Vol. 24, Spring, 1972.

Condliffe, J. B. , "Mechanisms of Postwar Planning", *Annals of the American Academy of Political and Social Science*, Vol. 228, Jul. , 1943.

Crump, Norman, "Post – War International Monetary Plans: a Discussion before the Royal Statistical Society", *Journal of the Royal Statistical Society*, Vol. 106, No. 3, 1943.

Daron, Acemoglu, et al. , "The Rise of Europe: Atlantic Trade, Institutional Change, and Economic Growth", *The American Economic Review*, Vol. 95, No. 3, Jun. , 2005.

Darwin, John, "Imperialism in Decline? Tendencies in British Imperial Policy between the Wars", *The Historical Journal*, Vol. 23, No. 3, Sep. , 1980.

Dominic, Lieven, "Dilemmas of Empire 1850 – 1918. Power, Territory, Identity", *Journal of Contemporary History*, Vol. 34, No. 2, Apr. , 1999.

Eckelberry, R. H. , "Postwar Planning", *The Journal of Higher Education*, Vol. 15, No. 6, Jun. , 1944.

Eckes, Alfred E. , "Open Door Expansionism Reconsidered: The World War

II Experience", *The Journal of American History*, Vol. 59, No. 4, Mar. , 1973.

Einzig, Paul, "Hitler's ' New Order' in Theory and Practice", *The Economic Journal*, Vol. 51, No. 201, Apr. , 1941.

Eugene M. ,   "Technical Change and Western Military Thought, 1914 – 1945", *Military Affairs*, Vol. 24, No. 1, Spring, 1960.

Evera, Stephen Van. "Offense, Defense, and the Causes of War", *International Security*, Vol. 22, No. 4, Spring, 1998.

Fettweisa, Christopher J. , "Revolution in International Relation Theory: Or, What If Mueller Is Right?", *International Studies Review*, Vol. 8, No. 4, Dec. , 2006.

Fox, William T. R. , "The Causes of Peace and Conditions of War", *Annals of the American Academy of Political and Social Science*, Vol. 392, Nov. , 1970.

Frisch, Morton J. , "Roosevelt on Peace and Freedom", *The Journal of Politics*, Vol. 29, No. 3, Aug. , 1967.

Gaddis, John Lewis. , "The Long Peace: Elements of Stability in the Postwar International System ", *International Security*, Vol. 10, No. 4, Spring, 1986 .

Greenwood, Christopher, *"The Concept of War in Modern International Law"*, *The International and Comparative Law Quarterly*, Vol. 36, No. 2, Apr. , 1987.

Headrick, Daniel R. , "The Tools of Imperialism: Technology and the Expansion of European Colonial Empires in the Nineteenth Century", *The Journal of Modern History*, Vol. 51, No. 2, Jun. , 1979.

Herwig, Holger H. , "Germany and the ' Short – War ' Illusion: Toward a New Interpretation?", *The Journal of Military History*, Vol. 66, No. 3, Jul. , 2002.

Hexner, ErvinP. , "Worldwide International Economic Institutions: A Factual Review", *Columbia Law Review*, Vol. 61, No. 3, Mar. , 1961.

Hilderbrand, Klaus, "Hitler's War Aims", *The Journal of Modern History*, Vol. 48, No. 3, Sep. , 1976.

Hughes, Jeffrey L. "The Origins of World War II in Europe: British Deterrence Failure and German Expansionism", *Journal of Interdisciplinary History*, Vol. 18, No. 4, Spring, 1988.

Ikenberry, G. , "A World Economy Restored: Expert Consensus and the Anglo – American Postwar Settlement", *International Organization*, Vol. 46, No. 1, Winter, 1992.

Jacobsen, Hans – Adolf, "The Second World War as a Problem in Historical Research", *World Politics*, Vol. 16, No. 4, Jul. , 1964.

James, F. Cyril, "Economic Nationalism and War", *Annals of the American Academy of Political and Social Science*, Vol. 175, Sep. , 1934.

James, F. Cyril, "The Foundations of Prosperity after the War", *Annals of the American Academy of Political and Social Science*, Vol. 234, Jul. , 1944.

James, Patrick, "Structural Realism and the Causes of War", *Mershon International Studies Review*, Vol. 39, No. 2, Oct. , 1995.

Jervis, Robert, "Realism, Neoliberalism, and Cooperation: Understanding the Debate", *International Security*, Vol. 24, No. 1, Summer, 1999.

Jervis, Robert, "The Political Effects of Nuclear Weapons: A Comment", *International Security*, Vol. 13, No. 2, Autumn, 1988.

Jervis, Robert, "The Future of World Politics: Will It Resemble the Past?", *International Security*, Vol. 16, No. 3, Winter, 1991 – 1992.

Kaiser, Carl, "Review: Is War Obsolete? A Review Essay. Reviewed Work (s): Retreat from Doomsday: The Obsolescence of Major War. By John Mueller", *International Security*, Vol. 14, No. 4, Spring, 1990.

Kallis, Aristotle A. , "To Expand or Not to Expand? Territory, Generic Fascism and the Quest for an 'Ideal Fatherland'", *Journal of Contemporary History*, Vol. 38, No. 2, Apr. , 2003.

Kazuo, Yagami, "Konoe and Hull: The Greater East Asia Co – prosperity Sphere – an Act of Benevolence or Imperialism?", *Virginia Review of Asian Studies*, 2008.

Kennedy, Paul, "The Costs and Benefits of British Imperialism 1846 – 1914", *Past and Present*, No. 125, Nov. , 1989.

Kennedy. Paul, "The First World War and the International Power System",

International Security, Vol. 9, No. 1, Summer, 1984.

Keohane, Robert, "International Institutions: Two Approaches", *International Studies Quarterly*, Vol. 32, No. 4, Dec., 1988.

Keohane, Robert, and Nye, Joseph S., Jr., "Two Cheers for Multilateralism", *Foreign Policy*, No. 60, Autumn, 1985.

Kleiman, Ephraim, "Trade and the Decline of Colonialism", *The Economic Journal*, Vol. 86, No. 343, Sep., 1976.

Knight, Bruce, "Postwar Costs of a New War", *The American Economic Review*, Vol. 30, No. 1, Mar., 1940.

Kock, M. H. D., "World Monetary Policy. After the Present War", *The South African Journal of Economics*, Vol. 9, No. 2, 1941.

Lebow, Richard Ned, "The Long Peace, the End of the Cold War, and the Failure of Realism", *International Organization*, Vol. 48, No. 2, Spring, 1994.

Lobell, Steven E., "Second Image Reversed Politics: Britain's Choice of Freer Trade or Imperial Preferences, 1903 – 1906, 1917 – 1923, 1930 – 1932", *International Studies Quarterly*, 43, 1999.

Louis, William Roger, "American Anti – Colonialism and the Dissolution of the British Empire", *International Affairs*, Vol. 61, No. 3, Summer, 1985.

Mace, Brice M., Jr., and Adam, T. Ritchie, "Imperial Preference in the British Empire", *Annals of the American Academy of Political and Social Science*, Vol. 168, Jul., 1933.

Maier, Charles S., "The Two Postwar Eras and the Conditions for Stability in Twentieth – Century Western Europe", *The American Historical Review*, Vol. 86, No. 2, Apr., 1981.

Mayer, Arno J., "Internal Causes and Purposes of War in Europe, 1870 – 1956: A Research Assignment", *The Journal of Modern History*, Vol. 41, No. 3, Sep., 1969.

Melko, Matthew, "Long – Term Factors Underlying Peace in Contemporary Western Civilization", *Journal of Peace Research*, Vol. 29, No. 1, Feb., 1992.

Michael, Haas, "Societal Approaches to the Study of War", *Journal of Peace Research*, Vol. 2, No. 4, 1965.

Mueller, John, "The Essential Irrelevance of Nuclear Weapons: Stability in the Postwar World", *International Security*, Vol. 13, No. 2, Autumn, 1988.

Mueller, John, "Changing Attitudes towards War: The Impact of the First World War", *British Journal of Political Science*, Vol. 21, No. 1, Jan., 1991.

Murphy, Mary E., "British Postwar Planning", *American Journal of Economics and Sociology*, Vol. 4, No. 4, Jul., 1945.

Newcomer, Mabel, "Bretton Woods and a Durable Peace", *Annals of the American Academy of Political and Social Science*, Vol. 240, Jul., 1945.

O' Brien, Patrick, "European Economic Development: The Contribution of the Periphery", *Economic History Review*, XXXV (1), 1982.

Offer, Avner, "The British Empire, 1870 - 1914: A Waste of Money?", *The Economic History Review*, Vol. 46, No. 2, May 1993.

Oneal, John R., "Causes of Peace: Democracy, Interdependence, and International Organizations, *1885 - 1992*", *International Studies Quarterly*, Vol. 47, No. 3, 2003.

Pitruzzello, Salvatore, "Trade Globalization, Economic Performance, and Social Protection: Nineteenth - Century British Laissez - Faire and Post - World War II U. S. - Embedded Liberalism", *International Organization*, Vol. 58, No. 4, Autumn, 2004.

Pollard, Robert T., "Dynamics of Japanese Imperialism", *The Pacific Historical Review*, Vol. 8, No. 1, Mar., 1939.

Rathbone, Richard, "World War I and Africa: Introduction", *The Journal of African History*, Vol. 19, No. 1, 1978.

Rosecrance, Richard, "Has Realism Become Cost - Benefit Analysis? A Review Essay", *International Security*, Vol. 26, No. 2, Autumn, 2001.

Rosecrance, Richard. "The Rise of the Virtual State", *Foreign Affairs*, Vol. 75, No. 4, July/August, 1996.

Rudolf, Von Albertini, "The Impact of Two World Wars on the Decline of Colonialism", *Journal of Contemporary History*, Vol. 4, No. 1, Jan., 1969.

Ruggie, John Gerard, "International Regimes, Transactions, and Change: Embedded Liberalism in the Postwar Economic Order", *International Organization*, Vol. 36, No. 2, Spring, 1982.

Sagan, Scott D., "The Origins of the pacific War", *Journal of Interdisciplinary History*, Vol. 18, No. 4, Spring, 1988.

Shaw, Kinn Wei, "World Co – Operation Now: A Declaration of Interdependence", *Annals of the American Academy of Political and Social Science*, Vol. 228, Jul., 1943.

Sorokin, Pitirim A., "The Conditions and prospects for a World Without War", *The American Journal of Sociology*, Vol. 49, No. 5, Mar., 1944.

Spindler, Zane, and Dollery, Brian, "War as Rent – Seeking: A Public Choice Perspective on the Pacific War", *Public Organiz Rev.*, 7, 2007.

Stoll, Richard J., "Major Power Interstate Conflict in the Post – World War II Era: An Increase, a Decrease, or No Change?", *The Western Political Quarterly*, Vol. 35, No. 4, Dec., 1982.

Sweezy, Alan R., "Planning against Postwar Depression", *Annals of the American Academy of Political and Social Science*, Vol. 224, Nov., 1942.

Tate, Merze, "The War Aims of World War I and World War II and Their Relation to the Darker Peoples of the World", *The Journal of Negro Education*, Vol. 12, No. 3, Summer, 1943.

Toynbee, Arnold J., "Peaceful Change or War? The Next Stage in the International Crisis", *International Affairs*, Vol. 15, No. 1, Jan. – Feb., 1936.

Urquhart, M. C., "Post – War International Trade Arrangements", *The Canadian Journal of Economics and Political Science*, Vol. 14, No. 3, Aug., 1948.

Wang, Kevin, and James, Ray, "Beginners and Winners: The Fate of Initiators of Interstate Wars Involving Great powers Since 1495", *International Studies Quarterly*, Vol. 38, No. 1, Mar., 1994.

Zacher, Mark W., "The Territorial Integrity Norm: International Boundaries and the Use of Force", *International Organization*, Vol. 55, No. 2, Spring, 2001.

（四）学位论文

Abel, Jessamine Rich, Warring Internationalisms: Multinational Thinking in Japan, 1933 – 1964. Golumbia University, 2004.

Aldridge, Daniel W. , Visions of a New World Order: Franklin D. Roosevelt and the Origins of the United Nations Organizations, 1913 – 1945. Michigan State University, 1983.

Blank, Joel Harold, the Decline of Democratic Imperialism and the Rise of Democratic Peace: Case Studies in Anglo – American Relations, 1800 to the Present. University of California, 2000.

Borgwardt, Elizabeth Kopelman, An Intellectual History of the Atlantic Charter: Ideas, Institutions, and Human Rights in American Diplomacy, 1941 – 1946. Stanford University, 2002.

Brooks, Stephen G. , The Globalization of Production and International Security. Yale University, 2001.

Fettweis, Christopher J. , Angell Triumphant: the Geopolitics of Energy and the Obsolescence of Major War. University of Maryland, 2003.

Jesse, Chris, Rapid Conquest Societies: A Comparative Study. University of Calgary, 2007.

Lenice, Kathy, Powers, International Institutions, Trade and Conflict: African Regional Trade Agreements from 1950 – 1992. M. A. Graduate School of the Shio State University, 2001

Mcmurran, Grant, Regime Type and Conquest: Is Democratic Leaders More Likely to Acquire Distant Lands? Claremont Graduate University, 2002.

McNeal, Huhpeter G. , Making War Expensive and Peace Cheap: the Emergence of New Liberal Internationalism in Anglo – American Thought, 1897 – 1914. Harvard University, 2000.

Quirk, James M. , Peace through Integration: Integrating Former Adversaries into a Cooperative Community in Search of Peace and Stability. Catholic University, 2003.

Rudolph, Christopher Woldemar, Security, Sovereignty, and International Migration: the Economic and Societal Dimensions of Trading State Grand Strategy. Califounia University, 2001.

Sandoval – Bustos, Rosa E. , Explaining the Commercial Peace: Costs, Information, and Signaling. Rice University, 2006.

Schild, Georg Manfred, Bretton Woods and Dumbarton Oaks: American post War Planning in the Summer of 1944. University of Maryl and College Park, 1993.

Schwark, Stephen John, The State Department Plans for Peace, 1941 – 1945. Harvard University, 1985.

Thompson, Peter Galbraith, Foreign Domestic Investment and War: Economic Deterrence to Armed Conflict. California University, 2003.

Woo, Keong Thye, Three Essays on International Trade and Economic Growth: Export processing Zone, Colonialism and Outsourcing. Princeton University, 1999.

（五）网站

http: //avalon. law. yale. edu/default. asp.

http: //iicas. ucsd. edu/hota/about. php.

http: //www. archive. org.

http: //www. correlatesofwar. org.

http: //www. hitler. org/speeches.

二 中文部分

（一）档案资料

《国际条约集（1917—1923）》，世界知识出版社 1961 年版。

《国际条约集（1945—1947）》，世界知识出版社 1961 年版。

《苏联历史档案选编》第 18 卷，社会科学文献出版社 2002 年版。

《中国外交史资料选辑》第 3 册（1937—1945），外交学院，1958 年。

何春超等主编：《国际关系史资料选编》（1945—1980），法律出版社 1988 年版。

李巨廉、王斯德主编：《第二次世界大战起源历史文件资料集：1937.7—1939.8》，华东师范大学出版社 1985 年版。

中国历史第二档案馆编：《中华民国史资料汇编》第五辑第二编外交卷，江苏古籍出版社 1997 年版。

（二）著作及译著

《邓小平文选》第 2 卷，人民出版社 1994 年版。

《邓小平文选》第 3 卷，人民出版社 1993 年版。

《江泽民文选》第 1—4 卷，人民出版社 2006 年版。

《列宁选集》第 2 版，人民出版社 1972 年版。

《马克思恩格斯选集》第 1 卷，人民出版社 1995 年版。

《毛泽东外交文选》，中央文献出版社 1994 年版。

《丘吉尔、杜勒斯、尼赫鲁、艾森豪威尔、戴高乐、肯尼迪关于和平共处人道主义的言论》，世界知识出版社 1964 年版。

《周恩来外交文选》，中央文献出版社 1990 年版。

步平、王希亮：《战后 50 年日本人的战争观》，黑龙江人民出版社 1999 年版。

胡德坤、韩永利主编：《第二次世界大战与世界历史进程：第二次世界大战史（武汉）学术讨论会论文集》，武汉大学出版社 2003 年版。

胡德坤、罗志刚：《第二次世界大战与战后世界性社会进步》，湖北人民出版社 1993 年版。

华东师范大学历史系第二次世界大战史研究室编：《第二次世界大战起源研究论集》，华东师范大学出版社 1986 年版。

李巨廉：《战争与和平——时代主旋律的变动》，学林出版社 1999 年版。

联合国教科文组织编：《联合国教科文组织召开的专家会议和文件：15—19 世纪非洲的奴隶贸易》，黎念、王西瑞等译，中国对外翻译出版公司出版 1984 年版。

王绳祖：《国际关系史》第 6 卷（1939—1945），世界知识出版社 1995 年版。

王在帮：《霸权稳定论批判——布雷顿森林体系的历史考察》，时事出版社 1994 年版。

吴友法、黄正柏：《德国资本主义发展模式》，武汉大学出版社 2000 年版。

夏炎德：《欧美经济史》，生活·读书·新知三联书店 1991 年版。

许光建主编：《联合国宪章诠释》，山西教育出版社 1999 年版。

严双伍：《第二次世界大战与欧洲一体化的起源研究》，武汉大学出版社 2004 年版。

［德］埃利希·玛利亚·雷马克：《西线无战事》，李清华译，译林出版社 1989 年版。

［德］康拉德·阿登纳：《阿登纳回忆录》（一、二），上海外国语学院德 法语系德语组译，上海人民出版社 1976 年版。

［德］鲁登道夫：《总体战》，戴耀先译，解放军出版社 1988 年版。

［法］米歇尔·博德：《资本主义史，1500—1980》，吴艾梅等译，东方出 版社 1986 年版。

［加］卡列维·霍尔斯蒂：《和平与战争：1648—1989 年的武装冲突与国 际秩序》，王浦劬译，北京大学出版社 2005 年版。

［美］H. 斯图尔特·休斯：《欧洲现代史（1914—1980 年）》，陈少衡等 译，商务印书馆 1984 年版。

［美］L. S. 斯塔夫里阿诺斯：《全球通史——1500 年以后的世界》，吴象 婴、梁赤民译，上海社会科学院出版社 1999 年版。

［美］L. 鲍林：《告别战争：我们的未来设想》，吴万仟译，湖南出版社 1992 年版。

［美］埃德温·哈特里奇：《第四帝国的崛起》，范益世译，世界知识出版 社 1982 年版。

［美］保罗·肯尼迪：《大国的兴衰——1500—2000 年的经济变迁与军事 冲突》，蒋葆英等译，中国经济出版社 1989 年版。

［美］大卫·巴拉什、查尔斯·韦伯：《积极和平——和平与冲突研究》，刘成等译，南京出版社 2007 年版。

［美］戴维·卡莱欧：《欧洲的未来》，冯绍雷译，上海人民出版社 2003 年版。

［美］菲利普·李·拉尔夫：《世界文明史》下卷，赵丰译，商务印书馆 1999 年版。

［美］弗雷德里克·皮尔逊、西蒙·巴亚斯里安：《国际政治经济学：全 球体系中的冲突与合作》，杨毅等译，北京大学出版社 2006 年版。

［美］富兰克林·罗斯福：《罗斯福选集》，关在汉译，商务印书馆 1982 年版。

［美］戈尔茨坦主编：《观念与外交政策：信念、制度与政治变迁》，刘东 国、于军译，北京大学出版社 2005 年版。

［美］汉斯·摩根索：《国家间的政治——权力斗争与和平》，徐昕等译，

北京大学出版社 1991 年版。

〔美〕亨利·基辛格：《大外交》，顾淑馨、林添贵译，海南出版社 1997
年版。

〔美〕杰弗里帕克等：《剑桥战争史》，傅景川译，吉林人民出版社 1999
年版。

〔美〕杰克·斯奈德：《帝国的迷思——国内政治与对外扩张》，于铁军
译，北京大学出版社 2007 年版。

〔美〕克鲁格编：《作为国际组织的 WTO》，黄理平等译，上海人民出版
社 2002 年版。

〔美〕肯尼斯·华尔兹：《国际政治理论》，信强译，上海人民出版社
2003 年版。

〔美〕肯尼斯·华尔兹：《人、国家与战争——一种理论分析》，倪世雄等
译，上海译文出版社 1991 年版。

〔美〕罗伯特·A. 帕斯特编：《世纪之旅——七大国百年外交风云》，胡
利平、杨韵琴译，上海人民出版社 2001 年版。

〔美〕罗伯特·达莱克：《罗斯福与美国对外政策 1932—1945》（上、下
册），伊伟等译，商务印书馆 1984 年版。

〔美〕罗伯特·基欧汉、约瑟夫·耐：《权力与相互依赖》，门洪华译，北
京大学出版社 2002 年版。

〔美〕罗伯特·基欧汉：《霸权之后——世界政治中的合作与纷争》，苏长
河等译，上海人民出版社 2001 年版。

〔美〕罗伯特·吉尔平：《全球政治经济学——解读国际经济秩序》，杨宇
光等译，上海人民出版社 2006 年版。

〔美〕罗伯特·吉尔平：《全球资本主义的挑战：21 世纪的世界经济》，
杨宇光等译，上海人民出版社 2001 年版。

〔美〕罗伯特·吉尔平：《世界政治中的战争与变革》，武军等译，中国人
民大学出版社 1994 年版。

〔美〕玛莎·费丽莫：《国际社会中的国家利益》，袁正清译，浙江人民出
版社 2001 年版。

〔美〕乔治凯南：《美国外交史》，葵阳等译，世界知识出版社 1989
年版。

〔美〕塞缪尔·亨廷顿、劳伦斯·哈里森：《文化的重要作用——价值观

如何影响人类进步》，程克雄译，新华出版社 2002 年版。

［美］斯蒂芬·厄·埃弗拉：《战争的原因》，何曜译，上海人民出版社 2007 年版。

［美］斯塔夫里阿诺斯：《全球分裂——第三世界的历史进程》（上、下），迟越、王洪生等译，商务印书馆 1995 年版。

［美］斯坦利·L. 布鲁、兰迪·R. 格兰特：《经济思想史》，邸晓燕译，北京大学出版社 2007 年版。

［美］塔德·舒尔茨：《昨与今》，中国军事科学院军事研究部译，东方出版社 1991 年版。

［美］威廉·哈代·麦克尼尔：《美国、英国和俄国：他们的合作和冲突（1941—1946 年）》（上、下册），叶佐译，上海译文出版社 1978 年版。

［美］威廉·夏伊勒：《第三帝国的兴亡》上册，董乐山译，世界知识出版社 1979 年版。

［美］小约瑟夫·耐：《理解国际冲突：理论与历史》，张晓明译，上海世纪出版集团 2002 年版。

［美］亚历山大·温特：《国际政治的社会理论》，秦亚青译，上海人民出版社 2001 年版。

［美］伊曼纽尔·沃勒斯坦：《现代世界体系》第 1 卷《16 世纪的资本主义农业与欧洲经济体的起源》，尤来寅等译，高等教育出版社 1997 年版。

［美］伊曼纽尔·沃勒斯坦：《现代世界体系》第 2 卷《重商主义与欧洲世界经济体的巩固（1600—1750）》，尤来寅等译，高等教育出版社 1998 年版。

［美］约翰·鲁杰：《多边主义》，苏长河等译，浙江人民出版社 2003 年版。

［日］池田大作、［英］阿·汤因比：《展望 21 世纪——汤因比与池田大作对话录》，荀春生等译，国际文化出版公司 1985 年版。

［日］吉田茂：《激荡的百年史：我们的果断措施和奇迹般的转变》，孔凡、张文译，世界知识出版社 1980 年版。

［日］吉田茂：《十年回忆中译本》第 4 卷，韩润棠等译，世界知识出版社 1963 年版。

［日］吉田裕：《日本人的战争观：历史与现实的纠葛》，刘建平译，新华出版社 2000 年版。

［日］井上清：《日本军国主义》第 1—4 卷，尚永清等译，商务印书馆1985 年版。

［日］井上清：《日本历史》下册，天津市历史研究译校，天津人民出版社 1976 年版。

［日］井上清：《战后日本》，张廷铮译，世界知识出版社 1995 年版。

［日］入江昭：《20 世纪的战争与和平》，李静阁等译，世界知识出版社2005 年版。

［日］森岛通夫：《透视日本："兴"与"衰"的怪圈》，江先安译，中国财政经济出版社 2000 年版。

［日］星野昭吉：《全球社会和平学》，梁云祥等译，北京师范大学出版社2007 年版。

［日］星野昭吉：《全球政治学：全球化进程中的变动、冲突、治理与和平》，刘小林等译，新华出版社 2000 年版。

［英］A. J. P. 泰勒：《第二次世界大战的起源》，潘人杰等译，华东师范大学出版社 1991 年版。

［英］C. L. 莫瓦特编：《新编剑桥世界近代史》第 12 卷《世界力量对比的变化（1898—1945 年）》，中国社会科学院世界历史研究所译，中国社会科学出版社 1999 年版。

［英］C. W. 克劳利编：《新编剑桥世界近代史》第 9 卷《动乱年代的战争与和平（1793—1830 年）》，中国社会科学院世界历史研究所译，中国社会科学出版社 1992 年版。

［英］E. E. 里奇、C. H. 威尔逊：《剑桥欧洲经济史》第 4 卷《16 世纪、17 世纪不断扩张的欧洲经济》，张锦冬等译，经济科学出版社 2003年版。

［英］F. H. 欣斯利编：《新编剑桥世界近代史》第 11 卷《物质进步与世界范围的问题（1870—1898 年）》，中国社会科学院世界历史研究所译，中国社会科学出版社 1999 年版。

［英］J. F. C. 富勒：《战争指导》，绽旭译，解放军出版社 2005 年版。

［英］J. P. T. 伯里编：《新编剑桥世界近代史》第 10 卷《欧洲势力的顶峰（1830—1870 年）》，中国社会科学院世界历史研究所译，中国社会

科学出版社 1999 年版。

［英］阿伦·斯克德等：《战后英国政治史》，王子珍等译，世界知识出版社 1985 年版。

［英］阿诺德·托因比、维罗尼卡·M.托因比合编：《希特勒的欧洲》，孙基亚译，上海译文出版社 1980 年版。

［英］艾瑞克·霍布斯鲍姆：《帝国的年代（1875—1914）》，贾士菊译，江苏人民出版社 1999 年版。

［英］艾瑞克·霍布斯鲍姆：《极端的年代》（上、下卷），郑明萱译，江苏人民出版社 1999 年版。

［英］爱德华·卡尔：《20 年危机（1919—1939）：国际关系研究导论》，秦亚青译，世界知识出版社 2005 年版。

［英］安东尼·吉登斯：《民族—国家与暴力》，胡宗泽等译，生活·读书·新知三联书店 1998 年版。

［英］巴里·布赞、理查德·利特尔：《世界历史中的国际体系：国际关系研究的再构建》，刘德斌主译，高等教育出版社 2004 年版。

［英］彼得·马赛厄斯、悉尼·波拉德主编：《剑桥欧洲经济史》第 8 卷《工业经济：经济政策和社会政策的发展》，王宏伟等译，经济科学出版社 2004 年版。

［英］大卫·巴迪：《日本帝国的兴衰》，徐莉娜等译，青岛出版社 2005 年版。

［英］德里克·界·厄尔温：《第二次世界大战后的西欧政治》，章定昭译，中国对外翻译出版公司 1985 年版。

［英］华尔脱斯：《国际联盟史》（上、下卷），汉敖等译，商务印书馆 1964 年版。

［英］卡尔·波兰尼：《大转型：我们时代的政治与经济起源》，冯钢译，浙江人民出版社 2007 年版。

［英］麦金德：《民主的理想与现实》，武原译，商务印书馆 1965 年版。

［英］温斯顿·丘吉尔：《第二次世界大战回忆录》第 1—6 卷，北京编译社译，南方出版社 2003 年版。

［英］亚当·斯密：《国富论》，谢祖钧译，商务印书馆 2007 年版。

［英］约·阿·霍布森：《帝国主义》，纪明译，上海人民出版社 1960 年版。

（三）期刊文章

韩永利：《世界的整体发展与第二次世界大战的起源》，《理论月刊》1996
　　年第 12 期。

何忠义、赵景芳：《60 年前的战争记忆：二战对当今欧美战争观的塑造》，
　　《世界政治与经济》2005 年第 9 期。

胡德坤、韩永利：《第二次世界大战与战后世界和平》，《武汉大学学报》
　　（哲学社会科学版）2004 年第 4 期。

胡德坤、韩永利：《中国抗战与第二次世界大战为战后世界的和平与发展
　　开辟了道路》，《当代韩国》2005 年第 3 期。

胡德坤：《第二次世界大战与世界发展模式的转换》，《烟台大学学报》
　　（哲学社会科学版）2005 年第 3 期。

胡德坤：《论反法西斯的第二次世界大战对战后世界的影响》，《武汉大学
　　学报》（哲学社会科学版）1995 年第 4 期。

金卫星：《二战期间美国筹建战后世界多边自由贸易体系的历程》，《史学
　　月刊》2003 年第 12 期。

李巨廉：《战争与和平历史运动的转折——一个中国学者对第二次世界大
　　战的思考》，《史学理论研究》2005 年第 3 期。

刘北成：《关于纪念的历史与文明的坐标》，《世界经济与政治》2005 年
　　第 8 期。

牛军：《二战遗产的再思考》，《世界经济与政治》2005 年第 8 期。

钱乘旦：《第二次世界大战与英国国内政治》，《南京大学学报》（人文社
　　科版）1995 年第 3 期。

史国刚：《四国宣言之检讨》，《东方杂志》第 39 卷第 18 期，1943 年。

汪叔棣：《战后帝国主义之制度问题》，《东方杂志》第 39 卷第 5 期，
　　1943 年。

王云五：《战后国际和平问题》，《东方杂志》第 39 卷第 4 期，1943 年。

吴泽炎：《英国的战后社会建设规划——介绍比维里琪社会保险计划》，
　　《东方杂志》第 39 卷第 8 期，1943 年。

于沛：《生产力革命和交往革命：历史向世界历史的转变——马克思的世
　　界历史理论与交往理论研究》，《北方论丛》2009 年第 3 期。

张冀枢：《战后和平机构之我见》，《东方杂志》第 39 卷第 1 期，1943 年。

张小明：《第二次世界大战与国际体系的变迁》，《世界经济与政治》2005

年第 9 期。

章百家:《对二战遗产的若干断想》,《世界经济与政治》2005 年第 8 期。

周桂银:《奥斯威辛、战争责任和国际关系伦理》,《世界经济与政治》
  2005 年第 8 期。